U0565605

国家出版基金项目
NATIONAL PUBLICATION FOUNDATION

上海三联人文经典书库

132

旧制度时期的
书报审查制度与文化

［法］乔治·米努瓦 著

于艳茹 译 陶逸 审校

CENSURE ET CULTURE
SOUS L'ANCIEN RÉGIME

上海三联书店

"十四五"国家重点图书出版规划项目

国家出版基金资助项目

总　序

陈　恒

　　自百余年前中国学术开始现代转型以来，我国人文社会科学研究历经几代学者不懈努力已取得了可观成就。学术翻译在其中功不可没，严复的开创之功自不必多说，民国时期译介的西方学术著作更大大促进了汉语学术的发展，有助于我国学人开眼看世界，知外域除坚船利器外尚有学问典章可资引进。20世纪80年代以来，中国学术界又开始了一轮至今势头不衰的引介国外学术著作之浪潮，这对中国知识界学术思想的积累和发展乃至对中国社会进步所起到的推动作用，可谓有目共睹。新一轮西学东渐的同时，中国学者在某些领域也进行了开创性研究，出版了不少重要的论著，发表了不少有价值的论文。借此如株苗之嫁接，已生成糅合东西学术精义的果实。我们有充分的理由企盼着，既有着自身深厚的民族传统为根基、呈现出鲜明的本土问题意识，又吸纳了国际学术界多方面成果的学术研究，将会日益滋长繁荣起来。

　　值得注意的是，20世纪80年代以降，西方学术界自身的转型也越来越改变了其传统的学术形态和研究方法，学术史、科学史、考古史、宗教史、性别史、哲学史、艺术史、人类学、语言学、社会学、民俗学等学科的研究日益繁荣。研究方法、手段、内容日新月异，这些领域的变化在很大程度上改变了整个人文社会科学的面貌，也极大地影响了近年来中国学术界的学术取向。不同学科的学者出于深化各自专业研究的需要，对其他学科知识的渴求也越来越迫切，以求能开阔视野，迸发出学术灵感、思想火花。近年来，我们与国外学术界的交往日渐增强，合格的学术翻译队伍也日益扩大，同时我们也深信，学术垃圾的泛滥只是当今学术生产面相之一隅，高质量、原创作的学术著作也在当今的学术中坚和默坐书斋的读书种子中不断产生。然囿于种种原因，人文社会科学各学科的发展并不平衡，学术出版方面也有畸轻畸重的情形（比如国内还鲜有把国人在海外获得博士学位的优秀论文系统地引介到学术界）。

有鉴于此，我们计划组织出版"上海三联人文经典书库"，将从译介西学成果、推出原创精品、整理已有典籍三方面展开。译介西学成果拟从西方近现代经典（自文艺复兴以来，但以二战前后的西学著作为主）、西方古代经典（文艺复兴前的西方原典）两方面着手；原创精品取"汉语思想系列"为范畴，不断向学术界推出汉语世界精品力作；整理已有典籍则以民国时期的翻译著作为主。现阶段我们拟从历史、考古、宗教、哲学、艺术等领域着手，在上述三个方面对学术宝库进行挖掘，从而为人文社会科学的发展作出一些贡献，以求为 21 世纪中国的学术大厦添一砖一瓦。

应该有某种针对愚蠢而无用之作家的法律强制权，如同有针对流浪汉和懒鬼的法律一样。有人从我们人民的手中流放了我和其他一百个人。这不是玩笑话：平庸的作家似乎是一个混乱世纪的某种征兆。

——蒙田，《随笔集》，第三卷第九章

有人在我们这里焚烧了这部书。焚毁书籍的行径和撰写书籍的行径一样令人讨厌。有些事情，一个明智的行政机构应该无视它们。如果这部书是危险的，应该驳斥它。而焚烧一部有异议的书，就等于说，我们没有足够的头脑去回应它。

——伏尔泰，《共和理念》，第三十九章

目录

引　言

　　"若批评不自由,则赞美无意义。"在旧制度末期,当费加罗①发出他的著名惊呼时,这句话同时是一个事实,一种要求和一次挑衅。它对于启蒙运动培育出来的精英而言,是事实;对于作者和读者而言,是要求;对于世俗和宗教权力而言,则是挑衅。这也是旧制度的三个世纪里对于书报审查制度这一举措讨论的结果。

　　臣民或公民觉得自由表达是一种需要,可它总是被当权者视为一种危险。在一个等级森严的传统社会中,知识被少数有文化的神职人员所垄断,权力以一种基于世界神学概念的专制原则加以实施,而批判思想的存在则被视为一种罪恶。

　　在宗教和道德领域中,绝对真理由教士阶层和神学家所掌握。所有不同见解只能被认为是一种谎言,一种被魔鬼煽动的假话,它们将整个共同体的安全置于危险之中,毁灭了信仰和价值观。在政治领域中,权力以上帝的名义由一个有神圣权力的统治者实施,他负责保障国家的良好运转,所有抗议都是一种背叛,是将社会凝聚力置于危险之中。以这些原则的名义,表达的自由不被容忍。

　　总的来说,在中世纪,确立起了一种共识,导致一个社会遵循自行审查。主流价值被全社会一致地分享、体验和内化;罕见的对现状不满的表达,被单一的社会压力毫不费力地遏制,甚至不需要官方干预。在大众层面上,许多节日扮演着人们表达对日常生活失望的出气筒的角色。在平时,异常的言行很快会被共同体镇压。知识精英被坚固地圈隔起来,沉浸在被正统观念筛选过的、数量有限的基要文本中,异端独立思想的表达属于奇迹。这种表达因为

①　费加罗为法国剧作家博马舍的戏剧《费加罗的婚礼》(1778 年)中的主角。

只能动用非常有限的物质传播手段,触及文化上理解力较弱的公众,因而更容易被遏制。怀疑从恶魔的鼓动开始,那些手工翻印的数量稀少、但后果严重的手稿,只能触及非常有限的、影响力不太强的知识分子,所以不满的思想很快就会被抵消,并不需要设立控制作品的专门机构。

当然,宗教裁判所保持着警惕,主教法庭可能实施严厉惩罚。但是我们应该承认,从 11 世纪思想的复兴直到 15 世纪的危机,权威思想在这四个世纪中只遭受到极少的严重攻击。

当对既存秩序不满的声音增多时,当文化的接受领域扩展到更广泛的人群时,对文化生活实施一种真正审查的要求出现了。在那一刻,权威感到他们对真理的垄断权受到威胁,因而进行抵制并加以镇压。这是从 15 世纪下半叶开始发生的事,同时伴随着三种因素的结合:思想骚动的上升,受教育并因此接受力增强的社会阶层的扩展,以及一种极其高效的传播手段——印刷术——的发明。

思想骚动存在于教会内部。在那里,关于权威、贫穷及罗马教廷的争论,很快就超出教规框架并涉及信仰本身。有接受力的社会阶层,是重建城市社会的市民阶级,他们渴望独立。至于印刷术,人们不可能夸大它的重要性。它代表一种对文化权威的史无前例的挑战。直到 20 世纪,收音机、电视,尤其是信息技术的问世,才会再一次见到一场有如此规模的革命。

有了强大的传播手段,不满情绪高涨了,在价值观领域受到威胁的专制权力感到了不安。这是书报审查制度建立的基础。书报审查制度将会处于旧制度三个世纪文化活动的核心。表面上看,已知条件是简单的:一方面,是专制权力;另一方面,是要求表达自由的思想家。在表面上,这种演变总是清晰的:在许多次斗争和一场残暴的镇压之后,权威在其最后的防御手段中被排斥,并以让步而告终——费加罗的呼声宣告了《人权宣言》第十一条款,它确立了出版自由。自由胜利了,而道德,就像我们今天所知道的那样,并未受损。

但是,事情显然不是如此简单。首先,因为表达自由的胜利从来不是彻底的和决定性的。在我们 20 世纪末的先进民主政治中,书报审查制度一直以或多或少迂回的方式被使用,更多是在幕后并且由法庭苛严的压制来实施,以"保留义务"、"知识秘密"、"国家机密"、"民族最高利益",以及其他适当的标签为伪装。

其次,因为表达自由的概念本身是难以界定的。以这种自由的名义,我们也可能不能对任何人以及任何话题发表任何言论。这涉及太多的道德、社会、心理影响。人们能任由精神失常的人自由地发出对仇恨、凶杀、放荡和邪恶的异常呼声吗?我们都被社会生活所强迫,不能免去一定程度的约束。自从1789年以来,所有讨论都围绕着这个辩论而展开。

复杂性的第三个原因:围绕书报审查制度的争论主要依靠质疑它的文化环境和运用它的权力性质。这不是一个可以用纯理论解决的抽象问题。人们刚刚表示赞成表达自由,这会与实际情况相冲突吗?例如,如果我认为某种生活是荒谬的,我有鼓励自杀的自由吗?表达自由的捍卫者已经被分化了。我们今天能够提供的回答并不是人们在旧制度下的回答,那时的价值观是不同的。在那时,上帝的权利与人的权利不相上下;在那时,社会隔阂更严重。

而且,问题因国家的传统不同而不同。我们之所以研究16至18世纪法兰西王国的情况,是因为它在地理上和文化上的中间位置,使其成为一个特别有意味的十字路口。书报审查制度问题依据文化水平之差别而以不同的方式存在着,这导致历史学家也许过分强调了大众文化与精英文化之间的对抗,指控精英文化在社会适应过程中导致大众文化的死亡。这种过程是旧制度书报审查制度相关方面之一。

但是,法国个案的有趣之处也在于书报审查制度的权力的多样性:索邦神学院、高等法院、国王御前会议、教士会议,它们相互矛盾,因为它们的目的是不同的。教会书报审查和国家书报审查之间的对立,实际上促进了某种思想的多元化表达。这正如1620—1640年间博学的、不信教的无神论者,他们支持国家理性,可能正因为多样的支持者以及他们使宫廷和大人物受益的共谋关系,使得他们逃避了刑罚。同样,在18世纪,人们惊讶地发现,启蒙哲人占据了极其显要的地位,可当时他们公然地致力于摧毁保护他们的制度。

旧制度时期的书报审查制度与文化

　　这是因为专制国家虽然具有神权,但此后所追求的是一个纯粹的尘世目标:肯定体现在国王身上的国家权力。对国王而言,禁忌,是妨碍这种权力的东西。与之相反,教会首先在教义的最高利益中产生影响,书报审查遵循和中世纪一样的标准。但是,当这一标准触及世俗权威的利益时,如果世俗权威不支持审查制度的裁决,其裁决便没有任何效力。审查制度只能做到这种程度。

　　文化控制还有另一个维度:通过教育、讲道、阅读、宣传培养有才华的人。因为光有禁止是不够的,应该指明并促进好的东西。在这个领域中,人们同样发现教会和国家之间的双重对立。一方面,是对精英培养事业的竞争,随着大学的衰落和王室机构的崛起,国家在世俗意义上吸引了教育。在 1762 年驱逐耶稣会之后,高等法院宣扬了一种国家教育制度,而教会想要将对中学的控制权留给自己。另一方面,国家只对精英的培养感兴趣,彻底忽略了大众文化。因此,唯有教会担当教育大众的责任,它试图在宗教会议的改革精神中涤除他们的"迷信"。在越来越归顺于国家的渎神的和世俗的精英阶层与由教会使其抱有末世说之希望的大众阶层之间,文化隔阂增大了。

　　旧制度在文化领域中,是介于中世纪宗教基础的顽固保守与当代多元化之间的过渡阶段。在这个转变中,书报审查制度并非仅仅发挥了一种消极的作用。通过激怒反对派,加剧权威之间的分裂,与其说它减慢了发展速度,不如说它激发了法国思想中对自由的渴望。

15

4

第一章　印刷术的挑战（15 至 16 世纪）

15 世纪中叶印刷术的发明,是文化史的重要阶段。这个显而易见、屡被强调的事实,很快被当时的人们所觉察。不到半个世纪的时间,大学、政府、主教、修道院、城市和某些领主,都给自己配备了印刷机。印刷术的发明和普及之间,大约有 30 年的间隔,这可以与 20 世纪计算机的使用和发达国家社会信息化之间的间隔相类比。这两个现象各自标志着一场文化革命,它们的对照,揭示了足够引人关注的相似性。不过,二者有一个显著的差异:计算机问世于民主时代,而印刷术诞生于中世纪末的神权—君主制社会,宗教和王权立即试图垄断这种新工具,或者至少将其用途限制在令他们满意的范围内。

权力当局对印刷术的好评

除了某些罕见的例外情况,天主教会热情地欢迎印刷术。在印刷术的发源国德国,15 世纪出现了真正的对凸版印刷机的颂歌——美因茨的贝托尔大主教的《神圣的艺术》认为,这是"艺术中的艺术,科学中的科学,使'历史编年文献'不断增长。得益于其迅速传播,世界被赋予了迄今为止最宏伟的智慧和科学宝藏"。我们在科尔霍夫编年史中读到:"如此多的接近上帝的高尚品德,如此多的虔诚的内心情感,归功于对印刷术赋予的诸多书籍的阅读。"罗斯托克共同生活会的兄弟们则称其为"所有科学的共同之母"和"教会帮手"。在各地,人们迅速配置这种设备。托克马达 1466 年在罗马安排了印刷商乌尔里奇·汉;红衣主教卡拉法在 1469 年任命了乔治·劳尔;修道院和主教管辖教区先于世俗权力配置了印刷机;1470 年在巴黎印刷的第一本书,出自乌尔里奇·热灵的作坊,存放于索邦神学院①。

　　然而,教会很快发现,这个"神圣的技艺"是一把双刃剑,它亦可用于服务魔鬼。正如艾森施坦的著作所指出的那样,的确,没有印刷术,新教改革不会达到这样的规模,"一种如此规模的革命永远不会发生。与威克里夫和瓦尔当的异端相反,路德宗从一开始就是印刷书籍的产物"。②人们只能同意这个判断,因为在 1517 年至 1520 年间,路德的作品卖出了 30 多万册。新教徒对印刷术的热情并不令人意外。约翰·福克斯谈道:"最近发现的印刷技艺非常卓越,可给基督教会带来最大的好处。"他在印刷机中看到了反对罗马的最有效武器。"世界的印刷机越多,对圣—昂日城堡的恐惧就会越多,因此,教皇必须废除知识和印刷术,否则印刷术最终一定会战胜他。"③

　　印刷术不仅能够散播新教作品,而且它也通过传播《圣经》,将信徒置于与《圣经》的直接联系中,从而免去了教士的中介作用。因此,对于天主教教会而言,宗教改革和印刷术的结合带来了可怕的问题:应该为大批信徒扫盲吗?冒险眼看着他们直接通向《圣经》并从中得出异端解释吗?应该出版并翻译圣徒书籍吗?如何阻止印刷术服务于教会的敌人呢?在开初的热情之后,接踵而至的是 16 世纪初宗教权威面对印刷术的恐慌。

　　因为印刷术服务于一切。它远非像人们时常所想象的那样,通过传播人文主义的伟大作品,促进了文化的单方面"进步"。印刷术不假区分、不经挑选地传播善与恶——神秘学、占星术、巫术。与伊拉斯谟、拉伯雷和虔诚书籍一起,艾森施坦写道:"第一批印刷商的工作同时带来了蒙骗和认识。"将这一点与当今计算机用途的

---

① 关于印刷术开端的历史著作一直是基于费弗尔(L.Febvre)和马丹(H.-J.Martin)的《书籍的出现》,*L'Apparition du livre*,Paris,1958。对法国而言,首要著作是沙蒂耶和马丹指导出版的集体作品《法国出版史》,*Histoire de l'édition française*,1979—1982,Paris,4 vol。

② E.Eisenstein,"L'avènement de l'imprimerie et la Réforme",*Annales ESC*,nov.-déc.1971,p.1355.

③ John Foxe,*Book of Martyrs*,cité par W.Halles,*The Elect Nation:The Meaning and Relevance of Foxe's Book of Martyrs*,New York,1963,p.110.

多样性进行比较，则一目了然。当然，宗教书籍占据了 1520 年以前印刷产品中最大最好的份额。尤其是在巴黎，专业人士是非常重要的主顾。1500 年前，12％ 的巴黎印刷产品是宗教信仰类书籍。应该补充一点，日课经、传统的圣品（圣物）、技术书籍被用于大学、高等法院和行政机构。在里昂，法国另一个巨大的出版中心，以通俗语言写成的世俗书籍所占的份额更大：寓言、骑士传奇、滑稽剧、奇遇记、历书。尽管内容绝不是革命性的，但是这种创作逐渐形成了一种试图吸引好奇心的写作习惯。

印刷的传播速度实际上令包括革新者在内的所有人都感到惊讶。1518 年 5 月 30 日，路德给教皇写信，似乎是完全出于善意的："我不理解我的论文如何能够在如此多的地方传播。它们本只是面向我们现在的学术圈，是以一种普通人不太能理解的语言撰写的。"从此，很难将辩论局限于拉丁语专家的有限圈子了。用几个小时创作和传播的活页、小册子和诽谤作品诞生的时刻临近了。这宣布了传媒时代的到来，传媒是在公共场所的争论。对于习惯于阶层负责自行审查的权威来说，这种挑战是可怕的。

何况以新教徒为首的、形形色色的反对派，正时不我待地调整这种舆论战斗的技术。这始于 1543 年以来日内瓦的加尔文作品的大量渗透。有人给弗朗西·伊格芒写信："人们在这里看到法国史无前例的一个现象：一次有组织的出版攻势。"相较于前面几个世纪其思想主要在口头上传播的异端手稿的秘密性，这次则涉及一场真正的革命。它促使教会相信对印刷术实施严格控制是必要的。

虽然世俗权力觉得自己也面临着同一难题，但它甚少畏惧这个时代的书面攻击，因为教会远比君主制更容易遭至批判。蒸蒸日上的王权立刻抓住了可从印刷术中得到的好处，用于自我宣传。从查理八世统治时期（1483—1498 年）起，行政机构制定了近百个敕令和其他官方法令。尤其是它增加了关涉统治者喜庆事务的散页印刷品：加冕礼、节日、庄严入场式、诞辰、意大利战争的胜利等等。源于自发的首创精神或权力的决定，这些廉价的、大规模的传播报道，是形成公共舆论的强大因素。这些宣传同时作用于内部和外部：昂德雷·德·拉·维涅的《有荣誉的维吉尔》，创作于 1495

年,为了颂扬查理八世的那不勒斯战役,并在其继位者路易十二和弗朗索瓦一世于1502—1525年扭转意大利战争时再版;在1508—1513年对抗威尼斯的战争期间,这本书的意大利文版在里昂印刷,并在亚平宁半岛内发行,用以为这次冲突辩护。

印刷术与人文主义

因为存在潜在的威胁,部分权威要求控制印刷术。当然,文化控制的想法并不新鲜,因为在整个中世纪期间,单一或一致的观念已建立起威望。在教会控制的基督教国家中,存在像宗教裁判所这样的控制机构,所有异端都被无情地镇压。教会控制思想活动和信仰,在这些领域中用铁腕镇压最细微的异见,而世俗权力只是这些镇压决策的执行者。但是,文化监督,更确切地说,是一种基督教国家内部的自动调整事务,那里有异端分子和持异见者。在这个巨型有机体中的死亡细胞,会被身体整体排斥。它主要涉及一小撮知识分子。实际上,所有教会人士,自13世纪以来均在大学规范中被培养。尽管有抄写者作坊的活动,但他们的手稿作品数量有限,并以非常缓慢的进度被翻印。对于其余人,大批不识字的信徒,他们分散在大量零散的乡村,容易被出自其等级的教区教士所监督,这确保了基督教信仰的延续,减少了不当因素,淡化了世界上众多"神"的概念。让·德吕莫的研究指出了中世纪"基督教化"非常肤浅的特性,17世纪教会内传教士也意识到了这一点。[①]当然,中世纪基督教徒见识了思想的震荡和危机,但是在某些个人容易受限制的阶层中,如某些城市教士,他们的革新思想在经院文献整体中被轻易地压制或同化。

有了印刷术,一切都改变了。以致我们可以宣称,这是一次西方文化的真正变革。因为新技术是与经济和社会—文化动荡处于同一时代的。这种动荡将1480—1520年时期变成了第一次"欧洲信仰危机":地理大发现,城市发展,资本主义的兴起,城市精英对更加内在、朴实、私人和精神化的宗教生活的向往,现代虔信者,对人文主义和宗教改革的认可。

---

① J.Delumeau, *Le Christianisme de Luther à Voltaire*, Paris, 1971.

　　与内在化需求密切结合的基督教人文主义的兴起，提出了令教会感到意外的问题。知识分子深刻地信奉基督教并且很有学问，他们没有任何与天主教决裂的意愿，他们希望利用所有世俗思想的财富，以净化和淬炼信仰，通过更大程度地忠实于原文，使信仰变得更加真实。他们完美地掌握了古典希腊语和拉丁语，他们渊博的学识被来自君士坦丁堡的古希腊手稿所强化，他们宣扬对原始材料加以恢复，这一原则无可厚非，但是它对于既存的知识结构则不无风险。此外，基督教人文主义有多支流派，以纪尧姆·布代为代表的伊拉斯谟派，更加理智和富于说教性。而 1521 年与主教纪尧姆·波利索内一起出现的"莫城集团"，其主要成员是勒费弗尔·代塔普雷，这支流派则更强调情感性，甚至神秘主义。这种潮流因为得到弗朗索瓦一世的姐妹——纳瓦尔的玛格丽特的积极支持而有所强化。玛格丽特保持着与纪尧姆·波利索内频繁的通信，后者在 16 世纪 30 年代热衷于捍卫福音派的主张。

　　对于神学权威，尤其是索邦神学院，基督教人文主义代表了一种意义暧昧的运动。它想要将宗教集中在福音和基督的教诲上，这是值得赞扬的。但是如果不放弃许多附加在官方宗教之上的旧传统，这不太可能完成。尤其是，这些权威很难承认变革运动只来自"独立"人格，且外在于制度框架。人文主义是一种个人主义运动，依靠的是几位思想家，他们的个人知识。而宗教权威则认为，改革应该在"教会"内部，即在公认牧师的指导下进行。这是信徒间圣灵分赐的必要条件。

　　因此，冲突早早爆发且极具暴力性质。在这些知识分子的讨论中，我们看到索邦大学处于捍卫传统的第一行列，这并不令人惊讶。人文主义者也将他们最冷酷的打击留给索邦：吕伊·威崴（1492—1540）针对索邦的形式化和经院哲学的无效所进行的攻击十分著名，一如他支持革新教育法的呼吁。在拉伯雷的作品《庞大固埃》（1532）和《高康大》（1534）中亦可见这种诙谐文学的力量特征。另外，某些大学对这些批判并非不敏感。1533 年，巴黎大学的校长尼古拉·考珀在一次讲演中反对谴责福音拯救的信仰。许多获得大学学位者，尤其是出自托钵修会的人赞同考珀。贵族、富商、手工业主也憧憬这种摆脱外在约束的信仰。基于爱和福音，浓缩为信仰的一部分。

对基督教基础文本的强调,属于对真实性的新需求。人文主义者假设古代语言需要细加钻研,以便更好地深入了解希腊罗马思想,进而更好地理解古代智慧和《圣经》。人文主义者对大学怀有格外的担忧,那里的经院传统构成了所有教育的基础和支撑。在人文主义者的压力下,弗朗索瓦一世在 1530 年创立了王室书稿审读职位,由国库支付报酬,提供公共讲坛:两个希伯来语教席,两个希腊语教席,不久,又补充了数学、雄辩术、东方语言的教席。第一个正式任职者是纪尧姆·珀斯泰尔。神学院在这些摧毁其垄断权的革新面前表现得慌乱无措,并且它在 1534 年提起的诉讼,也丝毫不能对抗国王的意志。

文化控制的权威:索邦和高等法院

从一开始,任务分配的问题就被提出来了:控制思想产品的责任属于谁? 在中世纪,唯独教会能够行使这个职能。但是,印刷术的出现也与权力平衡的变化相吻合。伴随着国王权力的确立,世俗化自 14 世纪以来大踏步前进。君主制依靠的民族主义潮流,接替了推动基督教国家的世界性潮流。在法国,同在英国一样,高卢主义和安立甘主义即将吸纳宗教力量。高卢主义从未走向与罗马的决裂,它仍然获得了管辖领域内事实上的独立。通过 1438 年国事诏书和 1516 年罗马教皇与法国就宗教事务达成的协议,将几乎所有教士俸禄持有者的选择自由都留给了国王。于勒三世给亨利二世写信,可能内心不无辛酸:"最终,您在您的王国中不止是教皇。"

新形势使精神控制的实施变得极其复杂,造成了权限的相互重叠。理论上,事情是简单的:索邦检举,高等法院审判,王权决断。然而,实践比理论更加复杂。

在教义层面上,大学保持着它能够胜任的权威,但是它丧失了大部分的独立。索邦,巴黎神学院,在 14、15 世纪陷入了产生于奥卡姆的威廉的那场亚里士多德主义(唯实论)与唯名论的争论中。1346 年,乌尔班六世在一封《致巴黎教士和学生》的信件中,对奥卡姆主义的发展感到不安,并向他们下达命令:"彻底忘掉、拒绝这些外国的、花样百出的、无益的学说、意见和巧言令色，它们是有害而危险的。"另一面，一场最著名的对唯名论者的清洗接踵而至。例如，1347 年，尼古拉·道特尔古尔被吊销了教授神学的证书。从那时起，亚里士多德主义主宰了索邦神学院，就像主宰艺术学院一样。1452 年 6 月，教皇特使、红衣主教艾斯图特维尔确认了斯塔基里特的垄断地位，要想获得艺术学院的中学毕业文凭和学士学位，就必须学习其作品。

但是，这种哲学措施的有效性，被巴黎教师思想上的好奇心抵消了。他们越来越被唯名论的敏锐和开放性观点所诱惑。自 1473 年以来，世俗权威开始介入进来：应高等法院要求，路易十一将亚里士多德-托马斯学说强加于大学，那些著名的唯名论者的书籍，比如奥卡姆的威廉、让·布里当、皮埃尔·代伊、阿当·道普、阿尔伯特·德·萨克斯的作品，均被压制，致使人们不再能够查阅它们。这是典型的措施，但是很快变质——1481 年，世俗力量变成了新权威。

高等法院和王权的介入，揭示了力量关系的演变。在中世纪末期，教会和大学不再能够单独维持思想控制。它们需要世俗权威的支持，以约束越来越独立的教师们。在王权或者更确切地说高等法院的介入下，大学已经衰落了。高等法院加强了干预，并且好几次修改了内部法规：1480 年在图卢兹，1494 年在昂日，1521 年在卡昂。在巴黎，大学对其街区及其附属部分的司法权在 1498 年和 1499 年被削弱；一次罢课的尝试被高等法院镇压，后者开始插手选举和教义问题。1486 年，高等法院命人追捕一个多明我会修士，因为他的论文被认为应受谴责。高等法院和索邦之间的动荡关系，将是旧制度下文化控制的一个微妙方面。

高等法院与日俱增的权力，是中世纪末期的新主题之一。高等法院是以特许名义作出判决的司法机构，由教士和在俗教徒构成，越来越独立于王权。法官们按专业分庭分类，企图高于教会和世俗司法权，因此能够在终审时审判所有诉讼案件。15 世纪末，在鲁昂、特鲁瓦、图卢兹、格勒诺布尔、波尔多、第戎，都存在高等法院，但是最重要的当然是巴黎高等法院，它也行使了主要的政治权力。自 14 世纪以来，如果在高等法院没有进行备案，王室决定便不能实施;自 15 世纪以来,高等法院开始呈递谏净,提出反对拒绝备案的行为。高等法院是可能变成一种有抗衡力量的立法机构的雏形。在王权衰弱时期,它倾向于介入这些事务,经常主动进行文化监督。高等法院由有教养的人构成,其中一部分是教士,他们非常了解法律,还有哲学、神学和一般文学。高等法院成为试图充当所有正统观念的思想捍卫者的小团体,利用它至高的司法权力,使人们敬畏那些正统观念。

国王权力

王权依赖索邦和高等法院来控制文学作品,但它的直接干涉亦不可或缺。御前会议有普遍的管辖权,它不断强化,但这不符合高等法院和大学的意愿。博洛尼亚和解协议是表明这三种权力之间敌对和差异的起因。高等法院只是有保留地、被迫地签署了这个协议。在它签字两年之后,即 1518 年,大学发动了一场漫长的抗议罢课。但是高等法院屈服了。王权充满进步性地在这一刻完成了从封建君主制到绝对君主制的巨大转变。

国王身边的法律顾问们确保了这种权力系统的理论和实践,他们接受基于中央集权国家和强力君主的罗马法的教育。这些顾问们不断地探索能够扩展他们主人权力的法律论点,他们声称国王完全独立于皇帝及教皇。在 16 世纪初,行政学院的审查官们在他们严密的学说中,比如克劳德·西塞尔在《大君主》中,夏尔·德·格拉赛耶在《属于法国国王的》中,整理了这些主张:君权由上帝直接授予;圣职人员在王权实施中只是一个虔诚的象征,并非不可或缺;国王完全独立于宗教权力。1324 年马希尔·德·帕杜已经提出了这一点。行政机构、司法法庭、教会的存在,只是为了给国王出主意,使他能够走得更远。唯一能够限制其权力的法律,是王国基本法。这些习惯法在 14 和 15 世纪逐步形成,它们主要涉及继位法则。该法则按照男性长子身份顺序和忠于天主教的责任来决定继位。如果君主制还不是官方的神授权力,它已经是绝对的,尤其是通过司法的至高无上的执行权力。臣民和领地按照等级来分配,通过契约与权力联结,契约确定了他们的特权和他们的免税权。

除了 1559 年至 1593 年间的君主制更迭之外,16 世纪以理论层面上王权的明显扩张,以及国家与国王之间的日益同化而告结束。国王的权域和王国之间的差别变得模糊。国王,在所有领域中进行立法,是司法的最高来源,且越来越成为国家的化身。唯一的抗衡力量——三级会议,对 1560—1590 年间的困境也表现得无能为力。

让我们补充一点,官爵阶层的发展有助于加强服务于中央权力的行政机构的忠诚度。官员,即购买职位的资产阶级,将其命运与国王的命运联系在一起。在宗教战争和神圣联盟战争期间,官员对亨利三世和亨利四世的忠诚度,对于君主制的未来将是决定性的。1602 年,官职税的创立,允许以官职价值的 1/16 交税,将官职转交给其后裔,它是以某种方式对被统治者授予穿袍贵族阶层忠诚官员的一种奖赏。另外,在文化上,这个阶层为 16 世纪提供了狂热的制度捍卫者。从 17 世纪初开始,君主制的财政需求很不幸地危害了这种忠诚:在增加官职时,国王一点一点地清除了他们的实权,减少了这些捍卫者的现实权力。因为被剥夺了权力,这些捍卫者正如吕西安·古德曼的著作中所指出的那样,主动地投入到冉森主义反对派当中。[1]

最后,让我们注意一下,16 世纪的君主制将教士权力贬低到极为从属的地位,教会司法已经被国王官员严重侵蚀。它在 1539 年因为《维耶—考特莱法令》受到新的打击。这个法令限制他们的权力,并创立了"上诉流弊"的程序:主教法庭的审判和宗教裁判所的审判,能够被高等法院改判,因为新法令将授权世俗权力干涉宗教异端问题。至于主教教区行政层面,王权和高等法院会同时出现以暂时弥补主教们的不负责任的行为。主教们或经常缺席或对事务漫不经心。1546 年和 1551 年,埃克斯高等法院采取措施,旨在保证对普罗旺斯主教管区的符合教规的巡查。

法国教会

王权的确立几乎没有给教会方面独立的文化控制留下位置。

---

[1]　L.Goldmann, *Le Dieu caché*, Paris, 1959.

28 罗马不再有手段对君主制在这个领域中的决定发挥影响。教廷大使的大量通信，即最近出版的相关的丰富文献，很好地表明了这一点。教皇的使节只能向宫廷的权势人物提出没有效果的决策，试图使国王在政治上作出转变。①另外，国王总是利用教区主教会议集会的威胁。后者完成了教士改革，有使教会独立的危险。1551年，亨利二世的创举在这个领域产生严峻影响，他利用了由他任命和控制的高卢派教士中的民族情感力量。②

　　罗马不再能够干涉法国的文化事务，因而法国教会从宗教战争期间君主制的短暂衰弱中获利。它在 1585 年创立了一种制度，一种表达和控制的手段，直至旧制度末期的教士大会为止。这个主要机构的出现，是因为君主制的财政问题。皮埃尔·博雷③研究了这段历史。在 1561 年奥尔良和蓬图瓦兹的三级会议中，教士被征收捐税，以减轻国王的债务。1580 年，在莫朗大会上，代表们实施对所有有俸圣职征收 1 206 000 利弗尔，直至 1585 年。1585 年这个契约的有效期被延长为十年，而且其内容包括重要教会财产的转让。

　　之后，教士代表每五年在巴黎或其郊区集会，为了更新契约，核对实施，并为一种特别捐税，即无偿捐献的总额投票。在 17 世纪初的几次修改之后，这个大会的组织固定下来，直至旧制度末期。以 0 为尾数的年份是"小会议"年，或称"账目会议"，15 个教会省中每一个省派遣两名代表参与；而以 5 为尾数的年份是"大会议"年，或称"契约会议"，每个教会省有四个代表参与。代表遴选是非常复杂的：

29 在每个主教管区内，享俸者会议从他们之中选出一个代表来代他们出席教省会议，会上所有主教都将出席；然后，教省会议选举两个或四个代表去出席教士大会。这种选举模式使教士大会变成了一个非常贵族化的政治集会，几乎仅由主教们构成，有时也有某些大

---

① Acta Nunciaturae Gallicae，由格里高利教皇大学教会史系和罗马法兰西学院出版。

② M. Vénard，"Une réforme gallicane? Le projet de concile national de 1551"，*Revue d'histoire de l'Église de France*，juil.-déc.1981，t.LXVII，n°179.

③ P. Blet，*Les Assemblées du clergé et Louis XIV de 1670 à 1693*，Rome，1972；*Le Clergé de France et la monarchie. Étude sur les Assemblées du clergé de 1515 à 1666*，Rome，1959，2 vol.

教士。但不必过于强调这个特点，我们来谈谈法国的主教会议。

会议持续 3 到 6 个月，有时更长。他们的首要目标涉及财政事务：大会就无偿捐献的总金额作出提议并投票，在主教管区之间分摊，然后决定未来的十年教士俸禄征收的所得税总额。大会控制赋税并对争议个案表决。以这些财政牺牲为代价，如同三级会议一样，教士可以表达他们的怨言；他们的怨言记在谏诤备忘录中，涉及所有的宗教事务——信仰、教义、道德、教会财产。通过这个迂回的办法，教士大会能够在文化控制领域中提出他们的意见，要求对坏书进行审查，或者实行所有被认为有必要的措施，以支持教义的正统性和良好道德。

当然，他们的要求并不总是被政府接受，实际上远非如此。一切都是力量关系的问题，基于财政声索的讨价还价和妥协。按照需要，君主将或多或少向主教们的要求作出让步。但是此后，这变成了主教们强调自己观点的一种正式手段。他们的干预模式是多样的。最严正的是谏诤，整个大会全体来到国王面前，由其成员之一向国王呈递诉状；或者主教们也能够接受一种委托，将备忘录递交给掌玺大臣；最常见的是，在大会特派员和御前会议特派员列席的讨论会上直接讨论。

教士代表试图在国王的决定中实现他们的愿望。比如，在相对有限的范围内，行政法院或御前会议对他们的要求作出决定，更好的情况是得到法令和敕令。但是，在这种情况下，出现了一个额外的障碍，即高等法院登记文本的义务。不过，教士大会和高等法院之间的敌意，是旧制度君主制中的一个长期的特征。这种对抗的起源，是一个司法权限的问题：最高法庭不断侵犯教会的权利，两个机构之间的一连串冲突是无休止的。而且，自 17 世纪开始，高等法院成员与主教们在文化上的互不理解与日俱增，前者是有教养的、通常具有冉森主义精神或者支持启蒙哲人思想的人士，而后者则最关心正统思想。这种对立乃是君主制下文化控制的主要障碍之一。只是在 1695 年，教士代理人可被接纳至直接出现在高等法院周围，但这不会改变他们之间的关系。

教士总代理人是教士大会逻辑上的延续。他们的权力是从 1625 年起被规定的。每五年由两个教省轮流选举，这两个人物是

30

为了在会议间隔中在国王身边代表所有教士。他们有进入御前会议的权利,以提出他们的要求和谏诤,强调教士的利益。

尽管有"政治派"和不久后君主绝对主义的胜利,教会还是掌握了政治决策层面上的干预手段。直到旧制度末期,尽管权力逐渐世俗化,王权和教权的联合仍是一种现实。诚然,现实有细微差别,但是人们不能忽视的是,鉴于基督教信仰,国王不能完全无视主教们的声音。这种声音有多种使自己被听到的机会。除教士大会的总代理人之外,教士们实际上进入了国王御前会议。这个特权在 1614 年三级会议中教士备忘录的第 158 条条款中被提及,要求在御前会议中有四个主教定期出席。1615 年教士们如愿以偿。他们的人数从 1657 年起开始减少为三个,但是应该补充的是,所有在巴黎的主教,都有权利出席御前会议。高等法院试图抵抗,最后在 1650 年要求排除红衣主教和主教。1652 年马扎然的归来,终止了这种要求。

自 16 世纪起,法国印刷品生产和传播的控制权戏要着索邦、高等法院、教士大会、御前会议,尤其是掌玺大臣公署这些机构。权威的多样性和他们之间的敌意,对于作者们将是最好的王牌。作者们能够依靠一个书报审查机构,来挫败另一个书报审查机构。

而且,王权政治的多重变卦,例如对新教徒问题的态度,可以解释 16 世纪文化控制的混乱性。在昂古莱姆的玛格丽特的影响下,至 1525 年,王权向基督教人文主义和福音主义保持着极大的开放性;在帕威战役之后的 1525—1526 年国王被监禁期间,索邦和高等法院变得强硬,有行动自由;从 1526 年到 1534 年的揭帖事件,王权重新回到谋求和解的态度,尽管这并没有排除实施某些强硬手段的可能;从 1534 至 1559 年直至亨利二世之死,王权保持了严厉的态度;从 1560—1593 年,在宗教战争期间,由于"政治派"和"虔信派"的权力过渡,王权的宽容态度和镇压态度交替存在。由掌玺大臣米歇尔·德·罗斯皮塔尔领导的"政治派",重视国家利益,其保护者要求对世俗的改革予以宽容。正是在他们的影响下,1562 年 1 月敕令得以采纳,随后还有《昂布瓦兹敕令》(1563),《圣日耳曼敕令》(1570),《波流敕令》(1576),《南特敕令》(1598)。背后有吉斯家族支持的"虔信派",则只看重天主教信仰的利益,要求对异端进行如同中世纪那般无情的镇压。[1]

扫盲和教理书

由于竞争性权威的众多和王权的变化,文化控制状况预示了
16 世纪的困难和混乱。它增加了另一个难题,因为印刷术将作品置
于新社会阶层的理解范围之内,比如手工业者甚至农村精英阶层,乃
至口头文化受众。应该为大众扫盲吗? 可以授予他们什么类型的
作品呢? 这是旧制度大众文化的重大问题,它引起了诸多争论。[2]
这里我们只对它与印刷品的联系感兴趣。这个问题特别复杂。

教会首先表现出对人民教育的犹豫。当然,自中世纪以来,教
区小学做出了对某些年幼孩子进行阅读基础知识教育的最初尝
试,这些孩子中的大部分是未来的教士。在每个主教管辖区,教区
督学或教务会唱诗班成员负责这些机构,这在法国南部大大提高
了市政府的威望。但是没有实行任何系统行动来为人民扫盲,其
信仰完全依赖教士的教育。人民不可能与《圣经》产生任何直接联
系。语言障碍增加了读经的难度,因为还没有通用语言的译文。

印刷术和宗教改革搅乱了既定局面。在新教徒占大多数的各
个地方,他们鼓励给信徒扫盲,以使他们能够直接阅读《圣经》,《圣
经》译本随之激增。在一开始,天主教教士的反应是消极的。只有某
些教士,比如卡尔庞特拉的萨多雷,强调指出愚昧是异端的一个特
征。这种消极的态度在 16 世纪中叶左右发生了变化。加尔文主
义持续崛起,其在法国的信众数量于 1560 年左右登峰造极,占总
人口的 20%。天主教权威当时意识到赋予孩子们一种基本的宗教
培养的必要性,为此鼓励父母把孩子送进学校。"本堂神父会说服

---

[1] J.Lecler, *Histoire de la tolérance au siècle de la Réforme*, Paris, 1955, 2 vol.

[2] 关于这个主题有大量的文学作品,有些观点得到赞同,比如这些著作:R.
Muchembled, *Culture populaire et culture des élites*, Paris, 1978; d'Y.-M. Bercé,
Fête et révolte. Des mentalités populaires du XVIᵉ siècle, Paris, 1976; de R.Man-
drou, *De la culture populaire aux XVIIᵉ et XVIIIᵉ siècles. La Bibliothèque bleue
de Troyes*, Paris, 1964,还有许多其他作品。关于这个主题的文章有, F.
Lebrun, "La culture populaire et la Bibliothèque bleue de Troyes trente ans après
R.Mandrou", Annales de Bretagne et des pays de l'Ouest, 1993, t. C, n°4.

父母把他们的孩子们送到学校",自 1547 年以来特鲁瓦的教务会这样要求。

还应该严密监督教师们,他们中许多人有支持宗教改革的嫌疑。1551 年 6 月 27 日《夏多布里昂法令》是书面化控制的主要文本。该法令将教育留给"赞成天主教的、没有被虚假教义玷污的人"。我们后面还会谈及它。同一年,纳尔博纳的教省宗教评议会决定,教师候选人必须由城市行政官提交给主教以备检查;他们必须发表宗教信仰声明,获得他们授课地方的法官的证书,在星期天引导孩子们去教堂,教授他们祈祷文,但不评论《圣经》。《圣经》仍是教士排他性的垄断权所在。1554 年,巴黎高等法院的一个判决禁止由私人教师筹划的"野外学校",其中某些学校在社会上和心理上似乎都是不稳定的。从 1560 年代起,主教们增加了指令,以创立小学;他们严格监督学校,这看似是反对《南特敕令》的相关条款。这个敕令留给加尔文教徒在其信仰被授权地区的教育权。因此,1606 年 12 月的敕令也预见了如下情况:"小城市或村庄的辅导教师、家庭教师或学校教师由教区本堂神父或者有权任命的教会人士批准;在出现对上述学校教师、辅导教师和家庭教师产生微词的情况下,由他们主教管区的大主教和主教负责处理。"

宗教冲突的氛围无可争议地提升了扫盲率,尤其是在国家北部,那里的学校网比南方的密度似乎要大得多。在 1584 年,布尔日宗教评议会甚至提倡女子学校。作为弥补,监管力大大地增加了。小学的发展与教理书的普及密不可分,因为印刷术,后者变成了基督徒手册。

16 世纪教理书手册的诞生,反映了教会关于印刷品对信徒用途的典型态度。J.-C.多泰尔对此进行了深刻研究①。教会的最初反应是怀疑。长期以来,教士仅以口头形式进行教理教育,这种教育在星期天由本堂神父提供。他依靠默记的习惯方法——吟唱法和作诗法——进行教理教育。只有教士可使用教理手册。最知名的手册是在 1460 年左右确立的《基督徒大规范》。就像扫盲一样,新教徒的创举推动教会施以反作用。1541 年,加尔文的《教会律

① J.-C.Dhotel, *Les Origines du catéchisme moderne*,Paris,1967.

例》出版，该书由对话形式的 55 个告诫构成，用于讲授教义原理。这种复杂无序的文本几乎不可能是适合教育的，但是却能开启思想。不久，它被同情宗教改革的主教们借鉴，比如奥洛龙的卢塞尔和瓦朗斯的蒙吕克。但这些作品立刻被索邦审查。

　　辩论的核心论题是一个文化和宗教问题——应该向人民解释信仰的内容吗？这个问题扰乱了人们数百年的心态。只有教士被假定有对信仰的理解力，可以直接通向《圣经》和神学论述。对普通信徒而言，只要求一种盲目的信仰。教授人民一种信仰，这岂不是向自由考察和研究精神开启大门吗？但是，若拒绝向他们解释教义，这岂不是任由他们受新教徒异见的支配吗？这种辩论在 16 世纪中叶爆发。例如关于宗教仪式，这是天主教徒和新教徒之间最有争议的问题之一。耶稣会士欧杰神父认为，人民不需要理解其意义，因为在日课经中，"再愚蠢和平庸的教士，也足够理解人民为了回答阿门所说的东西"。与之相反，1566 年本堂神父所用的《罗马教理书》[①]，要求他们解释宗教仪式的意义："如果信徒们不知道它们意味着什么，宗教仪式对他们而言绝不可能有用。"

　　然而，面对新教的危险，特伦托宗教评议会建议为孩子们编辑教理书。最初的尝试是笨拙的，更近乎一种神学摘要，而不是教学手册。它们主要从皮埃尔·卡尼西乌斯的《基督教教义》（1554）中汲取思想。1563 年，第一部真正的法文教理书问世：欧杰神父的教理书得到了索邦神学院的批准。这同时是一部神学和教义辩论作品，很难被普通信徒领会。然而，它是教会入门教材中的一次小小的革命。教会首次同意将一部印刷作品交付到孩子和成人手中。一个巴黎书商声称他在八年中售出了 40 000 册教理书。在城市及乡村，教理书经常是底层民众拿到手的第一本书籍。

　　给了人们教理书，还应该让人们能够阅读它。与小学的联系是其根本。尽管小学对穷人是免费的，但还是不能让所有人把他们的孩子都送到那里，这让教士感到遗憾。康博雷在 1565 年的宗教评议会上感叹道："对于许多人来说，贫困阻碍了他们送孩子到学校接受教育。但是，我们不能忽视对这些孩子的拯救，因为他们也属于

35

① Catechismus ex decreto Concilii Tridentini ad Parochos，Rome，1566.

基督的团体和家庭。"这是引人注目的演变,宗教教育从此被视为灵魂得救的必要条件。1586 年,教士意识到"日常学校不足以培养年轻的基督徒,大部分孩子在工作日的时候都要干些活儿,并且由于父母的贫困,他们不能经常去学校",因此,他们要求创立"主日学校",以教授教理书,而且强制要求出席,违者其父母将被处以流放。

但是,教理书应该保证由教士垄断。总是被人们怀疑的学校教师,只有陪同学生去教堂的作用,必要时讲授祈祷文和圣诗,但不做丝毫评论。至于父母,他们被假定为无知和迷信。因此,直至 17 世纪中叶,他们在自己孩子的宗教教育中没有丝毫地位。克雷尔蒙的主教在 1610 年正式禁止父母的介入。1638 年,在《对主教管区本堂神父的通告》中,桑利的红衣主教拉罗什弗考尔针对宗教教育写道:"上述本堂神父认识到,他们不应该将所有管教的重任留给父亲和母亲,父母自己在信仰问题上未受到良好教育,对教育孩子的事情也漠不关心。"

有了 16 世纪中等教育的发展,教会趁此机会将控制扩展到了学校书本中。事实上,在 15 世纪末,一种来自荷兰的共同生活的弟兄会模式在法国传播,它引入了一种大学前的预备教育,按照学生的进步程度来给他们分班。斯汤东克(1448—1504 年)在巴黎蒙泰居中学进行改革之后,这种模式在 1530 年左右扩展到巴黎所有的中学。不久,许多教省城市在贵族家族的压力下,设置了大学预科。这种教育基于语法、逻辑和哲学,受到人文主义的极大影响,比如斯特拉斯堡的"中学",尼姆的"大学"和蒙田曾在那里学习过的波尔多的居亚纳中学。

教学手册从一开始就被严格监督。所有教育都用拉丁文授课,使用使学生熟悉这种语言的启蒙书籍。最流行的是伊拉斯谟 1522 年以对话形式出版的《讨论会》,该书阐释了非常多样化的问题。但是,人文主义者对某些制度和传统的批判和讽刺,被权威视作是危险的。1526 年,索邦对《讨论会》的查禁大概是对教学用书审查的先例。罗马在 1537 年用明确的措辞确认了这种查禁:"人们今天习惯在学校中阅读伊拉斯谟的《讨论会》,此书包含了许多引诱年轻人思想走向不虔诚的段落。因此,应该在学校禁止对它以及对所有此类书籍的阅读。"

如同在小学中一样,所有教师们首先被怀疑,所有接触教士文化框架之外书面文化的人也被怀疑。因此,对他们的监视是严格的。在宗教战争期间,这个职业也承受了很大风险。里昂中学的校长巴尔泰勒米·阿诺,在 1561 年被天主教徒残杀。从 1556 年开始,尽管面对高等法院和大学的敌意,耶稣会仍设立了自己的中学。第一个建立的毕永中学,自 1562 年以来共计有 1 200 个学生。它的成功迅如闪电,根据丹威尔神父的说法,1627 年在整个王国内有 4 万个学生入学。显贵家族尤其欣赏人们在那里接触到的礼仪和社交教育。然而,贵族似乎对中等和高等教育不满,后者尤其培养了法官,将他们与资产阶级混在一起。从 1594 年起,贵族创立了自己的机构,即教授贵族课程的专门学校,比如数学、剑术、骑术、舞蹈、绘画、建筑艺术、现代语言等。

“大众”书籍的开端和同化过程

因此,16 世纪扫盲和教育的发展有助于文学作品的多样化,并扩展了文化控制的领域。新兴事物主要是大众文学,首先在里昂出现了这类出版物。然后,1475—1480 年期间也出现在维也纳、日内瓦、尚贝里、巴黎。安托万·维拉尔在这个领域中颇为出名。人们创作了大量法文作品:寓言、“宝鉴”、冒险小说、骑士小说、讽喻诗歌、小说体圣徒故事。这些作品基于中世纪俗语文学的古老基础,构成了城市大众阶层接触书籍的途径。它们持续到旧制度末期的蓝皮丛书中。这是一种大众文学吗? 这个问题使人费了不少笔墨。实际上,我们在这里处在一个中间地带。大众文化原本是纯粹口头的,经常由妇女传播,不在历史探究的范围内。很明显,由流动商贩传播的活页印刷品和廉价书籍的作者,已经是半个文人了。他们将大众基础纳入了统治阶级的模型,或者在传统神迹的提要中引进了学术文化的片段。勒博朗、维纳尔和凯尼亚尔对这点的强调很有道理:“因此,廉价书籍、图片、歌谣不能被视为大众文化自发、独立和忠于事实的表达。它们只是一种有双重意义的文化的载体,这种双重意义的文化互相维持。”①

———————————

① F.Lebrun, M.Vénard, J.Quéniart, *L'Enseignement et l'éducation en France*, t. II: *De Gutenberg aux Lumières*, Paris, 1981, p.166.

　　监督这种新的文学表达对于权威,尤其是宗教权威而言,是一种额外的挑战。这种表达采取了不寻常的流通途径,他们担心危险思想在人民群众中传播。这也是一种鼓励人们常去学校的理由,人们期待一种对农村尤其是城市大众的"抛光"效果。城市的兴起实际上导致了工人的集中,并形成了制造社会骚动的温床。这在未来变得十分危险。弗朗索瓦一世的统治时期,见证了一种职业冲突的增长。纺织业和印刷业的伙计和学徒间的骚乱,使新生的市民有产阶级感到不安。这个阶级的结构还十分脆弱。在 16世纪,对穷人的态度发生了根本性的变化,他们从此成为压迫措施和未来限制措施的对象①。同时,城市大众节日被迫服从于世俗权威的严厉管制②。同样,大众戏剧的传统形式——"神秘剧",于1542—1548 年被巴黎高等法院禁止。

　　以上这些理由很好地表明了对这种通俗表达的新怀疑,即认为其有传播谬误的嫌疑。人们对看到由"无知之徒,机械工匠"来演绎《圣经》和福音片段感到愤怒,这些人"不认识 ABC,从未受过教育,更没有雄辩的语言、准确的话语、得体的发音语调",他们是些*39* "没文化的人,不懂这些事"。愚昧无知是一种缺陷和混乱。必须以教育消除愚昧,以教育支撑社会秩序。这种思想可以从许多市政会议,如 1564 年瓦朗西埃纳会议决议中得出。在学校,人们尽力学习"良好举止",培养礼貌。教导手册因此而出版,主要面向贵族和资产阶级。但是在 1530 年创作的作品《礼貌》中,伊拉斯谟写道:"命运使他们变成平民,卑微的人,甚至农民,他们应该尽力保持良好举止以从机遇之神拒绝赋予的利益中获得补偿。人人都能够获得才能和品德。"让-巴蒂斯特·德·拉·萨勒在 1703 年编写的《礼仪和基督徒礼貌守则》中,也表达了同样的思想。

　　无需假设,在这些努力背后,有使"大众文化"消失的马基雅维利主义的意志。有一种简单的意识:在精英文化的新要求和普罗大众的粗俗无知之间存在着巨大的差距,印刷术和人文主义刚刚向前者开启令人目眩的观点,而后者则浸淫于一种总体上神奇的

---

① 　P.Sassier, *Du bon usage des pauvres*, Paris, 1991.

② 　Y.-M.Bercé, *Fête et révolte*, op.cit.

和"迷信"的传统文化。书籍,在不受制约的知识容量突然增长的同时,将这种传统文化置于新社会阶层的理解范围内,强调了大众口头传统的古老特性。这种特性似乎是过去文明的一个阶段,如同在今天的信息化阶段,之前的书写阶段被视作对进步是必不可少的步骤。在 16 世纪天主教和新教改革者的思想中,使传统、节日及神迹、被定性为"迷信"的事物等成为"大众文化",即是削弱无知和所谓的蒙昧主义的危险。唯独对原始时代抱持迷恋态度的怀旧主义者,批判了这种文化积累工作。

但是,这种同化过程,这项在整个社会阶层中完成的工作,提出了关于文化控制的巨大问题。宗教改革时代是一个文化革命的时代,主要工具是印刷书籍。16 世纪法国的教会,是否拥有控制印 40
刷术使之朝他们预期的方向发展的手段? 或者他们是否会甘冒风险激发一种对抗性的文化? 41

第二章　印刷术控制的混乱开端

罗马禁书目录的创立

印刷品审查制度的初创出现在罗马。自1475年起,希克斯特五世授权科隆大学审查印刷商、出版商和作者。他的继任者英诺森八世要求主教们监督他们主教管区内的书籍出版。1491年,教皇特使尼可洛·弗朗科确定,所有探讨宗教问题的作品,必须获得主教或主教管区代理主教的许可。最初的书报审查当时触及了某些人文主义者,而且是很了不起的人物,比如匹克·德·拉·米朗多尔。

矛盾的是,我们应将第一个关于系统镇压的伟大作品归功于历史上最放荡的教皇之一——亚历山大六世波尔加。1501年6月1日,他出版了一部根本法,奠定了书报审查制度的基础。他说:"因此必须使用适当补救办法,以使印刷商停止生产所有违背或反对天主教信仰的东西,或者可能在信徒精神上引起争议的东西。"末了,他继续说,为了"根除愚昧的谬误",主教们必须将所有坏书回收并焚毁。他们必须查找印刷商,将他们开除教籍,处以罚款,研究他们是否有异端的嫌疑。在这种情况下,也会寻求世俗权力的支持,换言之,即火刑。所有付梓新书必须"由能干的天主教徒"检查,由他们发出许可证。所有持有禁书的人必须立即清除它们。

特别针对科隆、麦扬斯、特莱弗和马德堡的教会省的文本《利奥十世根本法》,于1515年5月4日向所有基督教国家推广。这一次,书籍检查任务必须由一个被主教和主教辖区宗教裁判所法官任命的专家负责。从此,书报审查制度和专横严格的调查是互补的。印刷没有获得授权的书籍,将被处以没收作品、100杜卡托罚款、吊销一年印刷权、开除教籍等惩罚。如若需要,"通过各种法律手段以用于其他有益的案例"。

　　新教改革的出现,既表明这些措施的无效,又推动教会加强了书报审查制度。1517 年,路德张贴了他的《九十五条论纲》。几个星期内,论纲在整个欧洲传播。布告或揭帖,将成为散布新思想的强大手段。1520 年 6 月 15 日,教皇谕旨禁止所有人"阅读、鼓吹、称赞、印刷、出版、捍卫"路德的作品。两个月之后,路德出版了他的小册子《致德意志民族的基督教贵族》,一周之内,所有样本售罄。两年内,有十三个版本出现。自 1520 年至 1530 年,630 种新教作品在德国出版。克雷芒七世徒劳地颁布他的教皇谕旨,称"未获得许可就阅读或在家中保留禁书的人,印刷或以无论任何方式或任何动机,公开或秘密地捍卫马丁·路德或所有其他这个宗教拥护者书籍的人",将被开除教籍。

　　但情况非如所愿,而且恰恰相反。这就是书报审查制度的永久悖论:它总是成为被禁作品的最有力的广告代理人,以致在 18 世纪,玛丽-特雷萨女皇在她的国家禁止了禁书目录的出版。因为其最主要的后果是向人们披露了大量禁书的名单,没有它,人们不会想到这些书的存在。

44

　　然而,教会对异端书籍泛滥的最初反应是进行清查,以制定一个禁书目录。最初,制定清单的是巴黎、威尼斯、佛罗伦萨、米兰、科隆的宗教裁判所法官、教廷大使、大学等相关人员的工作。后来,保罗四世(1555—1559 年)命令编纂第一部禁书目录大全。该目录出版于 1557 年,1559 年进行了修订。其完整的名称是《罗马教廷及全体神圣宗教裁判所告基督教共和国内所有人的作者和书籍目录,以避免包含在教皇谕旨中对那些阅读或保留禁书者的书报审查制度处罚,以及包含在圣职部通谕中的其他刑罚》。这个目录制定得并不详细,所有自 1519 年以来匿名出版的作品,由异端作序或评论的教父作品,所有由 62 个出版商印刷的书籍,都被查禁,即使这些出版商只是印刷了唯一一本可疑的作品。但新教皇(1559—1565 年)认为,这些措施过分了,此后对他们进行了削减。

　　但是,特伦托宗教评议会重新开启了这项工作。它在 1562 年 2 月 26 日第十八次会议中决定,同"我们时代大量可疑有害书籍的过度激增"作斗争。十个获得神学家援助的主教开始着手这个任务。他们修改了保罗四世的禁书目录,并于 1563 年 12 月 4 日将他们的工作结果呈交给教皇，"以他的判断并通过他的权威予以完成和出版"。因此，1564 年 3 月 24 日，《禁书目录》得以出版。

《禁书目录》对那些阅读或保存被定性为异端书籍的人们，制定了开除教籍的惩罚和异端嫌疑的条例。阅读或保存虽非异端但被判定为危险的书籍，是重罪，这会导致堕入地狱和可能被主教惩罚。规章由三部分构成。第一部分，异端或有异端嫌疑的作者被按字母顺序分类，其所有书籍，过去的和未来的，均被查禁。第二部分，人们可以看到一个查禁作品名单。但是，其作者往往是属于教会人士。第三部分排列了匿名可查禁作品。禁书目录的十个规定被列入开头部分。最终，1566 年，庇护五世为了管理这些书报审查制度，创立了禁书目录圣部[1]。

罗马提供了书报审查制度的榜样。人们能够预计，它将在所有基督教国家中被效仿。但是，最初时期并不是这样。因为国家形式是多样的。比如法国，高卢主义和王权的兴起，行使文化控制的对立权威众多，革新潮流的势力延伸至宫廷，所有这些都会导致书报审查制度施行的延误和不一致。

在 15 世纪，王权采取主动，于 1480 年代创立"特许权"。对于每个作品，书商必须从世俗权力那里获得出售许可。这种许可由掌玺大臣公署批准，高等法院判决或巴黎管辖区法令发放。这是简单的预防措施。特许权似乎在最初几年被随意地授予，而大学，由于关于唯名论经院哲学问题的内部争吵，则任由人文主义者的文本任意出版。唯一被审查的知名作品是匹克·德·拉·米朗多尔的法文版《辩护书》，它在 1488 年被索邦禁止。这个作品是亚里士多德主义、阿维洛伊主义和犹太教神秘哲学的奇特综合。因特许权制度的出现，直至 16 世纪 20 年代初，书报审查行动大为减少。

第一个被审查的文本：《圣经》

有一个虽然矛盾，但富有启示性的文本，就是《圣经》。《旧约》和《新约》的出版，掀起了禁令浪潮。由法国教会审查的首批作品

---

① 这一章的开头被收录在我们的这篇文章中，"Le Vatican, les papes et la censure"，*L'Histoire*，1989，n°123。

是《圣经》、《福音书》和其他神圣文本,至少是它们的译文。教士自认为是《圣经》的唯一持有者,唯一有解释资格的人。必须承认,世俗信徒有接触这些时常显得晦涩的文本的直接入口,但教士们自认为那些文本充满多种复杂意义,这些意义只能在其受神灵启示和指导下被识读。自从教会教父时代以来,教士们坚信,《圣经》具有讽喻意义、道德意义、类比意义和历史意义,这多重意义又同时都是真实的。更多的解释提出了可怕的问题,普通信徒被断定没有能力理解上帝意图的深刻性,任由他们阅读神圣文本,就使陷入异端的机会激增。翻译是极度危险的,因为措辞的选择本身充满歧义,可能歪曲神的思想。唯一被接纳的译文是由圣杰罗姆整理的拉丁文。拉丁文《圣经》声誉卓著,被认为是原始文本。人们忘记了不存在任何《圣经》文本的原始手稿,教会在不经意间神化了这部拉丁文《圣经》。不过,研究过希腊文本的人文主义者,无可争辩地指出了圣杰罗姆译本甚不完善的特性。更糟糕的是,某些人开始将圣经翻译成通俗语言,让它可以任人阅读。这是由于印刷术的缘故。

同时,路德的早期作品也在传播。在针对教皇、弥撒、圣徒宗教仪式的攻击之外,它还鼓励信徒直接阅读圣经,摧毁了教士的垄断权。因此,与《圣经》译文做斗争,这也是与新教教义宣传做斗争,两个方面紧密联系在一起。

世俗和宗教权威的反应是迟滞的,领导阶层暴露出许多迟疑。高级教士,包括一定数量的人文主义主教持开放态度。至于王权,它公然与新思想眉来眼去。在 15 世纪末,查理八世指使他的忏悔神父昂日主教让·德·勒里,在 1497 年出版《圣经》法文版,而且无视其缺陷,多次再版。弗朗索瓦一世是文艺事业的资助者,他庇护人文主义者并力求吸引伊拉斯谟。他的妹妹昂古莱姆的玛格丽特,则将一群知识分子集聚在自己身边。他们积极支持人文主义者和宗教改革者。1521 年,莫城集团形成,由主教本人、昂古莱姆的玛格丽特的通信友人纪尧姆·波利索内所推动,弗朗索瓦一世的本堂神父雅克·勒费弗尔·代塔普雷亦有推动作用。

这个小团体的成员从宫廷的强大保护中获利。他们认为,信仰革新的任务必须回到基础文本,应该仔细翻译它。这个用于指代他们的术语——"福音主义者",是意味深长的。这些知识分子,有

47

某些神秘倾向,他们故意处于中世纪虔诚传统的仪式及其壮观的外在方面上。因此,书商们可能传播了内容最大胆的书籍。索邦本身更早接触到的,是来自巴尔的路德作品的拉丁文最初样本①。"自 1520 年来,人们在巴黎学校里阅读路德作品,人们讨论他的作品。不久,这些作品渗透到里昂和莫城。"②

在 1520 年 6 月 15 日谴责路德的教皇谕旨下达之后,直至 1521 年,书报审查机构才行动起来。采取的措施包括将宗教作品和《圣经》联系起来。3 月 18 日,在弗朗索瓦一世的要求下,巴黎高等法院禁止出版商"在没有被神学院或其代表检查之前印刷涉及基督教信仰或对圣经解释的拉丁文或法文书籍"。1521 年 4 月 15 日,索邦正式查禁路德作品,禁止其传播③。6 月 13 日,高等法院禁止在索邦批准之前印刷和出售关于圣经的作品。

因此,预先审查原则正式确立。它只涉及宗教作品,很少触及无关宗教内容的领域。然而,这些措施的效果立即受到限制。第一个严峻考验在 1523 年突然到来,勒费弗尔·代塔普雷的《新约》、《使徒书信》和《福音书》出版。8 月 12 日,索邦宣布,"这些译文不应该出现,将被查禁"。然而这是无用的惩罚。这项翻译工作由国王本人指导,并由国王的妹妹支持。因此,出版在继续。与几个福音主义者的作品一样,他们的一些作品直接受路德影响,由莫城团体创作。

权威们的迟疑(1525—1550)

在 1525 年至 1526 年间,国王成了因犯,索邦和高等法院有行动自由,施行了猛烈的镇压。勒费弗尔的译文被索邦判断为诱人犯罪,作者必须在高等法院出庭。不久之后,他逃亡到斯特拉斯堡,而纪尧姆·波利索内本人被审讯。1526 年 2 月 5 日,高等法院的一个判决谴责了那些"阅读圣经书籍、从拉丁文翻译成法文的人,多个异端邪说的发明者,讨论和探讨有天主教信仰的人"。2 月 17 日,纪

---

① W.-G. Moore, *La Réforme allemande et la littérature française*, Strasbourg, 1930, p.30.
② L. Febvre et H.-J. Martin, *L'Apparition du livre*, p.413.
③ F. M. Higman, *Censorship and Sorbonne*, Genève, 1979, p.74.

尧姆·茹贝尔在巴黎被作为路德派信徒而烧死。8月28日,轮到了雅克·帕旺遭受火刑,他重又归附了异端。宗教改革者被逮捕。1525年8月26日,索邦禁止一切《圣经》译文,无论完整的或片段的。8月28日高等法院批准了禁令。然而,在10月,西蒙·杜·布瓦的法文《新约》出版。11月,另一部禁书,即皮埃尔·格兰古瓦尔的《圣母院日课经》译文出版。禁令的实际效果仍然非常有限。然而,它导致一部分巴黎书商离开巴黎,将既没有高等法院、又没有神学院的里昂,变成了可疑作品的主要出版中心。 *49*

从国王返回到揭帖事件,书报审查制度随着区分异端、严厉查禁著作,尤其是那些福音主义和人文主义作品等举措,而逐渐变得温和起来。这种区分并不总是明显的,镇压所触及的更多的是人而非书。监禁和死刑激增,尤其是在1528年圣灵降临节的渎神行为之后。当时,一个圣母玛利亚雕像在巴黎被打碎。然而,对书籍的控制似乎又倾向于宽容。人们只统计到两个被索邦查禁的法文作品,即1531年3月2日,在一个巴黎书商家里查封了海曼·波迪乌斯的《一切争执的联盟》和路德的《征服基督徒的书》。控制似乎在向相反方向实施,因为1526年,索邦的著名理事,新思想不妥协的对手,狂热的诺埃尔·贝达,被高等法院责令提供一个他所反对的伊拉斯谟和勒费弗尔·代塔普雷书籍所有样本的清单。高等法院从中获益。他们可以据此检查神学作品。

权威之间的不一致,完全有利于福音主义作品。只要它们被国王保护,教会就丝毫不能反对它们。索邦在1533年体会到了这一点。5月18日,诺埃尔·贝达被流放,翌年,他被逮捕,因为他出版了反对国王的诽谤性作品。尤其是1533年10月,发生了可耻的《罪人灵魂之镜》事件。这是一部充满了福音主义精神的作品,充满了对人类因原罪而衰弱的情感的表达。索邦审查了这部诗歌。它是昂古莱姆的玛格丽特的作品。而11月8日,国王强制神学院重申他的决定,表态它永不查禁甚至要去阅读这部作品。

然而,监督仍是积极的。从1531年起,索邦和高等法院组织去巴黎书商家中搜查,并任命两个代表来负责这个领域。1534年的揭帖事件,让王室对新思想的同情减弱了许多。新思想不再指望得到保护。1538年,巴黎书商让·德·拉·加尔德同他所有的书籍一起 *50*

被烧掉。这一年,弗朗索瓦一世和查理五世的和解,剥夺了法兰西国王宽容新教徒的一个理由。从 1540 年开始,审查的调子升高了。《枫丹白露敕令》让高等法院自己负责管理异端事务。1543 年,索邦向它提供了一个有 29 条条款的教义表格,以指导其调查,并草拟了一个有 60 部禁书的名单,其中 41 部是法文书。1544 年,索邦编写了第一份《被审查书籍目录》,此目录于 1545 年被高等法院法令所采纳。1547 年,御前会议禁止在索邦许可之前出售《圣经》。

书报审查制度的整个"兵工厂"逐渐组织起来了。出版业的人士焦虑不安。从 1534 年起,一个巴黎书商和一个巴黎印刷商被执行死刑。在 1535 年 1 月初,针对弥撒的侮辱性揭帖激增,三个印刷商被追查,其中有西蒙·杜布瓦,及两个装订工和一个流动商贩。1 月 13 日,王权禁止在王国内无条件地印刷任何东西,直至新的法令颁发。这个乌托邦式的禁令在某种程度上显示出,印刷术变成了自由思想必不可少的助手。但这个决定是无法实施的,所有权力从此将与印刷机对峙。唯一的解决方法是控制它,因为人们不能消灭它。2 月 23 日,国王让高等法院负责在巴黎挑选 24 个"有资质有担保"的书商,唯独他们拥有在首都印刷书籍的权利,"只印刷被许可的和必要的书籍"。

书商职业变得有风险。最大胆者也必须倍加小心,尤其在巴黎。西蒙·杜布瓦,至少出版了 13 部福音主义作品。从 1529 年起,他更喜欢居住在阿朗松,在那里,他继续着同样的行为,1534 年他返回巴黎。他从 1535 年起为了逃避搜查而四处躲藏。他使用多种手段以逃避追捕:用小开本和无害书名,缺乏地点和日期标记,或者用虚假批示①。书商克雷斯蒂安·沃歇尔则尽力使他出版的异端文本变得温和,这使得路德宗文本汇编《书籍》能通过索邦的检查而没有被查禁。在里昂,皮埃尔·万格尔附上了虚假地址,将书籍改装为天主教书名②。1519 年到 1532 年间,在他出版了伊

---

① G. Glutton, "Simon du Bois of Paris and Llençon", *Gutenberg Jahrbuch*, 1973.

② G. Berthoud, "Livres pseudo-catholiques de contenu protestant", *Aspects de la pro-pagande religieuse*, Genève, 1957, pp.143—154.在同一个作品中, E. Droz, "Pi-erre de Vingle, l'imprimeur de Farel", pp.48—78.

拉斯谟、勒费弗尔、法莱尔、拉伯雷等人的作品和《圣经》译文之后，先后定居在马诺斯克、日内瓦、瑟里埃尔。

　　艾迪埃纳·多雷的个案仍是最著名的，但并非真正的典型。这个博学的大学教员，曾从弗朗索瓦一世那里获得了印刷和出售所有他所期望书籍的普遍特许权，但他却定居于里昂，公然出版被视为渎神的书籍，丝毫没有采取他同行的那种谨慎做法。他的挑衅态度被他撰写的前言所强化："我依然是这个观点，所有不违反上帝荣誉和光荣的书籍，应该被接受而不是被排斥。"《新约》和伊拉斯谟的新教译本、个人作品、路德宗文本，均出自他的出版社。1546 年，他连同其出版的书籍一道在巴黎被焚烧，因为"渎神、混乱以及展出被禁的和应入地狱的书籍"。

　　违禁和合法之间的界限，对于许多作品仍是模糊的。因为对书名的简单改变，或对形式的某些整理，仍然使路德宗书籍作为天主教作品而被通过。当时，在 1545 年，《被审查书籍目录》出版，24 个巴黎书商向高等法院强调指出："上述书籍，一直被完全自由地出售，没有该谴责的东西。"他们表达了被这些禁令毁灭的担心，这是可疑书籍畅销的迹象。

　　另外，他们越来越多来自国外，尤其是日内瓦，那里存在一种向法国秘密出口加尔文宗书籍的活动。利用流动商贩网络，瑞士印刷商发送大量带着虚假原始地址的货物到里昂和巴黎，书籍从那里被分发到法国书商那里。什拉普费研究了这些地下组织之一，诺曼底的洛朗，它运营于 1549 年到 1569 年年间①。书籍的数量有时是巨大的，发行方法简便。1562 年，一艘满载禁书的船只在塞纳河上被扣押，需要几天来制定清单。1565 年，在拉昂，日内瓦小册子在黑暗的地窖中通过通气窗流出，市政行政机构命令堵塞这一管道②。加尔文宗的宣传借助了所有手段以传递其宗旨。

《夏多布里昂法令》(1551)及其应用

　　日内瓦出版泛滥的现象，部分地导致了王室书报审查制度的落

①　H.L.Schlaepfer, "Laurent de Normandie", *Aspects*..., pp.176—230.

②　F.M.Higman, "Le levain de l'Évangile", *Histoire de l'édition française*, t. I, p.395.

实。第一个大法令——1551 年 6 月 27 日《夏多布里昂法令》颁布。法令重新采用并组织了一个完整制度，以前推出的所有措施都是孤立的。书商从此必须在他们店铺中出售的书籍名单旁边张贴《被审查书籍目录》。每本书必须含有作者姓名、印刷商、日期和印刷许可的标示。印刷和出售禁书将遭死刑惩罚。死刑同时用以打击印刷商和发行商，流动商贩和读者。教会圣经研究教师著作的译文，与近四十年以来的宗教书籍一样，必须由索邦授权。书店每年被搜查两次。最后，为了摧毁日内瓦书籍发行网络，流动商贩被禁止销售印刷品。"他们出售某些货物，秘密携带来自日内瓦和其他地方臭名昭著的书籍。"

和往常一样，法律效力依赖于使之得以实施的政治意志。在亨利二世统治时期的最后八年，从 1551 年至 1559 年，世俗权力和宗教权力密切合作，并且表现出一种镇压的热情，使首都的可疑出版物销声匿迹。统治者承诺让"这些路德派卑鄙无耻者的血和脑袋在街上奔流"①，且不准备妥协。但是，在国王意外死亡之后，王权的不稳定和频繁的政治转变，引起了王权与教权的不和。此时，诽谤作品以不受控制的方式增长。

在巴黎，所有权威维持着更加严格的监督。许多并不令人不安而且非常畅销的出版物在 1551 年被禁止，比如，比利时人让·勒梅尔已经很古老的作品《宗教评议会》。它先是以《论教会分立》之名出版，颇具天主教意味。纪尧姆·德·勃朗特冈写于 1539 年的作品《耶稣基督的生平》，则提供了一个基调强硬的显著个案。1540 年，这部作品在巴黎由孔拉·内奥巴尔印刷，附有所有的许可证。但该书在 1543 年被索邦查禁，理由是，新祈祷文引用了新近的版本。经检查发现，这些新祈祷文显然是伪造的。阿尔努尔·朗日里耶和弗朗索瓦·朗德里的《给孩子的引言》也是同样的情况，在自由流传几年之后，于 1542 年被查禁②。

---

① 转引自 L. Romier，*Les Origines politiques des guerres de religion*，Paris，1914，t.II，p.286。

② F. M. Higman，"Le levain de l'Évangile"，*Histoire de l'édition française*，t.I，pp.390—392.

在这种情况下,巴黎书商的行动变得非常困难。一些书商倾向于放弃。最引起轰动的例子是罗贝尔·埃斯提埃纳,他被索邦纠缠,因为出版了附有注解的希腊文和拉丁文《圣经》,以及他本人的《旧约新约摘要》。1551 年,他流亡到日内瓦,出版了一个反对索邦博士们的小册子——《巴黎神学家的书报审查制度,附罗贝尔·埃斯提埃纳的回答》。

宗教战争使形势恶化。虔信者与政治家之间的斗争在出版界引起了反响,导致国王和宗教权力之间的频繁不和。自 1555 年以来,巴黎高等法院不满于必须服从索邦对于宗教问题的裁决,采纳了一个惊人的奏谏——为宽容辩护,"因为这些总是在宗教问题上惩罚不幸者的酷刑,至今只是使人憎恨罪行,并未能纠正谬误"[1]。1559 年 6 月 10 日,亨利二世出席高等法院会议,在会议过程中,好几个高等法院法官(路易·杜福尔、克劳德·维奥尔、安托万·弗梅,尤其是安内·杜布尔)要求结束迫害。但他们被逮捕。一些人逃走了。安内·杜布尔被烧死。在 7 月 10 日国王驾崩之后,一个充满不确定性的漫长时期开始了。矛盾激化,可能有利于秘密出版,但也可能使书业遭受可怕的厄运。

1561 年 3 月 5 日,高等法院决定,印刷许可只需用于"涉及宗教和圣经"的书籍中。然而,8 月 16 日,密函宣布,这个许可对"任何书籍、信件,以及不论作者是何人的作品",都是必要的。在世俗权威之间同样存在不和。这种冲突并不罕见,尤其在虔信者和政治派之间敌对的框架内。在 1560 年 7 月,克劳德·戴斯庞斯,纳瓦尔学校的博士,被米歇尔·劳斯皮塔尔和摄政的妥协政策的拥护者所保护,他出版了论文《论使徒保罗的"提摩太书"》。索邦已经在 1553 年查禁了他的两部作品,并要求他提交所有作品接受检查。由于权力的保护,戴斯庞斯于 1560 年 11 月获得了一种普遍特许权,其作品在巴黎瓦斯考桑和莫莱尔作坊出版,只是在 1562 年 8 月其部分作品遵循了禁令。

另一个非常有争议的作者瓦朗斯主教让·德·蒙特吕克,也从权力间的不和中获益。他被罗马宣布为异端。1560 年 10 月 14 日

---

[1]　J.-A. de Thou, *Hisroire universelle*, Londres, 1734, livre XVI, p.641.

高等法院则为其恢复声誉。他在 1561 年法庭上鼓吹四旬斋。2 月 25 日，他的出版物获得了普遍特许权。索邦对此不以为然。它在 1561 年和 1562 年检查了他的作品，按照中世纪方法，上了审查提案的名单。尽管卡特琳娜·德·梅迪奇立即召集神学家以作解释，但仍然没有阻止他的作品在 1562 年 9 月 16 日被列入《被审查书籍目录》。

另外的不和出现在对外政策上。议事司铎加布里埃尔·德·萨科内在 1561 年再版的亨利八世的《七圣礼断言》前言中，探讨了安娜·波兰·德·杰扎贝尔一案。英国使节斯洛克莫顿提出抗议，之后，卡特琳娜禁止出售这本书，除非修改前言。1562 年，在《阿尔比历史》中，让·盖伊指责亨利八世。斯洛克莫顿发起新的抗议，他将书批示给蒙莫朗西的法国王室总管。尽管有索邦许可和高等法院授予的特许权，这部书籍仍被查禁。

1562 年，王权和高等法院之间的冲突总是突然地直接出现。依据国王命令，蒙莫朗西让书商朗日里耶在 1 月 17 日印刷宽容敕令。高等法院不赞同这个敕令，训诫了书商和蒙莫朗西。国王震怒，通过 1 月 24 日至 28 日的诏书，禁止印刷"任何一本书，如果没有陛下及其私人会议的明确规定和许可"。国王却被高等法院和巴黎宪兵队队长禁止"给予任何印刷许可，陛下的宣告没有任何效用"。而国王力求保留自己印刷控制的垄断权，他通过 1566 年《穆兰敕令》将许可权收归自己①。

为了使这个决定有效，需要一种强大的王权，可情况并非如此。高等法院、索邦，还有主教们，每一方都从自己的立场来继续实施控制②。从 1562 年起，首都虔信派人数增加，在书界制造了灾难：逮捕和搜查行动激增。在 1563—1654 年，五个出版商被监禁，1572 年，书商夏尔·佩里耶和乌丹·坡蒂在宗教屠杀期间被杀害，

---

① G. Guilleminot-Chrétien, "Le contrôle de l'édition en France dans les années 1560：la genèse de l'édit de Moulins", *Le Livre dans l'Europe de la Renaissance. Actes du XXVIIIe colloque international d'études humanistes de Tours*, Paris, 1988, pp.378—385.

② M. Péronnet, "Les évêques français et le livre au XVIe siècle：auteurs, éditeurs, censeurs", *Le Livre dans l'Europe de la Renaissance*, pp.159—169.

其他人则逃跑,比如里沙尔·布勒东、让·勒·普勒、昂德雷·沃歇尔。针对宗教禁书印刷的轻罪诉讼案件亦激增:1562 年 7 个,1563 年 4 个,1565 年 6 个,1566 年 4 个,1567 年和 1568 年 3 个,1569 年 12 个,1570 年 5 个。索邦强化了它的行动。从 1562 年起,它要求所有相关人员宣誓,尤其是被委托了书籍出版垄断权的书商。一个神学博士通知塞巴斯蒂安·内维尔,如果没有他的许可就出版某本书,"神学院将在他家中制造丑闻,因其终其一生都在为胡格诺派诋毁神学院,国王、高等法院都不能使他免遭不幸,因为唯独神学院才能审查书籍"[①]。这种训斥是明确的,但是它也强化了负责书报审查制度的不同机构之间的敌对。

1571 年 5 月,《盖永法令》又强调了王权在这个领域中的权力。此后,巴黎印刷商选举出他们中的两个,他们要求不要印刷任何一本禁书。当选的检察官—行会理事应该确保法令的实施,"让人向他报告违法和犯罪行为"。尽管有这些措施,意见的不一致仍存在涉及宗教书籍的事务中。这种不和因为特伦托宗教评议会决定出版而增加。但是,这涉及一种垄断权持有者——大学——与国王之间的经济上的对立。《教理书》、《罗马日课经》和新的《祈祷书》及宗教评议会教谕文集的传播,实际上表明存在一种难以置信的市场。在巴黎,书商雅克·凯威尔从国王那里获得《日课经》和《祈祷书》的印刷特许权,经由庇护五世确认,并通过圣母办公室格雷古瓦十三世所扩展。1573 年,大学反对这种垄断,支持纪尧姆·梅兰的候选人资格。高等法院在 1575 年干脆决定支持雅克·凯威尔印刷《日课经》和《祈祷书》,但是国王在 1577 年将他的垄断权延长到六年。在 1580 年,为了出版宗教评议会教谕的《文集》,教皇特权与国王特权爆发冲突。前者将出版权授予有教廷大使卡斯特利支持的里昂书商鲁耶;后者将出版权授予巴黎人塞巴斯蒂安·内维尔。从此开始了一个接一个的诉讼,关于教会法课程的出版,关于凯威尔的接任,关于其他罗马习俗手册,等等。经过这些波折,王权不断增强对巴黎出版业的控制,设立特许权、垄断权和职业监

57

---

① 转引自 D.Pallier, "Les réponses catholiques", *Histoire de l'édition française*, t.I, p.407。

督,再加上检察官—行会理事的中介作用。在 1580 年代初,所有可疑书商都消失了。城市不久将遭受神圣联盟的监管,变成一个原教旨主义天主教出版物中心。

在外省或国外,新教徒的或单纯宽容性的作品被印刷。里昂是主要中心,但是经历了让许多作坊陷入痛苦的变迁。在 1540—1560 年代,人们在那里相对不受处罚地印刷异端或被查禁的作品。例如,奥利弗坦的《圣经》译本,在 1540—1550 年期间出现了八个版本;同样的还有艾迪埃纳·多雷的《告诫》(1544),马洛的《圣诗》(1545),译自意大利文的《耶稣基督的权利》(1545)等。后面这些书籍由书商图尔内的让出版,他是那个时期最重要的书商之一。他借助所有可能的掩饰以欺骗审查①。最成功的是他在 1553 年出版了日内瓦加尔文宗《圣经》,用圣杰罗姆的序言代替了新教序言。这个作品在 1553—1562 年间出版了 11 版。1547 年,他同样成功地在克劳德·戴斯庞斯的好几个作品中,嵌入了路德宗文本译文《厄运中的慰藉》。

从 1562—1565 年,里昂处于胡格诺派控制之下,出版异端文本,在当时是流行的做法。对于最热衷于宗教改革的书商来说,1565 年形势的转变是戏剧性的。天主教权威施行骇人听闻的火刑,焚毁几千本从搜查中缴获的书籍。逮捕现象激增,比如图尔内的让二世,他最终逃亡日内瓦,像 1569 年的塞巴斯蒂安·奥诺拉一样。而让·弗勒龙在 1568 年逃亡蒙特吕埃尔。里昂出版业此时变得墨守成规,转向不太危险的领域,比如考古学、法学和古代史。

其他不太重要的中心经历了同样的突变。在鲁昂和奥尔良,人们印刷加尔文、泰奥多尔·德·拜兹和马洛的作品。几年内,在随着天主教徒回归而重返正统作品之前,这些城市处于新教的控制下②。在图卢兹和卡昂,人们更谨慎一些,但是,有人发现了多雷的被审查的几种版本的书籍。从 1563 年开始,一个新的新教印刷中心出现了——拉罗歇尔。直至 1628 年被围攻为止,这个加尔文宗

---

① A. Cartier, *Bibliographique des éditions de Jean de Tournes*, Paris, 1937, 2 vol.

② *Répertoire bibliographique des livres imprimés en France au XVIe siècle*, Baden-Baden et Paris, 1968—1980.

的坚固地盘，是确保宗教改革的最好地点之一。书商巴尔泰勒米·贝东从 1563 年开始，皮埃尔·欧尔丹从 1571 年开始，在这里扩张了宗教和政治宣传作品的出版。

除了拉罗歇尔这个例外，人们不难想见，从 1570—1580 年代起的法国出版业，整体处于王室和天主教宗教权威的控制之下，但这种控制伴随着任何触及垄断权和特许权分配的对立和争吵。

在这些权威越来越迟钝的行动之外，异端书籍及其出版商是自发出现的，或者更经常是被极端主义传教士和煽动者所激起并煽动的大众运动的牺牲品。1562 年，狂热的天主教团体在几天内焚毁了整车整车拉来的几千本书。书店被掠夺和洗劫，尤其在桑城、奥里亚克、卡尔卡索纳。圣巴托罗缪暴行大规模扩展到书籍和书商那里，他们既是学术文化也是异端的象征。实际上，对于那些不识字的天主教城市民众而言，书籍销毁行动有一种含混的双重意义：作为反抗权贵统治和反对新教徒邪恶思想之激增的象征；作为一种阶级的和宗教的现象，又是对意识到自己的无知和处于文化劣势地位的怨恨和报复。这种情感在所有焚书情景中反复出现，直至第三帝国达到巅峰。

对抗神圣联盟控制的政治论文和小册子

从 1580 年代开始，直至亨利四世改宗，一种新型印刷品占据了首要地位——小册子。这是一种发行量很大的诽谤性作品，没有标记的公文纸或者两三个散页，免费发放，或者以微不足道的价格出售。因其有限篇幅、简明扼要的形式，必然使内容简单化为讽刺画，而且特征明显。这是极端主义和激烈思想的杰出载体，是适合宗教内战的文化工具。这种写作形式在神圣联盟时期获得了巨大发展，并且在所有危机时代都会突然重现。

文学宣传品可影响最大数量的公众，无论是朋友还是敌人。15 世纪末以来王室行政机构发动的舆论战，16 世纪中叶加尔文运动，这种小册子已经在作品传播方式方面处于萌芽状态。但是在这些辩论中，它保留了书籍的形式和规模，因此，只影响到相当有限的公众。这一类型是对国王御前会议的亲王和领主的一种警告，需要预防那种可能威胁到宗教的叛乱。作为对支持宗教信仰

59

33

宽容和自由的号召,1561年匿名文本宣告了政治派的指导方针:拯救国家需要给予新教徒在某些限度内的世俗宽容和宗教信仰自由。

这种小册子的撰写形式是一种小论文,因其对公共舆论的号召,区别于普通书籍。作为一种文化,在吸引更多相关公众的意义上,形成一种舆论压力并呈现为一种奇特的发展趋势。在实际目的上,这种作品类型包含了所有舆论操纵和宣传的萌芽。它造成一种事实,即一些人在其影响之下会认为,公共事务不应为少数领导阶层所垄断。但其悖谬性从一开始就是明显的:一方面,是对在前民主时代意义上的政治参与的拓展;另一方面,是有偏见的事实歪曲,它似乎意味着民主化和舆论操纵是不可分割的。

劝诫作品是一种温和的论文,更接近政治论文而非小册子。之后,许多其他论文接踵而至。比如,1563年带有类似倾向的《对关于王国平定的国王敕令的辩护词》。翌年,虔信派用《对名为辩护词的出版污蔑性指控的回应》一文来反驳。逐渐地,这种辩论的声调升高而水平降低,如《致国王关于宗教事实的书信》(1564),《关于目前状况的简析》(1564)等。从亨利四世开始,王权主要求助于这类作品,以使人们理解他的政策。从1589年3月4日以来,国王发布了一份呼吁书,号召法国人和解。文中解释说,国王不能立即改宗,这对许多天主教徒的高卢主义和反罗马教廷的情绪起了引导作用。直至1600年,赞成或反对胡格诺派国王、改宗、南特敕令的辩护词、备忘录、辩护、答辩、演说、告诫等,纷至沓来①。它们的论调是激烈的,但是立场是推论式的。这种文学作品构成了一种新闻舆论的氛围,在亨利四世治下的相对自由中获益。

剩下来的都是充满无情斗争气氛的作品。从1585年到1594年,主要出现在巴黎。这在神圣联盟伟大时代的出版物中成为必然现象。这是简短、暴力而有揭露性的插曲:神圣联盟下巴黎出版的运作,是一种由革命的抗衡势力大量控制和利用的印刷术的首次尝试。

---

① 关于这种文学作品的主要文本,见 J. Lecler, *Histoire de la tolérance au siècle de la Réforme*, Paris, 1955, t.I.

这种言论方式从 1585 年以来随着教士大会对王权的干涉，开始变得强硬。教士大会向主教们发送了信仰官方通告，要求他们必须将其施加给新的改宗者。大会主席布尔日大主教表达了高级教士们的愤怒："这是一个全新而可怕的事物，看见他们所做的必须被法律所认可，而且要按照他们的命令和天职，接纳世俗的人，为了把其观念塞给其他人。这种丑恶，不仅对法律的恶意解释具有明显的危害，而且那些解释是来自没有科学确据的人。如果它必然发生，就不仅给基督教会，而且会给所有的国家带来困惑和混乱。"①索邦要求被某些主教所质疑的事物接受书面审查。10 月 14 日，努瓦永主教发表演说，要求消灭异端并放弃宽容，他将"王国从 1525—1526 年经历到的所有灾难归咎于这种许可，即每个人都可以相信在他看来是好的东西，而不被盘问和追查"②。他继续指出，宗教多样性是野蛮国家的征兆。另一方面，大会提出反对高等法院对教士权利的各种侵蚀，恳求国王严厉惩罚"那些印刷、携带和出售没有高级教士领主和神学院许可的、被天主所弃绝的书籍的人士"③。

自 1585 年至 1587 年，索邦从王权衰弱中获益，表现得越来越严厉。它的审查官，比如布歇、德·克雷尔、热内布拉尔、洛努瓦，"完全忠诚于天主教宗派，他们支持其最大胆的论文。"帕里耶如是写道④。在 1588 年吉斯公爵被暗杀之后，神圣联盟组织用其在巴黎的势力清洗出版界。他们利用印刷术，大量传播其观念并搜捕王政派书籍及其作者。有两个书商，尼古拉·内维尔和罗班·提埃里，接受了由十六人会议所采纳的文本的印刷出版垄断权。这个十六人会议出自神圣联盟的执行委员会。其他书商，所有对神圣联盟的热情支持者，印刷了大量反王权主义的小册子。有人统计，在 1585 年至 1594 年间有 870 种，其中仅 1589 年就有 362 种，几乎是一天一种。其中含有极端暴力的内容，经常号召刺杀暴君。这些内容重新进入许多修道士讲道的主题。这些主题每天激发着

① *Procès-verbaux des Assemblées générales du clergé de France*，t.1，p.308.
② *Procès-verbaux des Assemblées générales du clergé de France*，t.I，p.289.
③ *Procès-verbaux des Assemblées générales du clergé de France*，t.I，p.283.
④ D.Pallier，*Recherches sur l'imprimerie à Paris pendant la Ligue*(1585—1594)，Genève，1975，p.73.

大众狂热，同时还有多种壮观的仪式队伍和各种示威行动。

神圣联盟首次对学术和大众两种文化主题的矛盾性作出了意义重大的阐明。同一批天主教教士，被卷入一项关于信仰、研究、内省、个人化和净化的革新事业，他们致力于减少华丽的、外在的和"迷信"的部分。当他们力求复苏信仰时，却又立刻（人们可能说，本能地）借助这些中世纪大众虔诚同样的习俗。神圣联盟主要是一场大众运动，一种对城市平民的直接召唤，有着许多革命性的方面。然而，受惊的显贵躲藏起来，重新加入国王宗派，或者变得异常谨慎①。编年史作者雷斯图瓦勒亲自焚毁了一部分自己的书籍，因为害怕被告发。揭发行为普遍存在：1589—1590 年间，巴黎经历了一场文化革命，即一种依靠大众群体清洗精英的尝试。在这样的一种运动中，印刷术传递了底层的口号。书面和口头的融合在大众层面上实现，旨在拉拢服务于革命目标的城市民众。领导者利用大众文化因素，尤其是仪式队伍——示威游行——主保瞻礼节，为了实现一种乌托邦式的政治——宗教目标——一个纯粹的、得救的共和国。一种狂热的精英理想，利用了被操纵的大众的虔诚，以便消灭自己的敌人。在这种背景下，印刷术沦为宣传工具。

首都的王权主义书商逃跑了。一些人定居在布卢瓦，他们在那里传播着一种反动立场。他们的小册子，几乎和神圣联盟成员的小册子同样暴力，同样大量发表。例如，1585—1594 年，在图尔就有 263 种。亨利四世大量利用印刷术，试图赢得公共舆论，正如我们所看到的，既通过推理陈述作品，也通过小册子和诽谤作品来实现。它们在整个法国大量传播。

亨利四世治下的书报审查制度的松懈

一旦权力牢固确立，这个贝亚恩人重新启动了对书业的控制。17 世纪的前十年，在这一方面表现为引人注目的话题。自 1520 年代以来，作者们首次重新感受到了一种相对的表达自由。1602 年，英诺森·戴尔·布法罗写信给禁书目录圣部："鉴于这里信仰自由

63

---

① Élie Bar-Navi, "La Ligue parisienne（1585—1594），ancêtre des partis totalitaires modernes", *French Historical Studies*，1979.

之盛行,人们不仅阅读而且每天印刷充满异端邪说的书籍。这种形势不可能有任何挽救措施,因为有君主授权。"①1608 年,轮到教廷大使乌巴尔蒂尼给红衣主教博尔盖兹写信了,他写道:"至于获得对每天出版的反对教皇陛下的书籍的禁令,我竭尽所能向国王谈及此事。我得到了某些结果,但是大臣们自行辩解说不能再做什么了,因为有大量的私人出版社,也因为存在于这个领域的自由传统,更因为巴黎是一个人口过多的城市。这是事实,我看到这里攻击国王个人和国家的印刷品在流传。尽管它们是被禁止的,可书商仍秘密地出售。"②

　　这种相对放任的状况,不仅要用大臣们的无能为力来解释,还要通过国王个性来解释。诚然,负责印刷业的大臣们没有表现出太多的热忱。斗争时代似乎终结了。许多行政机构成员是新教徒或曾是新教徒,比如絮利,他们不会试图审查他们教友的书籍。前神圣联盟成员提出更多难题,表现出对国王温和政治的深刻敌意。但是,政体明显是稳定和强大的,掌权大臣们很少对这些作品加以重视。彭博纳·德·波利艾弗尔和伯吕拉尔·德·西耶里都是被絮利压制的要人。

64

　　至于国王,文学作品对他而言只占有非常次要的地位,他无须迫使作者沉默,甚至不禁止针对他的言之凿凿的责难。他转向对实际、有效、行动力的关注,他不太阅读(或者让人阅读)《阿玛迪斯》。他鼓励科学和技术,但是对书本上的知识漠不关心。他为国王图书馆增设了其叔父红衣主教波旁的图书馆,任命有能力的雅克·奥古斯特·德·图照管它,并由卡索邦协助。他为政治文学作品留下相对的表达自由,他替德图说话,后者有时在当时发表的《历史》中表达了极具批判性的观点,引起了罗马的极大愤慨。这一点证实了教廷大使乌巴尔蒂尼所说的话。

---

① *Correpondance du nonce en France Innocenzo del Bufalo*（1601—1604）, Rome-Paris, éd. B.Barbiche, 1964, p.84.

② A.Soman, "Press, Pulpit and Censorship in France before Richelieu", *Proceedings of the American Philosophical Society*, déc. 1976, p.457.

书报审查制度的反作用

书报审查制度的不同形式,并没有阻止多样观点的表达。在手稿时代,如果及时采取措施,很可能彻底销毁本就数量稀少的作品。但自从印刷术发明以后,几乎不可能消灭一本书的所有复本。那些躲过销毁的样本随时有可能在别处蔓延。而且,销售网络总是可以连接来自国外的书籍,日内瓦出版业的案例充分说明了这一点。作者和书商在精神和思想上传播信仰的热忱,与书商的经济利益结合在一起,构成了对抗所有书报审查制度并保证作品传播的足够强大的动力。让我们补充一点,涉及其特权的权威们彼此的敌意、对立、嫉妒和反感,同样为书报审查制度的相对无效提供了可能。

审查官的活动聚焦于宗教问题,宗教问题处于 16 世纪所有争执的核心。思想活动的其他领域很少被审查涉及,直到 17 世纪初,因此它们可能自由地发展起来。某些领域,比如考古学、历史学,严格意义上的科学和神秘学、法学等,同样经历了引人注目的发展。这种发展在图书馆清单中显示出来。图书馆从 1520 年代起扩大了容量,并且在内容上更加多样化。虽然其中宗教书籍总是占上风,但最引人注目的是职业性、实践性和功能性作品的突破性进展,正如阿尔贝尔·拉巴里在亚眠所指出的那样[1]。伟大的人文主义者们的作品遍布思想精英们的图书馆,尤其是伊拉斯谟的作品,尽管有教会的强烈阻止,其声望没有停止上升。像其他有文化的主教一样,1576—1600 年的卡奥尔主教圣绪尔比斯修道会的安托万·埃博拉尔,拥有所有伊拉斯谟的作品,在这 483 卷中,有许多给传教士的行动指南[2]。外国作品,尤其是宗教类的,大量渗透到法国。例如西班牙的神秘主义著作从 1570 年起传入巴黎、杜威和兰斯。同样传入的还有许多意大利作品。

对印刷术的控制和宗教冲突,不可遏制地导致了大学的衰落及

---

[1] A. Labarre, *Le Livre dans la vie amiénoise du XVIe siècle. L'enseignement des inventaires après décès, 1503—1576*, Paris-Louvain, 1971.

[2] N. Marzac, *The Library of a French Bishop in the Late XVIth Century*, Paris, 1974.

重组。奇妙的是,最易受到书报审查制度的反作用力冲击的受害者,是大学的博士们。他们是那些笨重的大部头的作者,这些人物为思想界所熟知,拥有公共职能,不可能不希望引人注意。他们的作品被那些认真的同行们所探究,可以迅速被识别出可疑思想并遭到禁止,因为这些拉丁文论文很少有读者,书商也不准备冒险印刷它们。通过这个自行审查的自杀性游戏,索邦亲自扼杀了自身复苏的努力。一些成员建议改变和革新。只审查最墨守成规的经院哲学作品,这加速了大学的衰落,而国王中学的读者从更多自由中获益。一个明显例子是皮埃尔·德·拉梅,自 1551 年起,他是国王中学的雄辩术和哲学教授,其倡导的逻辑学和修辞学的革新,加速了经院哲学逻辑学的衰落,为培根经验主义的来临做好了准备①。

宗教战争和神圣联盟战争带给巴黎大学致命一击。当亨利四世于 1594 年进入首都时,大学已被外国学生和教授所抛弃,实际上停止了活动。国王对其进行重组。在 1600 年大学被要求采纳新法规,革新了整个教育法,通过法案使教育从属于政权和高卢教会。但是,大学没有重现中世纪的辉煌。由于印刷术,革新思想不再被禁锢在堡垒中。悖谬状况在延续,直至旧制度末期。随着知识中心的分裂和作者的分散,书报审查制度的最大效用是冲击了它自己的作者,即索邦的博士们,而离群索居的思想家的作品却很难被禁止。被自己的同行熟知、爬梳、圈划、监督的大学教授们,难以逃避文化控制,这阻碍了他们自身机构的发展。

16 世纪宗教和精神领域的动荡和斗争,也强有力地促进了相对主义的发展,书报审查制度未能成功地将它彻底扼杀。照例,冲突的氛围刺激了历史研究,人文主义者的博学已经唤醒了作者们对历史研究的兴趣。16 世纪下半叶的历史学家主要是法官、高卢的教徒、政客,甚至加尔文宗信徒,如维尼耶、皮埃尔和弗朗索瓦·皮图、奥特芒、博丹、帕斯吉耶、斯卡里瑞、鲁瓦泽尔、弗歇、德图、

---

① W.J.Ong 在两部作品中卓越地分析了皮埃尔·德·拉梅在经院哲学衰落中的作用:Ramus, *Method and Decay of Dialogue. From the Art of Discourse to the Art of Reason*,Cambridge, Mass., 1958; *Ramus and Talon Inventory*,Cambridge, Mass., 1958,还有 E. Hooykaas, *Humanisme, science et Réforme. Pierre de La Ramée(1515—1572)*, Leyde, 1958。

杜·提耶、达尔让特雷等人,他们从过去寻找巩固其地位的论据①。而且,统治者们渴望向其后裔传递一种关于其统治的积极形象,因之创立了史官职位。1554 年任命皮埃尔·德·帕沙尔,1572 年任命热拉尔·杜·埃扬。亨利四世让德·图、皮埃尔·马修、乔治·克里东和皮埃尔·杜普伊等负责书写君王统治的历史。国王们试图影响未来,确保在他们有生之年完成对其统治的叙述,以便在未来几个世纪中使他们的光荣保持不朽。在他们监督下起草的历史,必须见证他们的伟大②。

但是,历史是能够为任何事业和任何思想作见证的取之不尽的源泉,也是相对主义的最伟大的一课,因为历史毫无偏见地注视着一切。事实没有漠视最好的时代精神,这与宗教战争的场面形成对比。怀疑主义的出现,同时吸纳了某些希腊哲学家的观念、历史的反思和当时的相互冲突的思想。虽然这仍是一种微弱的征兆,但是对于权威来说,其表达方式比宗教异端危险得多。因此,书报审查制度对于"无神论"作品是严厉的,这个术语代表当时所有形式的相对主义、不可知论、对神圣事物的冷嘲或热讽。因此,在1537 年,恰好在宗教战争发动之前,一部匿名作品《洋琴》在巴黎由让·莫兰印刷出版,其形式是神学家与哲学家间的交谈,并得出了这一结论:人不能抵达真理,包括通过启示,启示归根结底只能被认定为一个江湖骗子的作品。基督的神性和基督教教义因之沦为虚无。我们今天知道,这个作品来自博纳旺图尔·德·佩里耶。作品立即被索邦和高等法院查禁,可这并没有阻止其样本流传。

有时,新思想显得不那么清晰,尤其是涉及嘲弄传统确定性的喜剧性的虚构作品。拉伯雷的作品直到今天还保留着所有暧昧性,尽管有吕西安·费弗尔的伟大著作来解释,仍无法说服所有人相信这位伟大的讽刺性的人文主义者是无辜的③。16 世纪的权威

---

① G. Monod, "Du progrès des études historiques en France depuis le XVIᵉ siècle", *Revue historique*, avril-juin 1976, n°518, pp.297—324.

② F. Fossier, "La charge d'historiographe du XVIe au XVIIIᵉ siècle", *Revue historique*, juil.-sept. 1977, n°523, pp.73—92.

③ L. Febvre, *Le Problème de l'incroyance au XVIᵉ siècle. La religion de Rabelais*, Paris, 1942.

们本身是分裂成几派的。《庞大固埃》是 1532 年出版的,《高康大》
是 1534 年出版的。索邦并没有查禁它们,只是在 1543 年将它们　　68
放在被审查书籍的名单中。这就是说,这些书的情况并不明朗,即
便在索邦看来也是如此。至于高等法院,它避免了所有查禁。《庞
大固埃》和《高康大》的命运显示了神学院书报审查制度的无效性。

　　一个更加暧昧的个案是让·博丹(1530—1596)。这个使人难
以应付的行政官员,其博学扩展到最多样化的领域,写下了从引人
注目的经济思考到关于镇压巫术等内容的著名论文,处于传统思
想和现代思想的潮流汇合处。1576 年,在《国家六论》中,他清晰
地站在"政治派"团体一边。其要点是国家的凝聚力,这必然导致
国王的无限权力。宗教统一性是民族凝聚力的重要纽带,但是如
果异端潮流变得如此强大,以致所有迫害的尝试将使国内和平置
于危险中,那么实施宽容会更好。17 年后,在 1593 年,当宗教战争
的蹂躏证明了博丹的预感时,他创作了另一部拉丁文作品,以保守
的立场表达了关于宗教和国家的最多样和最大胆的观点。其结论
是,此刻宗教难题的唯一解决方法是缄默:每个人遵循他的信仰授
意他做的事,实施宽容和仁慈。然而,这种大胆的相对主义没有走
向不可知论,但走向了不信教者的怀疑主义的某个阶段。

　　不过,让·博丹并没有出版他的作品,其中几本手稿在 17 世纪
流传,只是在 1857 年才被印刷。我们并不知道其中确切的原因。
或许他害怕书报审查制度。这个个案是印刷文化控制有威慑效果
的最初例子之一——我们在 17 世纪笛卡尔身上再次发现了这一
点。后来几个世纪证明,书报审查制度对遏制出版作品相对无能
为力,但对于审慎或胆怯的有才华者,却有着某种威慑作用,因此
延迟了一些思想的表达。如果这些思想有价值,当时机有利的时　　69
候,它们将在某个日子被出版。书报审查制度通过推迟它们的出
版,促进了一个时代文化统一性的形成,标示出了被接纳的思想与
秘密思想的界限。后特伦托时代的绝对主义和古典主义,便是明
显的证明。　　　　　　　　　　　　　　　　　　　　　　　　　70

第三章　在国家理性与教会理性之间 （17 世纪上半叶）

在亨利四世治下对印刷产品的控制相对松懈之后，红衣主教—大臣时代宣示了一个规模史无前例的书报审查制度的来临。它是构建专制国家的近乎不可避免的一个方面，它不能容忍任何一个反对派，甚至任何多样性的自由表达。空前统一的思想（一种信仰，一种法律，一个国王）指导着政治和宗教领袖，使他们共存于一种企图通过监督和镇压来维持这种统一性的幻想之中。

文化沸腾的时代

这种统一性第一次被 1598 年《南特敕令》所摧毁。该敕令创立了一种对不同信仰的合法的宽容。对于许多天主教虔信者来说，这个敕令应该被废除，因为它与君权神授的绝对君主制不符。在绝对君主制中，统治者自认为在上帝面前负责对其臣民予以拯救，并决定他们的世俗命运。因此，世俗和宗教书报审查制度的主要任务之一，是遏制新教思想的表达。

71　　　　然而，对统一理想的主要干扰并不是来自新教徒。17 世纪上半叶是一个惊人的思想丰富的时代。包含在人文主义者作品中的潜在力量，在多种思想潮流中得以展现：伽利略科学革命撼动了亚里士多德演绎科学的基础；有系统的怀疑和思想开明的笛卡尔逻辑学，侵蚀了行将终结的经院哲学权威的三段论及其论点；冉森派悲观主义将它的严肃性和对世界的拒斥态度，与人文主义的乐观和耶稣会的世俗性对立起来；博学的不信教者的怀疑主义嘲弄了天主教改革的教义及形而上学的确定性；虔信者激烈批判红衣主教—大臣们的政治现实主义。

但我们的文化并非完全一致。思想的旧潮流继续着它们老派的论战，在大学和神学堡垒中逃避现实。新思想从沙龙、博学者圈子，以及被数学和哲学通信等潮流联系在一起的孤独的知识分子的书房里涌现出来。耶稣会变成了一种教会内部和国家内部的力量，受到广泛接纳并且坚韧不拔地完成了文化变革工作。它是一种基于人文主义和乐观主义的信仰，一种中庸而平衡的宗教，一种"上流社会中有教养的人"的宗教。与此同时，神秘主义不和谐的声音响起，既令人赞赏又令人不快。这个时代当然更多是巴洛克风格而非古典风格。从1600年至1660年，法国经历了一场非凡的思想沸腾，它伴随着一种不确定的政治演变。从未有过如此之多的农民叛乱；不满情绪激荡着佩剑贵族，他们仍然梦想着封建社会，而穿袍贵族，则在梦想着一种"议会"制度；投石党运动的反叛则促使了这两类互不理睬的贵族之间的联合。

如果今天的历史学家能够从所有这些动荡中读出绝对主义崛起之不可避免的趋势，黎塞留和马扎然时代的人们将生活在一种持久的不确定性中的话，那么，来自国外的消息则会强化这一观感：神圣罗马帝国内的骚乱，三十年战争爆发，在联合省被宽容的加尔文共和国的胜利，弑君的英格兰革命，等等。对于1650年的人来说，"历史感"是难以捉摸的。伴随着一致性的中世纪的美妙的确定性消失了。从此以后，真理相互对峙，人们将根据其效能来判断其价值。

这个时代有利于有实用主义精神和那些向大多数人提供可靠精神援助的人。国家理性——黎塞留毫不迟疑地致力于使它能战胜所有其他需求。而天主教改革与特伦托宗教评议会的愿望一致，竭力实现一种服务于更加内在化信仰的新的文化整合，同时延伸至艺术和私人道德，科学及文学。上述二者既是互补的，又是对抗的。对于国家理性而言，至高无上的目标是世俗政府的无限权力，旨在保证内部的秩序和繁荣，以及其外部声望。黎塞留致力于使君主制伟大，在这个需求面前，其他考虑都必须让步。而法国教会方面追求的唯一目标，是更新了的、深入的、内在化的、清除迷信的天主教信仰的胜利。国王是天主教徒，拥有神授权力，他支援教

72

43

会；教会是高卢主义的，它支持国王。

这似乎正是历史学家昂德雷·杜什纳在 1607 年所写的："宗教和国家是人类社会两个最基本和最古老的支柱，两个嫡亲兄弟，有着同样的血液和同样的天性。他们在法国建立了无限期的和永恒的基础，一贯服从我们伟大国王们的庇护和权威。国王们从来不应该是纯粹的在俗教徒，而是既被圣职又被王权所加持的。"①

但事情并非如此简单。一方面，国家理性使民族世俗权力的利益享有特权，这将导致一种不太能够和天主教结合的奇特政治。另一方面，国王的无限权力因为政治原因被不信教者支持，后者是教会的敌人，而虔信宗教派则批判王权政治过于世俗。因此，国家书报审查制度和教会书报审查制度未必有同样的目标。唯独新教徒和冉森派成功地联合起来，反对这两种权力。笛卡尔主义很快被教会和大学带着敌意加以审查，而王权对此漠不关心。同样地，科学的新生事物只影响到被新秩序所扰乱的教士和大学教员。17 世纪上半叶的权威寻求所有方面的统一性，但是它们没有一致的迫切性，这使得人们能够在一种严厉的文化控制系统中打开一个缺口。

国家理性

国家理性，神秘而不可抗拒的现实，一切都必须给它让位。它是一种真正的利维坦，准备毫无理由地捣毁所有形式的反对派。它的确立是君权神授和马基雅维利思想的奇特联姻。自中世纪以来，国王的加冕礼授予国王一种超自然秩序的权威，是拯救力量的具体化。1614 年，在第三等级的要求下，尽管有教士和索邦的保留意见，君主制被宣布为神授权力：国王只向上帝汇报，同时，他体现为国家，是国家的第一仆人。这在我们看来似乎是一种矛盾。但是这种思想很快被人们接受，并且得到发挥。1620 年，让·萨瓦隆在《论国王主权》中，将君主定性为"肉身的上帝"。人们逐步走向一种君主制宗教。因此，所有对国王意志的异议和批判，都变成了

---

① A.Duchesn, *Antiquités et recherches de la grandeur et majesté des rois de France*, Paris, 1607, p.38.

第三章　在国家理性与教会理性之间（17 世纪上半叶）

大逆不道的事件。

　　同时，正如艾迪埃纳·图欧①在其杰作中所指出的，对塔西佗和马基雅维利的重新发现，授予王权以利用所有手段以保障国家权力的权利。国王的指导神父瑟里吉耶在 1648 年发表的《法国的塔西佗》一书中，亲自承认了用于统治的谎言之必要性："奇怪的是，人们有时被迫说谎以使人相信他，没有什么比毁灭真相的谎言能更好地表达真相的了。"对于基·帕丹而言，黎塞留的方法乃是从阅读塔西佗中得到启发，这给予它们一种彻底不道德的倾向："红衣主教黎塞留阅读并极力实践塔西佗；他也是一个可怕的人。"

　　比塔西佗有过之而无不及的典范似乎是马基雅维利，他在当时是被热烈讨论的对象。马修·德·莫尔格悲叹道："法国不再有其他宗教，除了基于马基雅维利箴言所建立的国家。"他是黎塞留的主要对手之一。对于虔信宗教派，马基雅维利是一个"无神论者"，其原则完全应该受到谴责。这是艾迪埃纳·莫里尼耶 1621 年在《基督教政治》中，以及克劳德·沃尔 1626 年在《基督教国家或从圣经中得到的政治准则》中，所作出的断言。耶稣会士考森，国王的忏悔神父，后应黎塞留的要求被解职②。他在 1624 年《神圣宫廷》一书中写道，马基雅维利是一个"有缺陷的才子"。笛卡尔，有较多的细小差别，他承认国王应该是严厉的，以使公共利益可以凌越于私人财产之上；但是他又明确地说，为了使人民信服，国王应不断地解释他的政策。

　　对于虔信者而言，黎塞留和马扎然的政策是彻底的马基雅维利主义，对他们的反对是尖锐的。与之相反，博学的不信教者小集团，用"科学"理性原则代替宗教原则，赞同和支持红衣主教—大臣们的方法。这些进步思想借助希波克拉底医学体液学说的传统理论，制定了一个民族气质的概念。法国人，生活在一个被变幻莫测的风所席卷的国家，是反复无常的、轻率的、容易为新鲜事物所激

---

①　E. Thuau, *Raison d'État et pensée politique à l'époque de Richelieu*, Athènes, 1966.

②　G. Minois, *Le Confesseur du roi. Les directeurs de conscience de la monarchie française*, Paris, 1988.

动,尤其是大众群体,愚昧、迷信、爱吵闹、对现状不满。为了统治这样的人民,需要一种强大而严厉的权力,毫不犹豫地使用粗暴手段。因此,诺代称赞马基雅维利,并且感叹道,圣巴特罗缪之夜没有灭绝所有新教徒,那些社会秩序的扰乱者①。路易十四在其《回忆录》中写道:"所有政治艺术在于利用局势。"在此,他表达了一种不信教者的主要思想。人们也在诺代的《关于国家行动的政治考虑》(1639)和纪尧姆·马雄的《对马基雅维利的赞颂》(1643)中发现了这一点。

正是在这些关于统治技巧的论战与鼓吹路易十三、路易十四的少数派的冲突中,国家理性思想得以建立。1628 年阿米拉脱在其《政治论文》中,将之定义为"为了对公共利益的尊重,或者为了对一种更伟大和更普遍理性的尊重,而产生的一种对普通理性的违背"。在 1610—1660 年间的法国,国家理性是一种更加符合现实而非某种系统理论的实践。这种政治思想当时在荷兰和英格兰被确立,支持者有格劳秀斯、斯宾诺莎,尤其是霍布斯。在法国,出现了一些针对特殊方面的论战性论文,但是是以实用主义的方式。黎塞留和马扎然的政府确立了国家理性体系。

两位大臣毋庸置疑地受到由科学革命主导的新文化气候的影响。令虔信者极度愤慨的是,即便仍有较多地借鉴虔信的观念,但执政者已不再从宗教中,而是从自然知识的开明理性中吸取灵感。执政大臣对社会的看法是机械的。这涉及一种准数学性的政治力量关系,人们能够通过马基雅维利主义的方法操纵这些力量。正如艾迪埃纳·图欧所提醒到的,政治论文越来越多地使用了对抗力、原动力、作用力、平衡状态等物理学隐喻。这种"来自地狱的理性"的普遍思想,借用庇护十世的说法,就是让臣民服从于最终确立国家无限权力的目标,即国家体现在国王身上,国王保证了社会秩序和集体财产。正值收复文化和社会于失丧的时期,有无限权力的国家与教会的关系问题显得尤为微妙。

在君权神授的君主政体中,上述两种权力在总体上说不可能互

---

① R.Mandrou, *L'Europe absolutiste. Raison et raison d'État. 1649—1775*,Paris,1977,pp.39—41.

不相干,但是虔信者鼓吹"国家天主教"(套用菲里耶的作品《国家天主教徒》的书名),其中,世俗权力当服务于宗教利益和政治需要,这两个领域具有某种程度上的自治。不信教者则颠倒了这些概念,直接将宗教视为一种由国家所掌握的统治工具。

　　这一切在如下这一点上的意见是一致的:臣民,他们同时也是信徒,应该在对权力的忠诚方面被严格监督、控制和培养。16世纪的对抗显示了一种公共舆论的开始呈现,它被恰当地操纵。操纵者可能是权力的强大同盟者,或者相反,它被敌对的小册子所蛊惑,如在神圣联盟期间那样,变成一个危险的敌人。这种思想现在在精英中根深蒂固,如敌视马基雅维利的梅塞纳神父所言,政府的任务首先是确保"思想的操控"。

王室书报审查制度的加强

　　控制舆论,首先要控制书面表达,包括两个互补的方面:书报审查和舆论宣传。黎塞留以国家理性的名义,用推论的方式涵盖了这两种任务。在许多方面,他可以被视为现代舆论操纵的鼻祖。

　　第一个方面:遏制所有批判权力的自由表达。因此,书报审查制度触及了所有反对派的圈子,尤其是沙龙,在那里,红衣主教的代理人到处露面。1629年,德洛日夫人因为她与新教徒过于密切的关系而受牵连,她不得不关闭沙龙并流亡到利穆赞①。每个人可以随心所欲地自由思考,但他只能把想法留给自己。只有上帝能够阅读人的思想,但国王能够并且应该监督口头和书面的表达。希隆在他于1627年被国王秘书法雷公布的一封信件中写道,权力"不允许教导或写作其他观点,除了这个观点:君主的善将使他做选择,对此,臣民既不应该对抗也不应该惹麻烦。因为尽管统治者没有控制思想和作品的权力,但作品应遵守而非脱离统治者的规则,如果统治者能够根据事务的需要或规则,同时摒除自己的信仰倾向来处理作品的越界问题的话,这才是唯一神圣的司法权"。②

---

① E. Magne, *La Vie quotidienne sous Louis XIII*, Paris, 1942, pp.225—229.
② 转引自 E. Thuau, *Raison d'État et pensée politique à l'époque de Richelieu*, Athènes, 1966, p.214。

　　反对派感觉到了书报审查制度的严峻形势。多数人见证了在1630—1650年间表达自己思想的困难。在他们当中，圣日尔曼修道院院长马蒂厄·德·莫尔格，最初服务于黎塞留，在1626年因为转向服务于玛丽·德·梅迪奇，而与黎塞留绝交。在《一个绅士的信件》中，他谴责由红衣主教主导的镇压、监督和审查的恶劣气氛："先生，您促使我写给您这些消息，没有考虑我们生活的时代，我们所处的地点。这对于你们其他人是容易的，你们通过逃跑获得了自由，你们生活在一种能够谨慎地自由表达自己对事物的感受的氛围中，你们对所有事物的情感是有辨别力的。我们不是这样：巴黎不再是巴黎，我们的时代比提贝里乌斯帝国时期的最初年代糟糕一百倍。两个人不敢像朋友一样交谈，也不敢耳语，除非关上门，掀开挂毯检查在地板或门的金属饰品上是否有某个窟窿，他们的行为可能通过那里被窥视。纸张甚至都变得阴险，当人们在它近旁窃窃私语的时候，当人们折叠这些纸张准备写作的时候，它们都会担心自己变成我们的那些不能公开的思想和言论的共犯。尽管我从未写过任何冒犯国王或国家的东西，但我直到现在也不敢将我的任何信件交托给我的仆人，他们可能会不辞辛苦地将信件交给信差。我有好几次产生把信件藏在我的长筒靴或我的皮鞋里的怪念头。"①

　　在这方面，医生基·帕丹在1643年给圣日耳曼先生写信说，他更喜欢在联合省出版，"看到在那个国家存在更多的自由和真理，而此处只有胆怯和奉承、虚荣和谎言"。1645年，他鼓励索麦兹留在荷兰，在那里他可以自由写作。他将他的思想抄录给他的儿子们，他给儿子们写道："存在几个很自由、很奇妙的方向，不论是宗教事实，还是亲王们的政府。我向你们重申并再次叮嘱，阅后即焚，不要把它们转给任何人。"甚至连纯粹科学的阶层也遭受了政府书报审查制度的打击。1637年，梅塞纳神父写信给笛卡尔："人们从未比现在更加严格地检查书籍，因为掌玺大臣先生有可信任的代理人判断什么是赞同神学的，什么是支持政府的。巴黎科学院支持韵文剧本和散文剧本，数学家支持其他作品。"

---

① M. De Morgues，*Lettre d'un gentilhomme français，bon catholique，à un sien confident touchant les affaires du temps et l'état de la France*，p.16.

第三章　在国家理性与教会理性之间（17 世纪上半叶）

书面作品的控制,扩展到历书中。黎塞留认定,由于它们的占星术语言,继续"危害有某种脆弱的信仰精神"。1628 年 1 月 20 日他们宣布"禁止写入其他内容,除了朔望月、日食月食以及各种气象预防措施和气候及气温"。歌谣汇编本身被监督,正如伏尔泰所写的:

> 我们的国王陛下,
>
> 因为充分的理由
>
> 人们不敢说,
>
> 我们不会说,
>
> 我们禁止歌唱朗杜尔吕,
>
> 朗杜尔吕,朗杜尔吕。

对于黎塞留而言,通过诽谤作品或小册子批判权力的轻罪,亦可处以死刑。他在一部回忆录中做了一番历史论证,概括了自从十二铜表法①以来在这个领域中的立法。所有涉及政治事务的印刷品必须得到预先许可。1627 年 11 月 2 日判决明确指出:"如果没有国王诏书的明文许可,禁止创作、探讨、争论涉及陛下的权力和最高权威以及其他有关国王和统治者的论题,违者将作为公共安宁的煽动者和扰乱者论处。"这些条款被伊萨克·德·拉夫马(1587—1657)严格落实。他在 1626 年给红衣主教的信中写道:"我希望,我能够惩罚那些写作邪恶作品的人。这是对此最好的补救办法。我期望,陛下授权我为此作出论证,我很快就会让他们陷入不利处境②。"按他的看法,死刑——比如对隆丹和勒沃南处以的死刑——似乎还不够多。

印刷出版管理条例的出台,表现出王权确认它对所有形式的文化表达的至高无上的权威意志③。在玛丽·德·梅迪奇摄政初期,

79

---

① Richelieu, *Lettres et papiers d'État*, p.552.

② 转引自 Avenel, *Richelieu et la monarchie absolue*, Paris, 1884, t.I, p.165。

③ 这个方面由 H.-J.Martin 的基础书籍来研究,*Livre, pouvoir et société à Paris au XVIIe siècle*, Genève, 1969。

控制体制是松懈的,不太有效。理论上,所有手稿作品都必须首先获得一种印刷特许权;这种特许权是由掌玺大臣公署的文书发出的,它赋予书商一种出版的暂时垄断权。但是,书报审查制度当时也可能打击已经出版的作品。监控手稿的任务频繁地被不太称职的人员漫不经心地执行,掌玺大臣公署官员、行政法院审查官甚至地方高等法院的小人物,他们都能够发出有小公章的告示。对于宗教书籍,由两个被作者或出版商选择的索邦博士进行检查。因此最经常的情况是在书籍传播之后,大学、教廷大使、高等法院成员和政府工作人员谴责其有害。在这种情况下,夏特莱监狱或高等法院启动一个程序。它能够纠正某些段落或者对库存加以销毁,对作者或出版商处以罚款、拘留、鞭刑、徒刑、流刑,甚至死刑,而禁书持有者则被搜捕。在那个世纪初年,好几部重要著作成为这种有追溯效力的书报审查制度的牺牲品,尤其是 1603 年帕尔马·凯耶的《热情的烈火》和 1611 年路易·图尔盖·德·麦洋的《贵族民主君主制》。

　　然而,政治意志的缺乏,以及索邦也像地方高等法院一样地保持缄默,便使得这个系统丧失了大部分效力。在亨利四世遇刺之后,政治骚动的复现和小册子的激增,促使权力将监督变得更加严厉。自 1612 年以来,一个公告宣布印刷一本书需要盖有大公章。1617 年 8 月的一个法令命令所有新书必须存放两个样本在国王图书馆。1618 年 6 月的法规更加详尽,重新采用了所有以前的条款,补充了某些其他条款:必须刊登获得特许权的字样;在印刷商共同体理事处存放副本;巴黎出版商、印刷商和装订工必须在夏特莱登记,并在那里宣誓;其行会理事的选举须由国王检察官的代理检察长批准。

　　1624 年,御前会议走得更远:它侵犯了索邦的特权,决定任命四个审查官负责检查神学书籍。这个决定在神学院的抗议下中止。但在 1629 年,《弥首法典》规定,此后掌玺大臣将选择书报审查官,条款从 1633 年起由掌玺大臣皮埃尔·塞吉耶负责实施。此人与黎塞留合作,也通过向一小群书商授予期限越来越长的新书印刷权和传播垄断权,来强化特许权制度。巴黎出版业因此变成了严格服从御前会议的一小撮人的事务。

以同样的方式，官方法令的印刷集中在几个特权者手中。从1639年开始，王室法令由五个书商印刷，其中三个受到掌玺大臣的保护：塞巴斯蒂安·克拉穆瓦西、安托万·维特雷和皮埃尔·洛克雷。1640年，黎塞留在卢浮宫创立了王室印刷所，它印刷有声望的作品和经典文本。同样，教士将其著作印刷权留给某些被委任的书商，并按照特伦托宗教评议会的法规，将宗教办公室的手册印刷留给一个"执行公司"。

最后，塞吉耶试图限制巴黎流动商贩，更严格地管理发行。但因为印刷品传播的激增，这个任务变得几乎不可能完成。1616年，必须处于宫殿围墙内的巴黎流动商贩的合法上限，仍是16个，然而，在1631年变成了36个，1634年变成了50个，1653年变成了100个。

这种极其严格的法律，对于作者、印刷商和书商世界的影响是多样的。作者的任务变得复杂。违禁思想的表达变得更加隐秘或者不得不使用迂回路线。冉森派和不信教者经历了这一切。但是，尽管面对权力的力量，他们从未陷入沉默。人们甚至开始感觉到，主要影响之一恰恰是对书报审查制度的违反：对一本书的禁止，抬高了它的价格，并且因为利润的诱惑促使书商对抗法律。第二个影响是发行界被严重扰乱。特许权集中在一小撮巴黎企业家手里，这摧毁了外省印刷业，后者被迫处于地方教会和行政机构的操纵下。为了增加它们的生意总额，越来越多的外省书商倾向于地下出版和盗版。鲁昂当时变成了禁书生产的主要中心。最后，王室书报审查制度对教会书报审查制度的侵犯，甚至在神学领域内的侵犯，引发了它与索邦和法国教会之间的冲突，后者通过加强自己的控制来进行抵抗。

王室与教会书报审查制度之间的冲突

国家书报审查与教会书报审查之间的冲突，一方面牵连到神学院，另一方面也牵连到教士大会。他们的主要对手和对话者是高等法院，后者越来越多地与宗教事务混在一起。世俗事务和教会事务的区分实际上绝非泾渭分明。高等法院的参事经常研究教会法和民法，这本是教士工作的一部分。他们必须像遵循国家法律

82

一样来遵循教会法律,并且认为,捍卫高卢教会的自由,讨论宗教评议会和教皇的权利,并在 1611 年要求耶稣会宣誓反对弑君,这些事务处在他们的职能权限内。依赖基督教教宗的《法典》和《新律》,世俗权力将"教会监督圣职授任礼和教会道德法规之制定"归于自己,他们参与教义布道和教义问题①。某些人甚至支持极端的高卢主义思想。1594 年,参事皮埃尔·皮图提议,要求国王担任教士大会的主席。

法国教会因看到索邦逐渐处于王室控制之下而感到不安。法国教会在 17 世纪之初被革新,负责传授除道德神学之外的《圣经》内容,培训神父和主导宗教评议会(它们主张"实证神学")。1614 年,教士在三级会议期间,要求应该在神学院中重建良好秩序,应该吸纳耶稣会,应该维持对大学的垄断②。1622 年,黎塞留被选为索邦学院的院长,他让人构建教学体系并仔细注意博士和学生们所发表的宗教观点。某些历史学家称其为一种真正的"对巴黎神学院的国家控制"③。这可能是一种夸张的表达,因为索邦将仍然在多个回合中表现出其独立性,但是是以越来越胆怯的方式。

教士大会和王权之间多次交锋的情形各有不同。1608 年,大会审查桑利教务会的律师雷沙西耶,因为他不支持主教权威。但大会被贵族会议④取消。1615 年,因王权的推诿放任,法国教会单方面发布了特伦托宗教评议会决定。1626 年,教会抗议称:"高等法院的先生们对法国教会没有任何权威,教会只服从于国王。"1639 年,教士煽动公共舆论,让人用拉丁文和法文印刷公布对某些

---

① A.-G. Martimort, *Le Gallicanisme de Bossuet*, Paris, 1953.
② *Procès-verbaux des Assemblées du clergé*, t. II, p.165. 这份备忘录宣称,大学中的教士"这个华而不实的摆设,如果任由任何人参与的话,那就是大学的自甘堕落。而且用不了多久,国家就要负担太多的文人,从而削弱军力,摧毁商业和文艺,使农业凋敝,让门外汉充斥宫廷,让王公们及其社会关系之间被流言所伤害,形象被丑化;会出现买卖圣职而令教会陷于窘境,用过分冗余的官吏令国家陷于窘境,用借贷、职务年金和苛捐杂税令财政陷于窘境,简言之,令一切良好秩序沦丧。"
③ *L'Enseignement et l'éducation en France*, t. II: *De Gutenberg aux Lumières*, sous la dir. de L. H. Parias, 1981, p.238.
④ *Procès-verbaux*, t. I, p.804.

书籍的查禁原因。①

在1645年教士大会上,书报审查制度冲突因为多种事件被牵扯进来。这些冲突表明了国王行政权力的入侵正日益增长。司法长官巴扎指定了一个嘉布遣会讲道者,"讲解邪恶教义"。主教禁止世俗法官干涉这些教义问题,但是波尔多高等法院违背主教的命令并召见了嘉布遣会修道士。在亚眠也发生了同样的事件。在卡奥尔,形势相反:古尔东修会选择了一个封斋期的讲道者,后者被主教拒绝,却被高等法院强行准许。情形在圣吉耶、在尼姆主教管区似乎也一样。在维维耶附近的圣一索沃尔镇,本堂神父大声对向他发出逮捕令的主教进行"恶毒咒骂",而且,这位本堂神父在图卢兹高等法院还对这种权力滥用提出了上诉②。

在这些初级的小争执之外,在1645年有一个对一部匿名拉丁文书籍的审查事件。这本书反驳了批判主教权力的英国作品。主教们对这本著作很满意,决定让人用教士费用印刷它,向每个主教管区发送两个样本。不过,不久以后,刑事长官命令查封教士印刷商的所有样本,作者被定性为"侮辱性的作家和诽谤性作品的制作者"。狂怒的主教们发现掌玺大臣决定印刷先于拉丁文颂词的作品,他们声称几个世纪以来,他们从未遭受过如此的侮辱③。

同样,在1645年的教士大会上,也讨论了被图卢兹神学院审查的耶稣会神父阿纳的书籍《论媒介科学》一案。耶稣会士们在御前会议申诉,后者召来神学院院长,让他表达看法。教士大会抗议(它断言,这涉及一个只依赖教会权力的教义判断),没有地方主教的同意,任何针对宗教问题的书籍都不应该出版。

1649年,轮到索邦来抗议一个法令。这个法令确立了古代书籍再版特许权制度的延伸,允许掌玺大臣禁止过去被教士授权书籍的再版。这一次,王权退却了。但是在1658年,掌玺大臣从此将代替大学训导长任命王室书报审查官。书报审查官将被分为11类:神学、史学、法学、自然史、地理、医学、化学、旅行和航海学、科

84

---

① A.-G. Martimort, *Le Gallicanisme de Bossuet*, Paris, 1953.
② *Procès-verbaux*, t. III, pp.264—267.
③ *Procès-verbaux*, t. III, p.408.

学、数学、纯文学等。

某些人试图利用书报审查制度权力间的对立来逃避查禁。1655 年，昂日托钵修士在高等法院起诉由教士大会发动的针对其诽谤性作品的审查。1657 年，大会讨论一个由埃克斯高等法院提起的诉讼，他们反对一个被指控为有冉森主义倾向的教士，而此人被宗教裁判官宣告无罪①。

教会书报审查制度

⁸⁵ 类似事件大量发生，显示了王室书报审查制度的有效性，即它在大多数情况下，享有最终发言权。然而，教会权威顽强地捍卫他们的特权。教士大会探索涉及宗教书籍的最小细节，以识别冉森主义、新教或其他异端的痕迹。比如，对教士财产和荣誉有威胁的学说，那些赞美财富并批判主教权力的学说，那些威胁高卢教会自由、夸大教皇绝对权力的学说，那些莫利纳学说和道德宽容学说。谬误和令人不安的革新的激增，促使高级教士加剧怀疑，查禁这样的作品以及相关的所有体裁文学作品。

在第一种类型中，我们只引用许多个案中的一起，即 1614 年对大学行会理事马丹·贝康的一本书的审查。他支持教皇对君主俗权的干涉权。1625 年，与王国权利相关的两本拉丁文著作，《政治之谜》和《对路易十三的警告》，被定性为"邪恶和渎神的，煽动并充满恶意的"。尤其是第二本，"包含了一个非常危险而骇人听闻的教义，它在城市里流传并公开出售"。这是与高等法院争权的另一个机会。高等法院通过一个"对所有教士的侮辱性判决"，中止了教会书报审查制度。教士大会向掌玺大臣控诉，于是产生了一场无休止的论战。②

1639 年，大会查禁了《论高卢教会的权利和自由》和《高卢教会自由的证据》。据举报，这是包含许多好处的匿名作品，但也包含"对教会权利的无限度的攻击"。1645 年，大会禁止了许多拉丁文书籍（耶稣会士拉巴尔多的著作，其中一部"包含了反对教会秩序

---

① *Procès-verbaux*，t.IV，pp.214 et 524.
② *Procès-verbaux*，t.II，p.516.

和司法的非常有害的格言"），以及新教徒布隆代尔和索麦兹的著作。1650 年，大会审查了瓦朗斯最小兄弟会关于刚刚去世的玛丽·特索尼埃尔的神迹的书籍，大会指控它满是凭空的想象和荒谬的启示，这些只适合欺骗过于轻信的大众。瓦朗斯最小兄弟会的修士们希望将玛丽封为圣人，以期吸引信徒和他们的供品，而他们被斥为"不严肃的虔信，只是为了吸引天生迷信的人民"①。书报审查制度在这里想要支持开明虔信。然后，在 1650 年，书报审查制度总是攻击耶稣会士赛罗的著作，这些著作包含被索邦查禁的内容，并探讨神学博士阿里耶针对大会而制造的异端邪说。大会还打击了改革派教士布吕诺的《合法特权》一书，他捍卫反对主教的入修会教士的权利。这部书被判定为如此之危险，以至于人们要求逮捕布吕诺。②

敏感点：教士、祈祷书、神学理论的财富

除了教义之外，主教们特别重视他们的特权和财产。某个异端学说与其说是冒犯了他们，不如说是损害了教会财产。正如在 1650 年大会上一直审查的鲍米耶的书《致国王关于陛下对教士等级的财产所享有的权利和权威的谏诤》所表明的那样。作者暗示，国王能够攫取教会财产，以减轻其臣民的不幸。这种不幸在这个投石党运动时代是巨大的。大会的反应是震惊。主教们完全失去了克制，"惊恐地"看着这本书充满了"亵渎神明的话"。书中"期待教会被奴役，王国的第一等级是奴隶，教会应该不占有任何财物方可得到宽恕"。这部书籍充满"有害的、异端的，和不信教的格言"，它应该"被高等法庭的执行者撕毁和焚毁"；作者应该被逮捕并判刑。大会对这部应受诅咒的作品展开了抨击，在长达五页的对开本中堆满了愤怒的言辞：

> 大会一致赞同，解决方法是对其进行审查，通过异端审查来将其定性为不信教的、渎神的，因为它增添了威克里夫和

---

① *Procès-verbaux*, t.III, p.738.
② *Procès-verbaux*, t.III, p.608.

让·胡斯的异端邪说，辱骂了国王和王国的所有等级，含有几个虚假、轻率和可耻的议题，以反对自然权利和良好道德，倾向于颠覆等级秩序并摧毁教会和平。禁止所有人保存或阅读上述书籍，违者将被开除教籍。①

大会并没有满足于这种严厉的谴责，还在所有主教管区中发送了一个通报，将作者称为撒旦的代理人："教会枉然驱赶恶魔，总是再生新的恶魔；为了教会，这项事业将要坚持到底。存在异端是不可避免的。在主人家的田地中播撒稗种的敌人，永远不会缺乏秘密仆从，他们将这些稗子与麦子混在一起。但是，有一种更怪异的情形，在我们时代，在我们法国，撒旦看到了一些比他更肆无忌惮的人。"②

一旦涉及触动教士财产，主教们的激烈反应与他们在1650年大会中对巴黎幻象教派表达的蔑视和宽容形成对照，而显得更加不得体。当时，主教们放弃追捕幻象教派，"更相信通过蔑视和沉默而非通过书报审查查禁，来遏制如此荒谬的议题"。③

教士们并不总是宽容圣经译文和宗教信仰书籍被不受控制地出版。我们发现了这一点。在16世纪末，亨利四世的告解神父勒内·本笃看到他的圣经译文在经过一次冗长的论战之后被查禁④。在1660年大会上，杜·乌瓦赞先生的祈祷书法译本事件突然爆发。这个作品指出了特伦托主教会议改革精神中体现了教会教权主义化的意志。反对这个祈祷书译本的理由是，它"使信仰的神秘性被削弱"，将神圣表达法用本土语言写成，致使人人皆可读，"甚至女人"。神圣表达法应该保留为"教士的占有物"，而信徒应满足于教士给他们的解释。

鲁昂的大主教负责检查书籍，他在结论中宣布："应使人了解这种性质的东西是多么危险，这些东西欣赏新奇事物，导致宗教神秘性的衰落，引起异端更尖锐地反对教会。直到现在，教会甚至也

---

① *Procès-verbaux*，t. III，pp. 645—650.

② *Procès-verbaux*，t. III，pièce justificative 82.

③ *Procès-verbaux*，t. III，p. 696.

④ G. Minois, *Le Confesseur du roi. Les directeurs de conscience de la monarchie française*，Paris，1988，p. 309.

没有向信徒提供充分的教育。"凭借这个意见,大会在 12 月 7 日宣布:"以一种共同的声音,大会决定取消将罗马祈祷书译成法文。为此,有人给王国高级教士先生们写了一份报告,请求他们捍卫主教辖区内的课程、读物和习俗,违者将被开除教籍。"

不过,正如人们常觉察到的那样,这种严肃的书报审查制度恰有刺激禁书销售的效果,因为杜·乌瓦赞从 1660 年 11 月以来,在被大会审查之前,让人张贴了其译文的出版日期,附有国王特许,巴黎代理主教和索邦几个博士的许可书。他只缺乏官方书报审查提供的许可。在 1661 年 1 月初,人们争购这部法文祈祷书。起诉人宣告说:"对这个祈祷文的查禁远没有阻止零售,相反,它比之前卖得更多。书商公然在他们的店铺里抬高价格展示它。"

大会当时决定在所有主教管区发送另外一个通函,1 月 16 日的御前会议决定批准,查禁"这些我们时代不祥的新事物","这个毒物",即法文祈祷书!"这些新鲜事物是罗马祈祷书的本国语言版本,违背了教会习俗、宗教评议会和神父的教义。它以对信徒的教育和安慰为借口。通过这种方式,所有异端巧妙地潜入教会内部。"应该消除法文日课经读物,"恐怕无辜的灵魂在遵循这些以需要教育为借口和虔诚的危险阴影时被欺骗,骗他们期望通过对这些貌似神圣书籍的阅读深入到宗教神秘性中。这些神秘性只能由教会的高级教士和牧师来探讨,而非由俗人、更不能由无知者和女人来探讨"。应该将那些"在虔诚和笃信的骗人外表下"胆敢阅读这种有害书籍、祈祷书的人开除教籍。

而且,考虑到"总是存在特殊精神,或者通过对新鲜事物的爱,或者通过矛盾的心境,或者来自其他邪恶原则,触犯了已经很好地创立的事物",大会决定制作一个所有通过决议的查禁译文的文集,"以镇压无节制的自由。这种自由通过这些频繁出现的本国语言版本,不受制裁地进入这个王国"。

最终,主教们打垮了巴黎的代理主教,后者胆敢宣告支持祈祷书。他们将支持者的意图说成"虚假的、轻率的、可耻的、倾向于教会分立的、煽动性的和侮辱所有主教等级、高卢教会和国王权威"①。

①　*Procès-verbaux*,t.IV,p.623 et suiv.

通过这些口头暴力,法国教士表达了构成他们主要价值观的东西:
捍卫其财产及其对神圣话语和信仰神秘性的垄断权。通过大力审
查给其财富和关于信仰神秘性控制带来打击的书籍,教士放弃了
其向培养远离世俗世界的僧侣社会集团的演变。这些书报审查制
度的文化后果将是值得关注的。

　　这些书报审查走向了第三领域——道德领域,借以攻击另一个
被判断为有害的新事物——神学理论。这个学科,尤其被耶稣会所
发展,从乐观的人文主义气氛中得到启发,对抗预定论的加尔文教
义。这种神学理论在其原则上值得称赞,它的原则是强调自由的
重要性和人类行为中的意图,突出每个道德行为之独特、个人的特
性。这种理论能够简单地蜕变为一种新的形式主义,一种伴随着
一致道德判断的意识形态教条。对于主教们而言,它们与冉森派
意见一致,其结果是使道德戒律相对化,并因此导致一种松懈的道
德,而且准备为一切服从外在因素的行为辩护。虽然总体上的指
控加强了,但是它还是能够依赖某些主张宽容论的作品出现,这有
助于使总体上的强硬发生松动。

　　1641年教士大会发动了针对神学理论作品——耶稣会士博尼
和赛罗的著作——的首次审查,因为他们"使灵魂滑向不信教,使
良好的道德堕落,违背了人们的自然平等和权利,而且为渎神言
论、高利贷、买卖圣职和在教会高级教士之间播下分裂的种子等现
象而辩护。他们努力毁灭所有权威和世俗法则,形成了对所有司
法权的侵犯"。[1]

　　博尼的《概论》于1639年出版,被索邦查禁,被指控含有"一种
新的、轻率的、虚假的、有害的和煽动性的教义"。大会从中摘录了
被判断为尤其应受谴责的议题。比如,博尼坚称,在神圣宗教期
间,以下行为不构成致命的罪恶,如:使用世俗歌谣;激烈地为渎神
言论辩护;允许穷人保留捡来的财富;允许人们毫无过错地在斋戒
日吃鲱鱼、沙拉或喝清汤;允许人们惩罚动物和其他事物;一个笼
统的、并非细数罪孽的忏悔是足够的;因无知而犯罪不必认罪……

90

---

① *Procès-verbaux*，t. III，p. 101.

如此等等。①

　　为了终结有害的新鲜事物,大会要求索邦起草一个道德概要,旨在"解释教会一贯的准则,信徒应该通过它们来调整自己,使他们不被新学说之风所搅扰。新学说用一种极度的放纵来满足自己"②。

　　情况恶化了。神学理论论文用法文写成,因此"被所有类型的人阅读,使人更多地犯罪而没有受到惩罚"。我们在这里再一次发现,主教们使在俗教徒远离了保留给教士的精神领域:教义、信条和道德。书报审查制度需要注重禁止所有关于这些问题的俗语出版物。对于神学理论书籍而言,法语的使用有两个重大危险:通过过于细致的谈论,会使人去思考罪恶。没有这些谈论,信徒就不会有这些想法。而且它们暴露了神学家和道德家的分歧。"人们看到,告解神父关于这一类问题的情感的多样性,是天主教徒精神废弛和教会旧戒律极度松懈的原因。"③分析信仰操行问题的神学家,为每一种情况列举了著名的神父、博士、神学家和听告解神父的诸多意见,向信徒暴露了存在于教会伟大思想家之间的明显矛盾,而教会却要求关于所有教义和道德问题的统一性和一致性。这样,便使普通信徒有赞同道德相对主义的风险。而且在1656年11月,人们会发现,当伟大的西班牙神学理论家艾斯克巴尔的作品被翻译成法文时,问题产生了。主教们发现掌玺大臣承诺拒绝印刷特许权,如果它被秘密出版,就将让人搜查出版社,销毁样本并判罚印刷者。1655年,巴黎的本堂神父们采取主动,反对导致道德松懈的书籍,并向法国所有本堂神父发送了通告函。这招致一部分未被请示的主教们的强烈斥责。书报审查制度的效力不止一次地被这些等级分歧的争吵所限制。

对公共舆论的操纵

　　与查禁同时存在的是世俗权力和宗教权力利用印刷术制造符合各自意愿的公共舆论。国家的主要手段更多的是由黎塞留及

①　*Procès-verbaux*,t.Ⅲ,pièce justificative,p.9 et suiv.
②　*Procès-verbaux*,t.Ⅲ,p.101.
③　*Procès-verbaux*,t.Ⅳ,p.421.

92 其助手所制定,表现为一种明显的,像操纵精英一样操纵大众的技术特征。小册子和诽谤作品是面向大众的,神学论文和报刊是面向精英的。于是,国家充斥着大量在红衣主教命令下印刷的出版物。

　　他们像马基雅维利那样坚信"统治,就是使人相信"。因此,黎塞留身边聚集了一帮负责普及其目标的作家和谤文写手,包括方康、鲍蒂耶、考隆比、让·希尔蒙、阿尔雷·德·桑希、埃·杜·沙斯特雷、马蒂厄·德·莫尔格,其中莫尔格后来转入对立阵营。所有人由衷地相信公共舆论的作用,以及通过想象力塑造公共舆论的作品的威力。1631年考隆比在《论国王权威》中这样写道,书籍"通过印刷手段无限激增,通过广泛传播来说服全体国民",而且他补充道:"君主被天国授权,这是不够的,他的臣民还应该相信他。"对此,盖·德·巴尔扎克断言,没有什么比文字作品更有效力了。

　　这个时代的标志是:政治宣传需要宗教布道的支持,从而为世俗权力辩护,二者应该密切合作。诺代毫不犹豫地将讲道放在和宣传同样重要的层面上,其目的是操纵人民,包括通过谎言。他写道,国王应该"通过花言巧语操纵并说服人民,通过表面形象迷惑并欺骗他们,通过以神圣为借口的讲道和神迹,或者好的写作手段,拉拢他们,以实现自己的意图,让他们熟练地生产地下书籍、宣言、辩护书和声明等作品。要牵着人民的鼻子走,诱使他们对审查文件上列出的各种内容表示赞成或反对"。[1]

　　这至少是对政治生活的惯常举措的一种直言不讳的宣告,有令人警醒的功效! 在反对者的批判下,则引起那些为国家绝对权力辩护的人的反感。菲里耶在其1625年所撰写的《警告》一书中写道:"这是不可思议的。它只会令活着却没有国家就被认为是可怜的乞丐的那些人,一看到国家一词就心生厌恶。"在《对国王及其大

93 臣们的辩护》中,埃·杜·沙斯特雷愤慨地说:"这是一种极大的犯罪,想要玷污国王的声誉,只是赞同国民的生命价值和伟大……这不是在吹响让所有人造反并摆脱枷锁的号角吗?"

---

① Naudé, *Considérations politiques sur les coups d'État*, cité par E. Thuau, op. cit., p.172.

黎塞留尤其关注小册子和诽谤文章的出版，他命人收集并加以分类。红衣主教雷兹评论道，他的密探把他变成了"世界上最富经验的大臣"。黎塞留还对诽谤作家的攻击非常敏感，他定期阅读这种作品。塔勒芒·德·雷欧这样叙述道："有人在布鲁塞尔印刷反对他的文章，曾极大地激怒了他。"

考虑到小册子的重要性，红衣主教在其公文中大量利用它们，并亲自关注它们的编辑过程。马蒂厄·德·莫尔格写道，每天早上，"他都要求一个秘书草拟一份指令给印刷商，在新桥印刷他想要向公众散播的、带有虚饰内容的消息"。有时他对指令进行干涉，修正文本或提供思想。这些思想必须让支持国家、反对"阴谋集团"和"派别"的必要性的观念深入人心。

在他雇佣的笔杆子中，圣日耳曼—罗克赛鲁瓦的议事司铎弗朗索瓦·朗格鲁瓦，即德方康先生，作为领导者崭露头角，直至他在1627 年失宠。他招募、指导其团队成员，甚至听他们忏悔。这个集团从1628 年起开始制度化，尤其是在有了沙普兰、布瓦斯洛贝尔、埃·杜·沙斯特雷之后。他们的创作是惊人的，在危机时期轰动一时。当时王室国库开销很大，以招募编外的笔杆子。政府小册子总是比反对派小册子更多。例如，根据历史学家对1614—1615 年的统计，是 68% 比 32%[1]。仅仅 1615 年这一年，国家图书馆保存了386 册官方小册子，1619—1622 年间保存了超过 300 册。

这些记录在投石党运动期间被攻击马扎然及其政府的文章和反对意见所打破：有人统计在 1649 年和 1652 年有 1 000 多个小册子。这种文学的主要购买者不是平民，而是司法和财政官员。这与他们所担任角色在政治冲突中有着直接的利害关系有关[2]。伴随着1653 年后秩序的恢复，这些斗争作品开始衰落，权力试图通过几种措施来消灭它们：1656 年，高等法院宣判谴责几个诽谤作品的作者有罪；同一天巴黎宪兵队民事长官制裁了为这种印刷体裁获得特许权的呼吁者；1658 年法令谴责手抄小道新闻。但是，这些

94

---

① R.Chartier，"Pamphlets et gazettes"，*Histoire de l'édition française*，t.I，p.504.

② 这是格勒诺布尔的个案证明的东西，H.-J.Martin et M.Lecocq，*Livres et lecteurs à Grenoble. Les registres du libraire Nicolas*（1645—1668），Genève，1977。

作品衰落的根本原因是大规模的政治争论的平息。对抗进入宗教计划中;在冉森派争论期间,人们更多地与对开本大部头而非双面印的小册子作斗争。从数量上看,这种下降是急剧的:从 1652 年的 1093 册到 1653 年的 18 册,1659 年的 21 册,1660 年的 94 册。另外,当负责实施的权威们处于对立状态时,投石党运动凸显了书报审查制度的无效性。指导反叛的高等法院,几乎不再镇压诽谤作品,尽管有夏特莱提出的控诉称,有人估计,在几千个出版物中,总共有 21 个作品被打压。①

1610—1660 年间,小册子文学的主题可以轻易定位。它首先涉及国家、政治权力之性质及其局限的争辩。然而,专门针对某些人物的情况开始出现了。这是政治生活中常见的小插曲。这些人物包括孔西尼、吕伊内、拉维厄威尔、黎塞留、马扎然。宫廷生活刺激了大量小册子的出现,而没有一本关心大众叛乱。这也证明,诽谤作品的买主不是平民。

在重要的官方小册子中,让我们举出让·希尔蒙的小册子。他是一个曾任国王告解神父的耶稣会士的侄儿。在 1632 年的《给不满者的嚏根草》中,他拓展了红衣主教宣传中的重大主题:为了避免回到神圣联盟时的混乱,应该增加国王的权威,他是"人民之父",唯一能够考虑所有臣民利益并推动所有人福利的人。为了他能成功,应该盲目服从他。

因形势使然,这些主题也在大量的政治经济学著作中被谈论。然而,却找不到一个像英格兰的霍布斯那样的可以制定出极权主义理论的思想家。作家们探讨了特殊问题,这些问题仍然被他们的时代和事件所局限,没有达到超越论战的高度。在主要作品中,让我们指出勒布雷、贝图纳、希隆的作品。1631 年,考隆比出版了《国王的权威》,巴尔扎克出版了《君主》,其书名足以暗示其思想定位。

更重要的是诺代的《关于政变的政治考虑》。人们发现这本书是对服务于国家理性的政治现实主义最强烈的称颂,对道德价值

---

① H. Duccini, "Regard sur la littérature pamphlétaire en France au XVIIe siècle", *Revue historique*, oct.-déc. 1978,n°528,p.322.

观则漠不关心。该书认为国家优先是至高无上的价值观,可以通过宗教和肆无忌惮的暗杀来操纵意识。人民是残忍而愚蠢的畜生,"多头的、流浪的、漂泊的、疯狂的、冒失的、无品行的、无精神的、无判断力的畜生",他们应该被铁腕控制,无需顾忌道德或宗教。唯一的考虑是效率。圣巴托罗缪之夜没有灭绝所有新教徒,是一种失败;而血洗克洛维是出色的政变,并不影响信仰。

议事司铎路易·马雄表面上看起来并不残忍,但也是支持马基雅维利主义的。像诺代一样,他认为,应该用宗教牢牢控制人民:"人民是所有动物中最难以驯化的,否则上帝就不会担忧他们的叛乱和他们实施暴力的能力。"1642 年,在应黎塞留要求而作的《马基雅维利颂,或者有利于国家君主和大臣的国王政治和统治者科学》当中,马雄从马基雅维利那里获得了一个现实主义政治原则的清单,并竭力指出,《圣经》中伟大的被尊敬的领袖摩西、亚伦、约书亚、大卫、所罗门等,经常使用君主的方法统治。马雄毫不困难地利用希伯来人对圣地的征服的历史段落,来阐明他的意图。他写道,基督本人没有在他的教导中使用双关语吗?

黎塞留的敌手的立场则形成了对立面,比如在小册子和论文中,对手的立场依赖于宗教的最高价值。以宗教的名义,他们攻击无限制的中央集权制及其违背天主教利益的政策。他们作品的题目就很能说明问题:谢尔贝的《反对宗教和国家敌对政治的辩护词》(1618),莫里尼耶的《基督教政治》(1621),皮埃尔·德·吕涅的《真实,或关于这个王国目前状况的金玉良言》(1624),沃尔的《基督教国家》(1626)等。1630 年之后,这种调子变得更加强硬,且作品经常来自国外。在法国,最大胆的一般是修道士,比如,耶稣会士尼古拉·考森,路易十三的告解神父。他试图激起国王对反西班牙外交政策的顾虑。黎塞留将他流放到坎佩。巴黎的伊夫神父在《基督教道德》(1638—1642)中,抗议对宗教的政治利用,抗议用理性统摄社会的意图。虔信者的理想是通过消灭异端并让世俗权力服从于精神权力来复辟基督教国家。

这是一场不对等的斗争,因为政治权力掌握在黎塞留手中,能够使用从戏剧到诗歌的舆论和文化的所有控制手段。它奖励颂扬其政治的剧本,支持其所希望的充满着颂词的吹捧。"有人向我证

96

实,在作者给自己的书籍的题记中,黎塞留删去了'英雄',写入了'半神'。"塔勒芒·德·雷欧写道。甚至地图绘制,这门相对新颖的科学,都被用以为国王的事业辩护,并宣布国王的成功,正如人们在1641年工程师沙斯提永《法国地形》中所得到的印象。①

97　　在乔治·奥威尔之前的三个世纪,黎塞留便懂得,"谁控制了过去就控制了未来,谁控制了现在就控制了过去"②,他根据当下需要而重写历史的方法,让我们想起了《1984》中"老大哥"。当他在1636年重新出版他在1614年三级会议上宣布的致辞时,他毫不犹豫地修改了它,以适应他的新政策。③

法兰西学院和《法兰西公报》

很显然,法兰西学院的创立在很大程度上符合一种政治宣传的目标——控制、监督和操纵文人的意志。当时的人们并不自欺欺人。对于沙普兰而言,是因为黎塞留只接受"他认为是其仆人的人"进入学院;对于普利松而言,是因为学院院士应该是"因为支持黎塞留的所作所为而被付酬的";对于考森而言,是因为正是"为了有仆从和谄媚者",红衣主教才创立了这个机构。马蒂厄·德·莫尔格断言,学院由"恶棍"构成,"他们为了面包而与真理斗争",而巴尔扎克说它是"一种建立在精神之上的专制"。1652年,普利松宣称,知识分子"担心,这个机构不是由知识分子所主导的新生事物,它使人们被收买,以支持收买者所做的事情,并监视其人的行为和情感"。他们的担心并非没有根据:在学院院士中,人们重新发现了红衣主教最狂热的赞扬者——布瓦斯洛贝尔、沙普兰、布尔泽、埃·杜·沙斯特雷、德马雷、果多、龚博尔、希隆、希尔蒙等人。

最后,黎塞留的文化控制体系通过一场改造圆满地完成了。这个体系显示出一种现代的宣传意识——官方报刊的创立。《法兰西公报》的诞生,在词源意义上有"通知"的意思:这涉及在政府意愿

98

---

① M. Pastoureau, "Les premiers atlas français", *Histoire de l'édition française*, t. I, pp. 623—625.

② 乔治·奥威尔的小说《1984》中英社的口号。

③ E. Thuau, *Raison d'État et pensée politique à l'époque de Richelieu*, Athènes, 1966, p. 175.

指导下形成公共舆论。自从1611年以来,让·里歇的《法兰西信使》面世,这是一部巨大的政治事件年度汇编。黎塞留在1624年将它转入自己的控制之下,安排约瑟夫神父做主编。但《信使》一年只出版一次,因此几乎很少为政府提供实际的效用,因为事件和其叙述之间相隔太久。1631年,第一批周刊诞生:《普通消息》、《通用邮报》和《法兰西公报》,后者由泰奥弗拉斯特·勒诺多主持。但这种明显的多样性并不持久,从1631年年末以来,勒诺多获得了报刊出版垄断权。1633年3月11日的御前会议决议是明确的:泰奥弗拉斯特·勒诺多及其后继者,获得"永久地排除所有其他人的权力,掌握出版许可和特许权"。在这里,由他们认为合适的人来创作,指定人来撰写、印刷和出版所有公报、报道和新闻,无论是一般的还是特别的内容,信件、手稿或纪要,以及其他任何涉及过去和未来事务的陈述,乃至王国内外流传的文件。

《公报》在巴黎印刷,然后渗入外省,这有赖于有效的通信系统。通过邮件寄给印刷商或书商,他们分别在38个城市,并与勒诺多签署了合同。公报即时被复制,人们还给它补充了一些地方新闻。外省的订阅者首先是君主宫廷的官员、律师、检察官、公证人,然后是贵族和教士。商人和手工业者只占少数,例如,他们在格勒诺布尔只占8%。复制系统从1631年开始运行,能够向每一个订阅者确保比直接从巴黎收到的样报的价格更低。

在埃克斯—普罗旺斯,佩莱斯克的证词提到了外省存在对政治信息的强烈需求。他在1631年9月13日写道①,人们焦急地期待着《公报》,担心它"从手中溜走,人们拦不住它"。许多非预订者通过在阅览室登记借阅,也能够阅读它。时间差是相对较小的,因为滞后于巴黎版本印刷的时间差,在卡昂和兰斯是一天,在昂日和南特是两天,在雷恩和里昂是三天,在布莱斯特和波尔多是四天,在图卢兹和埃克斯是六天,在马赛和蒙彼利埃是七天。消息流通远快于人员的流动。

印刷量也是适度的:1638年巴黎的出版业每周是1 200份,

---

① G.Feyel, *La Gazette en province à travers ses réimpressions. 1631—1752*, Amsterdam et Maarssen, 1982.

1670 年左右外省是 1 900—2 800 份。我们已经说过,这还不包括大众报刊。文稿由外交通信和政府亲自发送的密函所提供。国王本人并非不屑一顾,黎塞留让人刊登所有国王想看的文本。最后完成编辑时也参考境外报刊的内容,其中某些内容用法文出版,比如《英国信使》(1644—1648)、《伦敦普通消息》(1650—1663)、《伦敦公报》(1666—1705)等。

公报起初有四页,然后是八页。显然它只是属于黎塞留的官方通报,它很好地衡量了权力比重。"你是我最得力的助手。"有一天黎塞留拍着勒诺多的肩膀说。他将后者称为其决策的简单执行者。"请通告勒诺多,让他不要印刷关于这个行动的任何东西,直到我发给他指令。我看到一个不好的指令。"他写信给沙维尼说。有时,红衣主教威胁道:"公报必须尽职,否则勒诺多将被剥夺他现在享有的年金。"①

公报是红衣主教的报刊,对此读者没有误解。1636 年,反对派的小册子《国家讽刺作品》,嘲笑了勒诺多的奴性。在黎塞留死后,他又让他的期刊服务于马扎然。他当时被诺代监督。投石党运动显然让勒诺多陷入困境,因为他的垄断权不再被延续。在 1648—1652 年间,在巴黎问世的至少有 32 个期刊是昙花一现的。勒诺多将他的报刊转手给圣日耳曼,而他的儿子则在巴黎出版《法国邮报》,支持高等法院。但是,这种中断是短暂的,这个家族保留了《公报》特许权,直至 1749 年。

由教士斗争引起的文学晋升

从此以后,面对国家机器掌握的手段,法国教会的文化权力显得很有限。然而,教士大会鼓励出版对天主教有利的著作。有人在 1605 年拨出 2 000 埃居用于印刷希腊语神父的作品;1619 年,一份津贴被用于出版阿拉伯语经书的拉丁译文,还有好几部宗教文献。1625 年,一大笔金额用于出版七十二士希腊文圣经、普朗丹圣经、让·克里索斯托姆的作品。但也有引起争论的作品,比如一个改宗新教的牧师柯罗杰的作品,库唐斯主教管区一个本堂神父

---

① Richelieu, *Lettres et papiers d'État*, t.V, pp.61 et 176.

夏尔·戈德弗鲁瓦的作品,他要求形成教员修会,以"阻止人们仿效某些愚昧和有缺点的坏榜样"。

主教们越来越多地支持一种斗争文学,在其第一行列中,人们注意到了改宗的新教徒。改宗者的热忱和加尔文派的知识是很有益的因素。因此,在 1625 年,大会决定让人印刷黎塞留的教理书,一些人对此赞不绝口。"2 月 16 日,尼姆阁下说,一本名为《基督徒教育》的书落入他手中,由黎塞留的尊敬神父、吕松主教让·杜·普莱西阁下所作。其中所有应该被基督徒相信和知道的东西,都通过一种极其杰出的方式和美妙的修辞,得以极其博学而又明晰地阐发。他认为必须做一个公开汇报,让所有高级教士和其他人能够备有它,以教育那些交托给他们的灵魂。"[1]

1635 年,在世俗权力的想象中,教士大会决定筹划一个雇佣文学的系统事业。自 1608 年以来,存在一笔用于印刷"最有用和最必要书籍"的资金。从此,出版跨进了一个特殊的阶段:人们将雇佣唯利是图的作家,"博学者","为教会的利益和好处而工作"。圣-西朗、曼塞和欧贝尔教士名列最初的招募名单中,人们要求他们创作教会法和教会史的作品。[2]另外,大会批准出版罗贝尔的《基督教高卢》、勒麦特尔的《神圣图鉴》和其他争议作品。

1641 年,人们通过投票,给予维隆先生一笔奖金,为了让这个"有争议的讲道者和教授",写一本要求拆除新教教堂的反新教书籍。改宗的新教牧师佩莱、希尔蒙神父因为《法国神学院》,布尔茹安神父因为一本关于圣体圣事的书,帕米耶的主教因为其《教会史》,也同样得到了这笔钱。1655 年,勒梅维尔先生,另一个改宗的新教牧师,因为一本有争议的书而被奖赏;国王的参事拉米尔提埃尔先生的《在天主教徒和新教徒之间、宗教纠纷的真正状况,有确定的理由终结它们》也一样;杜洛朗因为一本支持教会重新统一的书而受奖赏。[3]在这些年里,主教们开展了一项颠覆性的工作,为《南特敕令》的废除准备了观念支撑。这一点经常被忽视:法国教

---

① *Procès-verbaux*,t.II,p.567.

② *Procès-verbaux*,t.II,p.835.

③ *Procès-verbaux*,t.IV,p.426.

会的首领们从未承认过《南特敕令》，并且为了废除它而无所不用
其极，尤其是通过组织指挥唯利是图的作者们发动一场舆论战。
这些人对 1685 年的决策负有重大责任。

102　　1660 年，大会的努力在继续，向两个改宗新教的牧师发放年
金：马丁的《论牧师的天职》一书，还有杜洛朗。另外，拉美斯特因
为一本捍卫高卢教会自由的书而被奖赏，道特塞尔因为反对流行
称谓的作品而被奖赏。

　　在 17 世纪上半叶之前，各种权力从未仔细监督思想活动和印
刷品。现在，这种监督强化了书报审查制度，完全鼓励由政府或教
会付费的作品的生产。新思想和争议的增多，部分地解释了这种
控制的增强。它利用了所有不受约束的手段，最惊人的手段之一
是周刊的出现。在这种形成公共舆论的野心勃勃的事业中，王权
103　表现得最为强大，掌握着高于教会权力的行动手段。

第四章　书报审查制度的影响
（17 世纪上半叶）

　　人们在 17 世纪上半叶目睹了作品数量的真正激增。当时，所有类型的印刷品都经历了一场巨大的发展：1640 年代，巴黎本城几乎每年会产生 1 000 种书，印刷量大约是 100 万册。①这个数字可能意味着读者圈的大规模扩展。随着法文小册子、历书、廉价小文集的激增，印刷业从此在很大程度上波及几乎所有社会阶层。有文化者和没文化者之间的界限变得模糊不清，一个半文化人的中间社会占据着重要位置，他们能够阅读布告文本和大号字体的小册子，但不会写字。文盲世界也被公共阅读和从口到耳传播的书本上的思想宣传所触及。口语拓展了普及性的作品，普及性的作品拓展了学术写作。最深刻的宗教和政治论辩也偏离了专家和拉丁语学者的沉闷圈子，在城市小市民阶层中得到回响。

　　这种形势令权威感到不安，但权威们同时利用它塑造一种被现代人称之为"公共舆论"的东西。出版物的增长究竟是促进了文化的一致，还是相反——制造了精英文化和大众文化之间的鸿沟呢？被普遍接受的观点有着重要但细微的差别：人们见证了精英文化的鉴赏力和思想框架的逐渐同质化，以及大众文化的衰退。后者保留了传统框架，一点点吸收学术文化的代替品，将被废弃的精英文学片段纳入其世俗文化当中：中世纪长篇小说、史诗、圣徒生平、陈旧过时的虔修文本、市民滑稽剧、散布占星术预言的历书和廉价

---

① H.J.Martin, "Classements et conjonctures", *Histoire de l'édition française*, t.I, p.544.

小册子。这种自我设计的"大众文化"因其所带来的异质性,已经以某种方式成为一种"碎片文化"了。

这些作品对 17 世纪大众文化的影响可以与今日电视的影响相提并论:带来大量突然的信息、零散的事实和没有总体提纲的阐述。教会不能将这些新元素纳入传统精神框架,便致力于摧毁它。这导致大众的幼稚化,它使大众受到所有操纵的支配。

这是一种不可抗拒的现象,其中并未见到权力预先策划的迹象。权力对大众群体是蔑视和恐惧的。政治权力满足于监督他们,抑制他们的差别,而将驯化他们的麻烦留给教会。在不存在大众原创写作文学的范围内,也就谈不上针对大众文化的官方"书报审查制度"。特鲁瓦的蓝皮丛书手册在这个时代问世,当然被监控,但这只因涉及其起源上的半学术文章。如果存在大众口头文化审查制度,那么它是教士的工作。另外,教士在与"迷信"作斗争的方式上,表现得相当尴尬,因为需要保留超自然意识,使人"理解"信仰内容,从而维持其神秘和不可理解的特性。

对于精英而言,情况较为明确。首先,他们书面的和概念化的文化,更容易被概括、监督、审查。其次,他们更容易使自己被理解:在上流人士之间,人们说同样的语言,即便在主要的有文化者社会团体之间存在巨大差异,但推理的概念框架已经形成一致。书籍在激增,思想传播不只是局限在文人的团体中;沙龙、通信、书籍、私人谈话等形式传播了所有的革新观念。人们对思想的好奇心是无边无际的。人们处于最反对自己思想的思想潮流中,因为书籍允许对比,阐明矛盾,在人文主义混杂的遗产中进行一种渐进的挑选。一种文化形态,以及它的主导潮流和反潮流、它的范式、它的先锋性和反对派的思想运动形成了。不信教者见识了虔信者的作品,而虔信者又轻而易举地得到了最激进的作品。首先他们互相了解情况,正如某些格勒诺布尔高等法院成员的采购单所表明的那样①。

---

① H.J.Martin et M.Lecocq, *Livres et lecteurs à Grenoble. Les registres du libraire Nicolas(1645—1668)*, Genève-Paris, 1977.

人民:教理书与虔诚手册

作品进入大众阶层的途径有所增加。这种现象避开了所有精准控制的措施,并在标志着樊尚·德·保罗时代的王国慈善运动的框架内,为小学的激增所证实。

由此得到一个结果:人民的扫盲被视为合乎愿望的和有益的,因为它是使城乡大众基督教化的最强有力的手段。国王港教区、圣体小集团、在俗教徒修会、虔诚人士等,在创立学校上展开竞争。扫盲,这也是通过学习良好文雅的举止来使迷信和邪恶退却。1666年里昂慈善学校奠基人夏尔·德米阿(1637—1689)这样写道:"没有教养的年轻人变得不顺从、不信教、爱玩、渎神、喜欢吵架,沉湎于酗酒、淫秽、扒窃和抢劫。"能够读写,使他们"能够在大多数技术和职业中工作,这些基础知识在任何方面都大有裨益"。扫盲的进展大体上是缓慢的,城市快于乡村,北方快于南方。据估计,17世纪末,在圣马洛—日内瓦线以北,29%的男人和14%的女人能够在结婚证书上签字,这意味着占总人口的四分之一和三分之一的人能识文断字①。

人们向这些新文化人提供什么文学作品呢? 首先是虔修书籍,再是教理书,它们是天主教等级制度所关切的对象。人们并没有夸大这种手册在形成大众思想中的重要性。在将近三个世纪内,直至初等义务教育创立,教理书往往是整个几代农民手中的唯一书籍。这些书的语法以不可磨灭的方式保持在记忆中,持续终生。

但是这些语法是否有一种现实意义,或者说,它们对于许多人只是一系列的词汇吗? 关于"牢记"的争论由这个时代以来的教理书教育家和作者所开启。1628年,波拉尔曼教理书的翻译者评论道:"昔日,人们被迫牢记一些事情,但现在,听懂它们和知道它们足矣,既不需牢记也不需领会。"1644年,路易·阿波利在其《有效获得灵魂拯救的致辞》中同样断言:"在教理书问题上,对孩子们而言,进行判断比让他们死记硬背更有利,使他们学会用人们教给他们的推理方法来学东西,让他们学会(然而是慢慢地,视他们尚弱

---

① B.Grosperrin, *Les Petites Écoles sous l'Ancien Régime*, Rennes, 1984.

的理解力而定）作汇报和回答人们向他们提出的问题。"①

阿波利的这句话是真心诚意的,所有那些体验过20世纪教理书的人都知道这一点。引人注目的是,17世纪的教理讲授者已经充分地考虑了这个难题:逐字逐句的学习会使人民与意义的理解脱节,因此,由特伦托主教会议教会所推行的大规模宗教培养,有徒劳无功的风险。1680年左右,布东在《教理书的神圣科学》一书中,指出了困难所在。其建议之明智,值得我们从中引用一个长段落:

> 这个流弊是,人们满足于通过死记硬背来教导我们神圣宗教的真理,而非获得理解力。然而,正是一种盲目所制造的虔诚以致违反常识;因为,问题在于,向有理性的人们教授真理,能像人们对小鸟所做的一样吗? 我教一只鹦鹉,说存在一个三位一体的上帝,这只鹦鹉一天重复这些话语一百次。我向一个人教授这些,如果我不带给他理解力,他只是对我重复这些,他与可怜的动物有什么差别呢? 我们发现有些孩子可以运用理性,我是指他在自然事物中受到启发,可以很好地回答我们教理方面的问题,但当我们问他们更爱上帝还是自己的父亲时,他们天真地回答道,他们对二者的爱是同等的,或者他们更爱自己的父亲。诚然,有大量孩子使用理性(我们只是谈及他们),他们说并且反复说,存在一个三位一体的上帝,却不带任何尊敬,仿佛他们学会的是在他们花园里有三棵树。

> 人们发现这些孩子,甚至是从12岁到14岁的孩子们(24年多的观察经验让我们对此毫不怀疑),他们完美地回答书里标出的提问,然而,他们不了解上帝。他们说并且重复地说,存在一个三位一体的上帝。当人们问他们,他们的父亲是不是上帝,他们无法回答。我们发现,问他们的父亲是不是绅士,他们毫不困难地回答不是;但是这是因为他们看到过绅士;提问他们,他们的父亲是不是国王,他们不假思索地回答,不是国王;接着,催促他们说,他们的父亲是不是上帝,他们非常天

---

① L. Abelly, *Adresse pour utilement procurer le salut des âmes*, Paris, 1644, p.147.

真地宣布,不知道。比我所能说出的次数还要多。很多老人告诉我,他们同时喜爱圣母马利亚和上帝。这种情况并非出于偶然,而是由于缺乏知识;某些孩子对我说,他们喜欢圣母多于喜欢上帝。[①]

在布东之后的三个世纪,我们能察觉到,老年人完全能够背诵他们童年教理书的整个段落。自 17 世纪以来,错误在于我们相信,在忽略其他文化领域的同时,仍可以提高宗教理解水平;在不进行概念和逻辑教育的同时,仍可以同化不同信仰。正如让·德吕莫指出的,人们的"基督教化"有待在现代初期实现。同样的证明能够在 20 世纪中叶发现,因为特伦托宗教会议教会的功绩将主要在于教人学习语法,以补充前面时代的实践。大可怀疑的是,印刷术从根本上改变了大众的信仰。

然而从 1620 年代开始,改革者强调信仰的理解力和人民领会超自然真理的能力。这种符合教育法则的乐观主义看法,始于 1626 年讲授教理者手册《关于很好地制作教理书并教育基督教义的教导》。人们看到,"可怜、粗俗、无礼和无知的人民,就像人们手里能够塑形的天然物质";尤其是孩子们,"就像软蜡,能接受任何形式的塑造"。似乎能够教导他们大量事物,也能够使他们理解这些事物。"暗箱信仰"时代过去了:"在信仰方面存在某些肤浅和滥用的人,他们确信自己能够得救,普遍相信所有教会所认信和坚持的东西,忽视学习和知识。人们称这种信仰是错误的,是被格雷古瓦十三所谴责的教会的'暗箱信仰'。只是说出教会所认信的东西并不够。"[②]

教理书因此变得不合规范。教士将不再登上讲坛,以避免在讲道中使用复杂措辞,因为"孩子们丝毫不能理解它,它适用于高级、高雅和博学的教区主教讲道"。一般教士将使用教育学方法,比如将孩子们分成小组朗诵经文,然后再将他们分成两人一组,让他们

110

① H.-M. Boudon, *La Science sacrée du catéchisme*,1re éd.,vers 1680,pp.32—42.
② *Instruction pour bien faire le catéchisme et enseigner la doctrine chrétienne*,Paris,1626,p.27.

互相提问。班会在周日下午午饭和晚课之间举行。教育也尽量涉及其父母和仆人,利用晨会时间,在小弥撒之后,"几个非常粗鲁无知的仆人和女佣在那里"。身体姿势必须显得谨慎,朗诵必须表现得"很庄重和得体,温柔、清晰和口齿清楚,而且要摘帽并双手合十"。

　　某些手册却并无更多雄心。冈巴尔在其 1652 年《指导》中要求:"人们至少逐字逐句地知道一个基督徒必须更清楚地知道的东西,以便能够得救。"①但是,最谦卑的人强调这种知识的责任。这里存在一个新要求,具有古典时代的特征:为了得救而付诸行动已不再足够,还应该了解信仰的内容。"如果没有对我们神圣教会基要真理的独特信仰,就不可能取悦上帝并得救。人只会以外在行为看人。"布东写道。他坚决谴责非理性的信仰,认为"那是大量基督徒极端不幸的原因,他们仅仅知道何谓基督徒的事情,他们徒有其名,他们走进我们的教堂,他们在复活节接近圣事,因为他们的父亲和他们的祖父使用这种方式,实施所有这些步骤,却不知道自己在做什么。这些可怜的人民参加弥撒和上帝祭礼有什么用,如果他们不知道宗教的基要真理"?②

　　一种对开明信仰的向往,让某些作者超出了教理书严格的问题框架,以回答信徒们提出的奇特问题,比如勒内·德·瑟里吉耶1643 年的《神圣的好奇心,或者关于信仰的主要条款的奇特问题》一书。书中谈及"我们生活的世纪的难以置信的好奇心",他引用了几个问题,遗憾的是,我们不知道这些问题是出自其本人还是俗教徒圈子:为什么上帝允许罪孽? 为什么他允许年幼者的死亡? 为什么有富人和穷人? 为什么因为一个苹果将亚当罚入地狱? 等等。问题显然比总是息事宁人和令人安慰的回答更有趣,因为问题揭示着一种批判精神的诞生。但是,教义手册作者更加倾向于阻止这些好奇心。1635 年,在《基督教义宝典》中,尼古拉·图尔洛劝教士不要回答:"他拒绝男女忏悔者过于奇特的探索,后者经常不是认罪,而是情不自禁地测试听告解的神父,并向他提出自己

①　A. Gambart, *Le Bon Partage des pauvres sur la doctrine chrétienne ou instructions familières pour les simples*, Paris, 1652.

②　H.-M. Boudon, *La Science sacrée du catéchisme*, 1re éd., vers 1680, p.18.

不知道的某些问题。"①当然，这种对信仰的理解力，在教士想要提供的解释范围之外。

当时的教义手册和教理书很难影响它们试图影响的大众读者。红衣主教波拉尔曼的教理书满足于使用类比、比较、比喻等，来代替解释。塞萨尔·德·布的《家庭指南》总是在成人受众和儿童受众之间游移。②菲利普·杜特尔芒的《基督教教育家》第二版于1625 年获得巨大成功。该书有 60 个版本，通过大量历史轶事以寓教于乐。但效果却是可疑的，因为读者更多地记住的是小故事而非其神学意义。伏尔泰写道："《基督教教育家》对于愚人是一部杰出的书籍，其中没有一页能让人找到一丝常识的影子。"

另一种偏颇同样显露在教理书中。随着道德教谕重要性的日益增长，它越来越倾向于捍卫既有的社会秩序。形式主义和教条主义在强化。这种演变是有迹可循的，丝毫不令人惊讶。黎塞留的《基督徒的教育》于 1621 年在普瓦提耶、1626 年在巴黎出版。教理书主要是在在俗教徒中转向了一种等级道德的意义。例如，人们读到，"迎娶不是来自他自己等级的女人，违反其父亲的意志，属于道德上的犯罪；如果她来自他的等级，他的罪孽可以宽恕"。通奸是一种社会邪恶，"在这个意义上，私生子经常占有不属于他们的财产"。一个男人应该娶那个被他奸污的女孩，"即使她出自完全不平等的等级"。③

虔诚手册、宗教信仰书籍、教理书，通过确定和统一的信仰表达方式，更加形式化。在面对形成于特伦托主教会议理想中的新教士的统一要求时，曾经在 16 世纪末手册占主导地位的混乱的多样性，一点一点地消退了。④在对地方上加以清洗的十年之后，随着与书报审查制度相类似的礼拜仪式革新运动的广泛展开，罗马礼仪书树立了威信。与圣事行政化相伴随的是，拉丁语的文法过于形式化，并逐渐使日课经显得过时。因此，最终的效果是非常可

112

---

① N. Turlot, *Trésor de la doctrine chrétienne*, Paris, 1635，p.174.

② J.-C.Dhotel, *Les Origines du catéchisme moderne*, Paris, 1967.

③ Richelieu, *Instruction du chrétien*, Paris, 1626，pp.408，267，206.

④ J.Delumeau, *Le Christianisme de Luther à Voltaire*, Paris, 1971，pp.281—283.

疑的。

　　同样的意见在与大众虔信的斗争中逐渐确立。大众虔信一方面被定性为迷信,但另一方面被利用来维持狂热。例如,由强调内在性的传教士发展起来的集体宗教仪式的许多方面,与中世纪宗教信仰的壮观性并没有区别。对于大众宗教的多种研究,使人们能够衡量教士对传统宗教仪式态度的差异(从在阿尔萨斯、埃诺、弗兰德尔的恢复,到在巴黎盆地中心或特雷格尔的消除),但重点总是被放在俗事和圣事的分离上,这常常通过一个自称是现代的和开明的教士来完成。这个日常生活中的鸿沟,这种对与现实整体性同化的放弃,这种由虔诚手册所传播的深沉的和纯粹内在价值的消退,预示着一种未来的宗教意义的失落和一种"世俗生活的醒悟"①。

113

一种书面的大众文化?

　　由于印刷术和统治阶层趣味模式的传播,一种传播学上的伪大众文学的出现,是这个时代主要现象之一。这与天主教改革精神密切相关。最具新生事物特点的事业是著名的特鲁瓦蓝皮丛书。它诞生于 17 世纪初特鲁瓦市的尼古拉·乌多的印刷作坊。这种在淡蓝粗纸上带有插图的小册子,附有蓝色封面。它曾从 15—16 世纪的小说文学和宗教文学中获益,成为受教育阶层的怀旧读物。这种没有作者的文学因低成本快速地传播,在 17 世纪下半叶通过流动商贩充斥乡村之前,它首先在城市中的半文化人,比如手工匠、书记官、执达吏、小商人中传播。

　　小蓝皮书及其类似出版物的流行,是因为它们的公众,而不是因为它们的编者。编辑将以前写给精英的故事改编为大众形式。出自圣徒传记的虔诚的故事带着神奇的力量,占据出版物的四分之一;宗教仪式手册占 18%;各式各样的故事占 15%;娱乐占 11%;历史小说选段占 9%。②叙述和图片必然与主导性的社会理

---

① 参见会议交流,*La Religion populaire*,Paris,17—19 octobre 1977,Paris,CNRS,1979,合卷本,*La Religion populaire. Aspects du christianisme populaire à travers l'histoire*,Université de Lille-III,1981。

② R.Mandrou,*De la culture populaire aux XVIIe et XVIIIe siècles. La Bibliothèque bleue de Troyes*,Paris,1964,p.43。

想相一致,这种理想期望每个人尊敬并尊崇高级阶层,表现得诚实、礼貌、得体、虔诚、顺从,将希望放在永恒生活中。这是一种静止和顺从的意识形态,不可思议的事是无处不在的。编辑进行一种有特点的自行审查工作,以使故事适应他们时代的礼仪和道德规则。因此,从"流浪汉体"尤其是西班牙流浪汉体长篇小说中借来的东西,在进入蓝皮丛书时,经历了一种根本性的改变。罗杰·夏蒂耶谈到《海盗布斯孔》时指出,它在 1633 年被译成法文,带着淫秽和粗俗的段落,仅仅为了吸引从文学中寻求新刺激的公众。特鲁瓦出版商后来为了适应平民,在修订再版中删改并避免了所有对教会和教士们的嘲讽。①

　　这个改编作品出现在 1610—1660 年间的氛围中。在当时政治生活的震荡之下,统治阶级有一种对高雅、体面、尺度、平衡和礼仪的向往。即便这种向往转而用于平民文学,也是一种非常正常的现象。社会模仿是所有时代的现象。无需费力证明一种文化同化过程中的马基雅维利主义,只要看一眼罗杰·夏蒂耶为了批判这一同化过程而揭示出来的路径:"在 1600 年或 17 世纪中叶之后,集中和统一的绝对主义国家联合行为,与镇压和文化同化的天主教改革的教会行为,遏制了旧时代人民文化的创造性和丰富性。通过增加新的法律,反复灌输新型服从,教导新的行为模式,国家和教会在其根源和古老平衡中,摧毁了认识和体验世界的传统方式。"②这种观点,尤其是罗杰·穆尚布雷的观点③,是极端的。正如罗杰·夏蒂耶所指出的,同样的批评也指向 1870—1914 年间,甚至 12 世纪。每一次的问题都在于,在精英的打击下(他们将其价值观强加于人,以便更好地使其统治得以长久),理想化的大众文化死亡了。

　　在任何时代,精英文化的声望对大众文化都具有强大的吸引

_____

① R.Chartier, *Lectures et lecteurs dans la France d'Ancien Régime*,Paris,1987, p.347.

② R.Chartier, *Lectures et lecteurs dans la France d'Ancien Régime*,Paris,1987, p.14.

③ R.Muchembled, *Culture populaire et culture des élites dans la France moderne (XVe-XVIIIe siècle)*,Paris,1978.

力。但是 16 世纪以前,由于普遍的文盲状态和除了主日讲道之外其他大众传播手段的缺乏,使得这种联系和模仿很难发生。印刷术首次使文化传播至少能够影响至中间阶层。它能够传递书面文化,即精英文化的片段之外的东西吗?它以行为模式树立了普通农民的道德样板吗?在一种被等级细分的社会中,人们能想象一种要求出版自由的可能性吗? 17 世纪特鲁瓦的蓝皮丛书,像 20 世纪的电视一样,带给受众他们想要的东西,即主导社会模式的替代形象,受众能与其同化。人们总是忘了书籍是一种商品,其内容应该优先满足买主的期待。

诚然,蓝皮丛书通过自行审查促进了经精英调整的社会模式的传播。但这种自行审查的文化后果因为蓝皮丛书的受众与这些模式的一致,而变得更加重要。

虔信者的压制

至于精英,书报审查制度对他们并非没有影响,但其效果并不总是如人们所期待的那样。这种不确切的效果尤其来自宗教要求与政治要求相龃龉的方面。

自从 1598 年《南特敕令》签署以来,宗教与政治的不一致是明显的,因为这个对宗教冲突的政治解决方案,从未赢得教会权威的好感。后来,黎塞留和马扎然因更为纯粹的政治理由而采取与异端和解的态度,激起了虔信者的愤怒。当然,黎塞留强烈希望宗教

一致,但他想要在搁置不能克服的分歧的同时,获得这种一致。虔信者对此不能接受。对于红衣主教贝吕勒而言,应该"通过摧毁其核心的致命一击"来打击新教徒。我们看到,教士大会不断追缴新教作品并展开论战,他们只有一个目标——消灭异端。但是,只要红衣主教的外交政策要求宽容胡格诺派,法国教会靠怒斥就不可能消灭他们。

然而,虔信派是强大的。他们到处渗透,包括进入中立的秘密协会,比如 AA(朋友大会),或者更重要的圣事小集团。这个团体 1630 年左右由旺塔杜尔公爵创立,设在 60 个城市里,形成了一个通信社交网络。他们由显贵们构成,一半教士,一半在俗教徒。他们力求使社会基督教化,而不改变社会结构。这样的集团只能孕育对

政治权力的怀疑，但后者在 1667 年消灭了它。①虔信派同样通过教会中介起作用，向从御前会议到教区的所有社会和行政层面施加影响。它被一部分耶稣会士支持，后者反对红衣主教们的对外政策。耶稣会士在培养统治阶级青年人的问题上起着主要作用。最近的研究指出，他们的活动有利于基督徒参与到政治生活中。与教育学历史专家斯尼代断言的正好相反，他们对学生使用的教育方法，是将寓言与时事紧密联系在一起。人们关于国家理性讨论了许多，并发展出一种反马基雅维利主义的道德。②耶稣会士明显表现得反对国家理性，或以轻率的方式（比如考森神父），或以更加灵活的方式。③

　　在与虔信派决裂之前，黎塞留多亏了他们才得以上升。黎塞留很了解他们的思想和异议。他持续反对这个集团的主导者：反对红衣主教贝吕勒直到 1629 年，在 1630 年派人逮捕马利雅克，同样，在 1638 年派人逮捕了圣西朗。这种立场是不可调和的。这或多或少涉及要知道什么是最高价值观。在价值观面前，不论教会还是国家，统统都要让步。

117

　　当时最大胆的思想家，即不信教者，从这种对立中获利，他们不太费力地钻了书报审查制度的漏洞。人文主义的思考、博学的好奇心和宗教战争的狂热，实际上引导某些知识分子采纳了一种相对主义、不可知论或怀疑主义的态度。从 16 世纪起，与吕西安·费弗尔断言的正好相反，存在某些真正的无神论者。他们大概只是一小撮明确否认上帝存在的人，但是他们确实存在。人们烧死了其中几个，比如死于 1547 年的日内瓦的雅克·格吕埃。

书报审查制度与不信教者
　　在 17 世纪上半叶，出现了其他更多的无神论者，按照梅塞纳神

---

① A. Talon, *La Compagnie du Saint-Sacrement*（1629—1667）, *Spiritualité et société*, Paris, 1990.

② *Dramaturgie et société. Rapports entre l'œuvre théâtrale, son interpretation et son publie aux XVIe er XVIIe siècles*, Actes du colloque de Nancy, 14—21 avril 1967, Paris, 1968, 2 vol.

③ G. et G. Demerson, B. Dompnier, A. Regond, *Les Jésuites parmi les homes aux XVIe et XVIIe siècles*, 1987.

父所说,在 1623 年的巴黎有 5 万人。这种说法略有夸大,但能够说明无神意识觉醒了。正如斯宾克指出的,应该区分"博学的不信教者"、"激进的自然主义者"和放荡者。①第一类,是最先进行宗教研究的那些人,他们审慎而矜持,克制了传布信仰的热忱,仍然处于沉默阶段。这些高雅的怀疑论者,自认为是思想精英,想要超越宗教的需要,但却认为有必要使淳朴和粗俗的人民墨守成规。

为了反对这些自由思想家,虔信者要求采取镇压措施。例如,在耶稣会士加拉斯看来,应该由巴黎的骑警队逮捕他们,因为宗教裁判所在法国不存在。好几个障碍阻止了这一类行动,首先是教义的缺乏或模糊。不信教者没有意识形态体系,他们的思想表现出诸多细微差别,从简单怀疑到彻底的无神论。在他们对手的头脑中,不信教者形成了一种不明确的整体,因此很难抨击。加拉斯写道:"关于不信教者一词,我不想指胡格诺派,也不想指无神论者,也不想指天主教徒,也不想指异端,也不想指政治家,而是指某个由所有这些身份构成的人群。"而且,许多不信教者享有保护。一些是君主家里的图书管理员,另一些是家庭教师,或者是国王中学的教师。他们经常光顾混杂的圈子,其中,教士也不罕见,比如克埃弗托主教或马洛尔教士。对于反对者来说,围剿他们的思想跟孤立他们的圈子不是一样困难吗?

而且,这些不信教者的怀疑主义的结果,是他们采纳了最墨守成规的社会、宗教和政治立场,这使他们躲避了叛乱的指控。他们唯一的罪是思想罪,因为他们的品行是无可非议的。因为所有宗教都一样,遵从国家的宗教并禁止革新。这也是菲利普·富尔丹·德·拉·奥盖特(1585—1670)的立场,他是隆格维尔公爵的家庭教师。加布里埃尔·诺代(1600—1653),路易十三的医生和黎塞留的图书管理员,是理性怀疑论者的典型。他致力于所有玄奥的和超自然的事物,但他是所有教条主义者的顽强对手,尤其是那些冉森派和加尔文派极端主义者的对手。他是国家理性的捍卫者,利用对大众激情的恐惧,鼓吹绝对主义,捍卫作为社会秩序之

---

① J.S.Spink, *La libre Pensée française de Gassendi à Voltaire*, trad. Franc., Paris, 1966.

防线的传统宗教。如何攻击一个多重身份而且是被红衣主教保护的人物？弗朗索瓦·拉·莫特·勒·维耶(1588—1672)，一个纯粹的皮浪怀疑论者，他支持黎塞留的政策，在 1649 年奥尔良公爵的家庭教师，在 1651 年他是国王的家庭教师。他从所有信仰中脱离，怀疑一切，但是很审慎，在公开场合表现出小心翼翼、克制和冷静的虔诚。基·帕丹(1600—1672)是 1652 年巴黎医学院的院长，在 1654 年是国王中学的教师。议事司铎伽桑狄，地位不太高，受到更多的攻击。占星家莫兰宣称，应该烧死这个原子论捍卫者，耶稣会士拉潘和达尼埃尔谴责他是怀疑论者，波尔-罗亚尔把他说成是年轻人的威胁。但伽桑狄小心翼翼地避开了所有的官方谴责。

因此，以自相矛盾的方式，17 世纪上半叶教会和政治书报审查制度在加强，却又任由最大胆的和潜在的最危险的思想在权力中心幸存。外表的因循守旧，躲避舆论的审慎态度和支持红衣主教的立场，帮助他们逃避了谴责。

那些缺乏保护，处于社会边缘，因反叛或挑衅的态度激发公愤的人士，则必然引起报复性的镇压。西拉诺·德·贝日拉克，原子论者和唯物主义者，似乎只是因为其性格与其作品之激进相去甚远，而逃过一劫。但是加尔默罗会修士，即上文提及的吉乌里奥·西萨尔·瓦尼尼(1585—1619)，在担任图卢兹教师之前，一直过着漂泊的生活，并很快就因为"无神论"被高等法院的下令逮捕、审判和烧死。1623 年，好几次查禁行动突袭了毫无保护的诗人，比如考勒泰和贝特洛，他们属于"激进的自然主义者"，在《讽刺诗人的诗歌》出版之后，他们以挑衅的方式攻击了教士和贵族的统治。

放荡诗人也一样。他们中的很多人生活在大人物周围，无所畏惧，比如波罗男爵(1605—1655)克劳德·德·首维尼，受奥尔良公爵保护，或者国王参事让·德艾诺尔(1611—1682)，一个举止高雅的放荡者和无神论者。让·德艾诺尔为了避免对其后代的烦扰，在去世之前亲自销毁其译著。拉封丹，泛神论者和很不虔信的基督徒，著有多种越轨剧本的作者，与太多大人物过从甚密，因而不必担心。但是克劳德·勒·波蒂(1641—1662)，一个可怜而猥琐的人，没有保护伞。他是《诗人妓院》的作者，因为"亵渎上帝和人类罪"而被烧死。

　　泰奥菲尔·德·维欧证明了权力之间的对立是如何能够削弱书报审查制度的效果的。这个泛神论诗人被耶稣会士追捕,尤其是加拉斯和乌瓦赞,他们将他视为自然主义者集团的头目,被定性为大自然崇拜者。加拉斯在 1623 年 8 月写了《这个时代美好精神的奇特教义》来反对他。维欧被高等法院检举,但他逃跑了。他在圣一康坦被捕,在 1623 年 9 月被带回巴黎,在 1624 年被审判。高等法院和耶稣会士之间的敌意救了他,后者领导了一场运动,来维护他们对大学和司法权力的权威。大多数参事出于高卢主义而反对司法权力,不顾加拉斯和乌瓦赞要求查禁的请求,表现出夸张的宽容。维欧被驱逐,但翌年,人们又允许他留下来。以同样方式,图卢兹最小兄弟会会长艾曼纽埃尔·麦尼昂(1601—1676),他支持人文主义理论,却在耶稣会士和高等法院之间安稳地度过了一生。

　　因此,书报审查制度对不信教思想的潮流影响相对较小。囿于有限的贵族圈子,他们谨慎地萌发并在下一个世纪得以蓬勃发展。

书报审查制度与新科学

　　17 世纪上半叶是伽利略革命的时代。现代科学诞生并由大量著作传播。为了控制这个基础知识领域,大学和教会认为它们有义务进行干涉。在那里,科学论断与信仰论断互相碰撞。

　　一个巨大的战场向书报审查制度敞开了。实际上,它主要涉及
121　四个领域:天文学、物质结构、人类生物学和人的起源。我们在别处曾大篇幅地提及了教会对科学新生事物的态度问题[1],在这里只是重提结论。每当一个科学新生事物似乎不能纳入基于《圣经》字面解释的传统中,或不能纳入亚里士多德学说的框架中时,教会权威就会干涉。其中的重大事件显然是伽利略事件。1616 年,圣职部宣布,日心说假设"在哲学上是愚蠢的和荒谬的,是形式上的异端,因为根据神圣经文和神学博士的解释,它明显违反了《圣经》中

---

[1]　G. Minois, *L'Église et la science. Histoire d'un malentendu*, Paris, 1990 et 1991, 2 vol.

的许多段落"。从此,所有支持这种假说的出版物都可能被谴责和审查:哥白尼和伽利略将留在禁书目录中直至 1846 年。

另一个观点是伊壁鸠鲁原子学说,它违背了亚里士多德物理学的质量说,这与神学有关,因为它违背了圣餐变体。1624 年,让·比托和艾迪埃纳·德·克拉夫支持巴黎的原子论论文,索邦介入高等法院的审判,让他们遭到了在司法权之外被驱逐的处罚。一个判决以死刑禁止了攻击"古代被赞成的作者",即亚里士多德。索邦宣布原子论是"虚假、放肆和违背信仰的"理论。耶稣会士分别在 1641 年、1643 年、1649 年禁止这种理论,许多支持这种理论的书籍被查禁。

在医学上,书报审查来自大学。在著名的血液循环论事件中,基帕丹这次以书报审查官的角色而出名。医生兼化学家范·海尔蒙特(1577—1644)关于生物磁场的著作也被圣职部查禁。最后,所有违背关于人的创造和出现日期的圣经编年学的尝试,都被严格禁止。1655 年,伊萨克·德·拉·佩莱尔的书籍,因暗示亚当可能不是第一个人而遭到扣押和焚毁。

权威和查禁方法的多样性,使得整个书报审查制度不太可能变得系统化。一个宗教修会谴责这样的学说,而另一个修会则容忍它;高等法院禁止某一本书,而主教则容许它;圣职部禁止某个舆论,而某些大学却教授它。教会在反对机械论科学的结果时,并没有协调统一的战线。按照等级和个体差异,多种细微的差别出现了,反对的多样性也表现出来,这就容纳了所有解释和所有历史论文。甚至在大学内部,一致性都很难盛行。1672 年,医学院授权给纪尧姆·拉米出版讲义,而他的同事当佑却诬陷他有唯物主义、原子论和泛神论的嫌疑。许多教士是原子论者,如伽桑狄,或日心说者,如梅塞纳。

至于应当采取什么态度,宗教修会本身也是分裂的。奥拉托利会会员向他们的成员提供了一种比遣使会和圣绪尔比斯修会更深入的科学培养方案。耶稣会士的情况更加复杂。包括一些声名卓著的学者在内,这个修会一直处于反对机械论斗争的风口浪尖。当他们中的个人倾向于新科学时,遵守教义的誓言就落空了,这导致不少人嘲笑教会对人区别对待的立场。知识内容总是落后于理

122

论的演变。即使到处有教师遵循从 1632 年以来德阿里亚嘎神父提供的建议，冒险提及现代理论并展开实验，亚里士多德物理学在 17 世纪中叶仍然盛行。自 1658 年到 1674 年路易十四未来的听告解神父——拉夏兹神父——在里昂中学任教，后来成为校长。他在教会内部被批判，因为过于支持笛卡尔主义。1633 年，笛卡尔进入禁书目录，这延误了对其物理学的接纳。直至 1680 年，在他去世三十年后，当笛卡尔的物理学开始被学者们抛弃之际，笛卡尔主义才获得真正的胜利。

123 书报审查制度在科学领域产生的明确影响，就是维持了一种多疑态度并导致学者们有时会过于审慎。每个人都按照各自的个性在抵抗。笛卡尔最重视他的宁静，当他得知伽利略被谴责时，便把他的《论世界》的手稿藏了起来。"生活在平静中的渴望，迫使我藏匿了自己的理论。"他写道。梅塞纳也采取了预防措施，在 1634 年出版了两版《神学问题》，一个版本转述了伽利略的论点，另一个版本是给权威们的，删改了内容以避免审查。伽桑狄更坦率地表态支持伽利略。伊斯马埃尔·布里欧，教会天文学家，其论文《地球的运动》遭到教会攻击。他在 1644 年写道，这不是因为人们在罗马禁止了地动说，而是这纯属法国式的方式。至于帕斯卡尔，他嘲笑 1616 年和 1633 年的教会判决。

如果说书报审查制度不能阻止进步主义前进的脚步的话，但它至少将怀疑带入了天主教世界中的自由研究领域，它阻止了许多科学志向，加速了欧洲思想重心向新教北方的转移。教会和科学之间开始产生的巨大的分离，导致了教会在 19 世纪与唯科学主义间的对抗。

书报审查制度与笛卡尔主义

书报审查制度对学术文化的影响同样也涉及认识论、逻辑学和哲学等问题，并得出关于方法论的结论。笛卡尔主义的遭遇提供了最好的说明。这个充满开明思想和逻辑理性的哲学，有着奇特而又复杂的遭遇，在作为 17 世纪国王和宗教权威迫害的牺牲品之

124 后，这种逻辑理性却变成了法国精神的同义词。

笛卡尔，由于其方法论和彻底独立的要求，只能被错误地置于

传统思想界的门口。这个杰出的天才醉心于推理证据，这使他拒绝了所有的书本文化，从基础开始重建知识大厦，并建立起明显的确定性。在一个知识依靠传统和权威论点的时代，这种野心勃勃的态度只能到处碰壁。笛卡尔，这位独立的个体和个人主义思想家，他离群索居，逃避小团体，独自思考，一下子就处于所有经院哲学的基础之外。这预示了拉普拉斯的出现。他甚至从其科学工作中排除了上帝，引起了帕斯卡尔的极大愤慨。

然而，正如 1692 年他的第一个传记作者阿德里安·拜耶所指出的，笛卡尔首先得到了所有权威的欢迎。1628 年，红衣主教贝吕勒被他的精神渗透力所吸引。主教给了笛卡尔一个任务，让他的方法用于为天主教辩护。1637 年，笛卡尔从政府手中获得了国王特许权，以及"巨大的尊重和荣誉"。特许权可以让他印刷"他写的所有东西，所有他在余生所能写的东西，在法兰西王国内外他认为好的任何地方出版"。经过几次反复，1640 年、1647 年、1648 年，宫廷力图通过年金吸引他，给他提供赚钱的职位。笛卡尔保持着与教会的良好关系，尤其是与两个伟大的敌对思想修会，奥拉托利会和耶稣会。"当时，他得到了奥拉托利会的神父们的普遍赞赏。"拜耶写道，这些神父支持他的科学立场，是他最好的信奉者；另一方面，"笛卡尔主义在耶稣会小集团中取得巨大进展，不仅在弗兰德尔，而且在法国，在这个修会的首领沙尔雷神父，罗马会长的法国助手和蒂内神父，巴黎的省会长，然后是国王路易十三的听告解神父的保护下。他们赐予笛卡尔先生以器重和友谊，鼓励他再接再厉"。[1]

诚然，笛卡尔采取了所有预防措施来避免官方书报审查，拜耶写道，为了不"惹动罗马宗教裁判官危险的怒气"，笛卡尔放弃出版他的遵循日心说的《论世界》。在每次重要作品出版之前，他咨询神学院、学者和哲学家，为了能预先对关于他的批评作出反应，并且不至于冒被查禁的风险。因此在 1641 年，在出版《谈谈方法》之前，"问题的重要性已经提出。在付梓之前，让最精明的天主教会神学家和其他宗教教派的某些学者过目，后者被认为在哲学和形

---

① A.Baillet, *Vie de Monsieur Descartes*, Paris, éd. de la Table Ronde, 1992, p.197.

而上学上是最为敏锐的,这让他能够在面对书报审查时处于有利地位,可以应付麻烦,以便在出版之际同时对各种异议作出回应"。[①]在荷兰,笛卡尔总是劝告他的信奉者勒吉斯要服从权威,"只按照希波克拉底和盖伦教授医学",永远不要"提出未经验证的新观点",且永远保留崇古的外表。他自己遵循这些审慎的规则。他死于1650年,一直与所有权威保持平和的关系。唯一的争端是与其博学的同僚们,比如罗贝瓦尔,只是针对一些技术性的问题,例如屈光学或医学。

不过,在他死后几年,他的作品是当时所有权力机关大肆查禁的对象。几乎没有其他任何一种17世纪的思想像笛卡尔主义一样遭到审查。从1652年起,奥拉托利会教授就遭遇了这种制裁,他们从中得到教训,如马赛的昂德雷·马丁;1654年和1658年,奥拉托利修会的会长要求所有教员遵循通行的哲学;1661年,笛卡尔论文在芒城被禁;1662年,鲁万神学院谴责从笛卡尔理论中得出的五个命题;1663年,笛卡尔的所有的形而上学作品被列入禁书目录;1667年,在他的骨灰运送回国期间,国王禁止人们致悼词;1671年,索邦和国王授意禁止讲授新学说,其中包括笛卡尔学说;同一年,一份关于笛卡尔机械论的论文的所有样本被扣押,其作者普瓦松,旺多姆的教师,被奥拉托利会委员会传唤;翌年,其他三位奥拉托利会教师在索姆尔因为笛卡尔主义被审查;昂日大学关于笛卡尔的课程被禁止,大学校长贝纳尔·拉米被密令解雇;1675年,圣-热讷维埃夫的本笃会修士禁止讲授笛卡尔,就像1678年的奥拉托利会一样;1677年,索邦根据讲义笔记查禁了昂日的教授坡朗;1678年,圣-莫尔的本笃会修士禁止"哲学教授讲授笛卡尔观点";笛卡尔的观点在1679—1680年的索邦课程中被让·库提耶和让·杜·阿迈尔攻击;1680年,勒基被禁止在巴黎讲授关于笛卡尔的课程,其思想在1682年和1696年被从耶稣会中学中排除;1706年,昂德雷,路易大帝学校学监因为笛卡尔主义被免职,1713年,他被禁止教学,且在1721年被投进巴士底狱;1706年和1714年,耶稣会士出版了汇编集,禁止讲授笛卡尔的三十个命题,其中

---

① A.Baillet, *Vie de Monsieur Descartes*, Paris, éd. de la Table Ronde, 1992, p.171.

有系统怀疑论、物质的永恒、物质和广延性的同一、不同现实中的普遍秩序的不可能性等。

　　然而，笛卡尔主义的名望在知识分子圈子里不停地增长。孔代亲王、吕内公爵、麦纳公爵夫人等，都是其热情的支持者。赛威内夫人的通信在某种程度上表明，普及性的笛卡尔主义占据了上流社会的谈话内容，而在更高层面上，马勒伯朗士使之变成其哲学的基础。不久之后，丰特奈尔使笛卡尔主义赢得了更广泛的胜利。书报审查制度的影响似乎微不足道。甚至在耶稣会学校内部，人们也在偷偷阅读笛卡尔；图恩堡的约瑟夫·皮东、皮埃尔·希拉克、皮埃尔·西尔万·勒基因此放弃了他们的教会天职，全心投入科学。甚至在奥拉托利会和耶稣会那里，许多人在一种折中主义精神中，从笛卡尔那里借用概念。1668 年，让-巴蒂斯特·杜·阿迈尔在为大臣的次子雅克-尼古拉·柯尔贝尔创作的讲义中，使笛卡尔机械论和原子论适应于传统哲学；耶稣会士勒瓦卢瓦采纳了笛卡尔物理学，但完全放弃了其逻辑方法；他的同事富尔尼耶、欧贝尔、拉夏兹分别借用了他的屈光学、数学、几何学原理。简言之，笛卡尔主义作为整体被放弃，但作为片段被利用。

127

　　书报审查制度的无效性也来自刺激它的非常混杂的动机。例如，针对笛卡尔主义奥拉托利会教师的迫害，应归因于路易十四在耶稣会的唆使下，对奥拉托利会的敌意。对奥拉托利会会员坡朗和拉米的查禁，也是由于他们针对社会不平等的进步思想。对于大学而言，是笛卡尔科学主题冒犯了它们；对于罗马而言，是因为他的形而上学论文。

　　实际上，笛卡尔所表现出来的危险性更多地在于其精神状态中而非其作品中。这位审慎的哲学家，只以小心翼翼的步伐前进，尽量地避免公然驳斥官方思想。单从字面上看，人们难以在他的作品中发现可以谴责的论断。书面内容几乎无害，因此对于审查来说是很微妙的。危险的是，其思想和方法的潜在力量，它将个人从所有对传统和权威的服从中解放出来。这是波舒哀很清楚地预感到的东西。面对笛卡尔，他显得很尴尬：没有在任何一个确切问题上发现缺陷，因为，正如他所写的，"笛卡尔先生总是害怕被教会注意到；人们看到他对此采取预防措施，其中某些措施显得过于谨慎了"。①然而,波舒哀感觉到,以笛卡尔主义的名义,一种反对教会的巨大攻击正在酝酿中。②

128 　　但是,书报审查制度查禁的是文本而非意图或潜在倾向,因此它在笛卡尔那里所获不多:动物—机器;原子使圣餐变体问题复杂化,笛卡尔总是反对在这个领域的完美正统派;实体—广延性,驳斥亚里士多德;永恒真理问题,对此,他与瓦斯盖、絮亚雷甚至贝吕勒相对立③;地动说问题,笛卡尔妥善解决了,他指出地球转动,同时又保持不动。整体上,没什么过度冒犯或令人气愤的东西。此外,甚至耶稣会学校最终也信服了他的物理学。查禁自 1720 年代起归于中止。基督教教义的神父们在坚决反对笛卡尔之后,到 1710 年左右,正如樊尚作品指出的,里瓦里耶或波松贝在 1711—1713 年与格罗和杜佛神父一道,突然地转到了对立面。④另外,人们很快意识到笛卡尔的具体内容是无害的和过时的。笛卡尔主义的本质是逻辑理性的独立。不过,书报审查制度不能反对思想倾向。

　　笛卡尔与斯宾诺莎形成了强烈的对比。后者的作品成了书报审查制度的明显靶子,因为这位哲学家汇集了在法国天主教徒眼中所有的最严重的缺陷,而且很容易被找出以下标签:荷兰人,地位卑微,犹太人,泛神论者等,这些均难为大多数读者所接受。他也有受众不多的缺陷,这便于审查官们完成任务。1678 年《神学政治论》的法文译本在荷兰面世,秘密进入法国,几乎没有影响到人民大众。而且自 1673 年以来,在法国政府的鼓励下,瑞士人斯图普的书籍《荷兰人的宗教》大肆传播,歪曲了斯宾诺莎的思想,把它变成了一个粗俗的泛神论。"斯宾诺莎是非常恶毒的犹太人,不是好的基督徒。"斯图普写道。法国正值与荷兰的战争,对斯宾诺莎思想的诋毁属于典型的政治宣传。但是,知识分子持有同样的偏见:笛卡尔主义者马勒伯朗士提到"我们时代的这个亵渎宗教者,

---

① Bossuet,lettre du 24 mars 1701 à Pastel,docteur en Sorbonne.

② Bossuet,letter du 21 mai 1687 à un disciple de Malebranche.

③ I.-I. Marion,*Sur la théologie blanche de Descartes*,Paris,1981,pp. 56—57 et 140—141.

④ J. de Viguerie,*Une œuvre d'éducation sous l'Ancien Régime:les pères de la Doctrine chrétienne en France et en Italie*,1592—1792,Paris,1976.

把宇宙变成了他的上帝"；本笃会修士弗朗索瓦·拉米在 1696 年
的《颠倒的新无神论》中，对这位荷兰哲学家也作出了如上批驳。
当时，没有人敢于自称是斯宾诺莎主义者，书报审查制度在这里使
人们确定了一种对斯宾诺莎的普遍的反感态度。

书报审查制度与冉森主义

冉森主义是耶稣会和国王政府的眼中钉。从这种思想具有重
要社会和政治基础那一刻起，为遏制这一新颖宗教潮流而造成的
重大斗争，就表明了书报审查制度的无效性。冉森主义有力地证
明了自身的持久性。确切地说，这种起源于宗教的思想在面对君
主制的侵略性权力时，完美地表现出能够对社会-政治反对派思潮
所产生的影响。

关于冉森主义宗教和历史的文学作品数量庞大。[①]这一小撮从
所有政治生活中退隐的宗教极端主义者，引起了历史学家强烈的
好奇心，尤其是从 19 世纪圣-伯夫以来，有无数研究献给他们。让
我们牢记其核心思想，即一种对人性的无可救药的悲观观念，认为
人性已被原罪所腐蚀。冉森派断言，所有人类活动从源头上被污
染，只留下微弱的希望，属于上帝预先决定得救的享有特权者，才
被赋予有效的圣宠。因此，这个世界不存在任何令人期待的东西，
一切都是虚幻的和邪恶的，人们被其放纵的情欲所辖制。冉森派
从世俗和政治事务中退出，因为在那里作恶的机会显然更多。他
们认为，当然需要政府、法律、法规，因为没有一个人可能是完美
的，所有人都一样。这些已然存在的事物需要服从，但无需参与。
在一个一切都是相对的世界上热爱着绝对，冉森派觉得人在世上
并无依靠，无法向任何特殊机构为自己寻求支持。

这种激进态度只能迷惑一小部分人，那种精神上的精英人士，

---

① 涉及冉森主义与政权关系的基础作品还有：R. Taveneaux, *Jansénisme et
politique*, Paris, 1965；"Jansénisme et vie sociale en France au XVIIe siècle", *Re-
vue d'histoire de l'Église de France*, janv.-juin 1968, t. LIV, pp.27—46；L.Cog-
net, *Le Jansénisme*, Paris, 1961；A. Adam, Du mysticisme à la révolte. Les
Jansénismes du XVIIe siècle, Paris, 1968, 采用了一种神学和哲学的排斥性立
场，排除了所有经济社会解释。

例如,圣-西朗、安托万·阿尔诺尔、帕斯卡尔等。这毫不奇怪,冉森主义在修道士和修女那里找到了最初的信徒,比如国王港的信徒。但也可以在有教养的在俗信徒那里找到追随者。他们受过良好的神学教育,被这种天主教复苏时期的宗教骚动所蛊惑,包括穿袍贵族、法官阶层,他们是当时最大的书籍消费者。法官们因为冉森主义为他们提供了一种对其社会职业上的挫折感的解决办法,因而更加被它所吸引。这是由吕西安·古德曼发展的著名主题①:这些官员的地位开始降低,随着 1637 年左右官职价值的降低,其权力越来越被国王的"专员"机构所削弱,其控制君主制的思想随着绝对主义的确认而消逝,从而转向公共运动。冉森主义给他们带来了精神支柱,为他们情绪化地从权力中退隐进行辩护。推而广之,冉森主义为所有失望而受挫的反对派提供了一个庇护所。

很显然,所有这些都不适合于国家。黎塞留不安地注视着这些杰出的才子离开他们的职务,比如律师安托瓦·勒麦特尔,孤独地在国王港退隐。这预示着一种"智囊逃避"的现象。当时正值君主制神圣化和绝对主义确立的时期,权力不可能容忍冉森派的政治相对主义。对冉森派而言,君主制带来的荣耀能给民众留下深刻的印象。如果说他们没有鼓吹反抗,那么他们至少带着有自知之明的漠不关心以示服从。这使红衣主教非常恼火。帕斯卡尔写道,"真正的基督徒,服从疯狂;不是因为他们尊敬疯狂,而是因为上帝的命令,为了惩罚人们,使他们服从这些疯狂。"君主制是一种像其他疯狂一样的疯狂,因为它需要避免混乱,服从它,但是不要抱有幻想。因此,杨赛尼乌斯谴责它是"国王的神迹"。至于国家理性,对于将社会政治组织视为一种唯独被人类贪欲所辩护的权宜之计的人们来说,它显然毫无价值。因此,冉森派与神授权力的绝对君主制之间的政治对立,是不可消除的。加上经济形势问题,以及对天主教西班牙战争的谴责,因此他们认为应该复辟中世纪基督教国家。

冉森派也与耶稣会士互相冲突。这里是宗教和道德方面的对立。耶稣会的小集团采纳了对人类状况更加乐观的看法,尤其是自 1588 年出版的吕伊·莫利纳的书籍《自由意志与圣宠的盟约》

---

① L.Goldmann, *Le Dieu caché*, Paris, 1955.

之后。所有人能从丰盛的圣宠中获益，圣宠能够变成效能，以使他们得救，如果他们认信的话；因而不存在预定论。耶稣会补充道，在人类行为中，应该总是考虑到意图和情境，正如神学理论家指出的，无论谁都不再反对激进主义和冉森派对绝对存在的依靠。

　　国家和耶稣会是一方，冉森派是另一方，这就是双方阵营的简图。毋庸赘言，许多细微差别产生了：冉森主义在所有阶层中有分支，丰富多彩，时而更政治，时而更宗教，时而更社会。罗马教廷方面的态度则随着政治需要而变化。而且，冉森主义将随时放弃它的精神"纯粹"。但这里对我们来说重要的是，它总是显示出一种看似针对国家的煽动、蔑视和反对态度，国家因此将刻不容缓地审查其所有言论。

　　我们没有叙述众所周知的冉森主义受迫害的历史。这些迫害由黎塞留着手实施，1638 年逮捕了圣-西朗和奥拉托利会的克劳德·赛格诺。迫害行动在马扎然治下继续进行并扩大，起初只涉及神学家的多数论文，比如阿尔诺尔的巨著《论常见的宗教教派》（1643）、《关于忏悔和宗教教派问题的教会传统》（1644）等。1649年，索邦介入，草拟了一个由科尔纳留斯·扬森所提出的七个命题的名单，其中，奥古斯丁学说是冉森派运动的基础。这些命题中的前五个在 1653 年被教皇谕旨谴责。马扎然想要强迫教士接受教皇谕旨，让他们签署一个谴责杨森的声明。阿尔诺尔在 1655 年被索邦谴责。这种争吵开始涉及公共舆论，先是求助于小册子，但总是更多地有政府方面的参与。阿尔诺尔的《致出身高贵者的信》，引来十个反对者的抨击文章。但是在翌年，即 1656 年，《致外省人信札》出版，其巨大成功惹动了镇压力量。1656 年 10 月，教皇谕旨谴责冉森主义；马扎然迫使教士大会接受谕旨，尽管有好几个主教抵制，尤其是尼古拉·帕威隆。

　　阿尔诺尔和尼古拉试图使用委婉的办法，区分"权利问题"和"事实问题"：被谴责的命题实际上是应受谴责的（权利），但它们在杨森的书中并不存在（事实）。关于路易十四，路易·科内[1]写道，

132

---

① 　L. Cognet, "Le conflit janséniste jusqu'en 1713", Die Kirche im Zeitalter des Abso-
　　lutismus und der Aufklärung, t. V du Handbuch der Kirchengeschichte, Fribourg,
　　1970.

"在宗教问题中不是非常聪明,甚至完全无知,"他脑子里只有一种想法:王国的统一。1661 年,路易十四亲自掌权,他鼓励迫害。行政法院趋于强制签署反冉森派的文件;国王港的修女被密令流放;巴黎主教佩雷菲克斯拒绝她们参与圣事,然而四个主教对她们区分了权利问题和事实问题。然而,在 1669 年,面对政治生活的必要性,人们达成了妥协:教会和平。事实上,在投入伟大的欧洲冒险之前,国王需要平息分歧。但是,这种暂时缓解没有从根本上解决问题。争吵随时可能发生,在路易十四统治末期变本加厉地突然重新出现。

因此,书报审查制度在整体上不能遏制冉森派作品的产生,过多的利益和同谋关系在起作用。关于圣宠的辩论,对于书商是一种不同寻常的意外收获。纪尧姆·德斯普雷得以因此积累财富。他在 1643 年是普通的学徒,在 1651 年变成了老板,是冉森派最主要的出版商之一。出版事业使他能够在 1657 年举行有排场的婚礼,并在 1709 年去世时留下了价值 226 437 里弗尔的出版基金。①在争论之初,阿尔诺尔让教士印刷商安托万·维特雷印刷了反对道德废弛的作品,然而耶稣会士找塞巴斯蒂安·克拉穆瓦西帮忙。当情况恶化时,巴黎书商采取了两面派行动:印刷所有由官方保护的重要论文,同时出版半地下的诽谤作品和匿名小册子,这是巨大利润的来源。冉森派求助一小撮忠诚的书商,后者经常挫败书报审查制度。

他们最重大的成功显然是《致外省人信札》。这本书在难以置信的情况下被秘密创作和印刷,这得益于同谋关系和权力之间的对立。文稿由仆人皮佳尔带给阿尔古尔中学校长富尔丹,后者将它转给印刷商勒坡蒂。勒坡蒂是法国科学院书商,与负责组织出版的掌玺大臣塞吉耶经常来往。书商萨夫勒被逮捕,人们在他家发现首版《致外省人信札》的几个样本。在勒坡蒂家里所进行的搜查行动并无任何成效,德斯普雷接替他,让朗格鲁瓦印刷。后者不

133

---

① H.-J.Martin, "Guillaume Desprez, libraire de Pascal et de Port-Royal", *Mémoires de la federation des sociétés historiques de Paris et de l'Ile-de-France*, 1952, pp.205—228.

久也被发现,但他得到了国库总监富凯的保护。富凯同时是高等法院的总检察长,那里有许多参事同情冉森派,心怀不满地看着耶稣会嘲弄他们。然而,塞吉耶让人逮捕朗格鲁瓦和德斯普雷,他们在 1657 年 10 月被夏特莱判处流刑。最后,高等法院又废除了这个判决。这部成功的文学作品,每次印刷 6 000 多册。《致外省人信札》可以不受惩罚地对抗书报审查制度。掌玺大臣的任务是一种真正的佩涅洛佩式"守贞"工作,不断地被高等法院和多种同谋关系打败。①在富凯垮台之后,冉森派作品越来越多地在荷兰出版,例如,1667 年,阿姆斯特丹的埃尔泽维尔出版了萨西的《新约》译文,这本书以一个虚假的印刷地址广泛流传。

　　书报审查制度只有当所有权威在面对相对不太畅销的作品而达成共识时才显得有效。这是斯宾诺莎作品的情况,也是某些激起所有等级敌意的思潮的情况,比如里歇主义。埃德蒙·里歇,朗格尔主教管区本堂神父,1608 年成为索邦行会理事,他在 1611 年《檄文》中支持教会的贵族政治理念,反对其同事杜瓦尔教士所捍卫的君主制理念。对于杜瓦尔而言,"确定的所有政府形式是民主的、贵族的和君主的三种,其中,最合适和最可靠的是君主制形式,这就像是自然之光对所有人一样显而易见。人民是疯狂的,他们的头脑非常危险,是一个多头怪兽"。②因此,在教会之内就像在国家之内一样,政府必须是君主制类型,有一个头:教皇或者国王。而对于里歇而言,正好相反,教士整体从基督那里接受了圣职权力,这使他们成为教会的贵族。因此,政府必须是议会的,而宗教评议会控制教皇,教士控制主教。这种学说引起了权威们的一致反对:罗马加以谴责;由红衣主教杜·派隆领导的桑城教省宗教评议会作出审查,并在所有教堂宣读判决;埃克斯宗教评议会紧随其后;愤慨的教士大会号召审查所有提出本堂神父权利要求的作品;里歇在 1612 年被列入禁书名单;索邦免除了他的理事职位;黎塞留在 1629 年强制他收回言论。在投石党运动期间,政治权力和主

134

---

①　L.Parcé, "La réimpression des premières 'Provinciales'", *dans Pascal*, *textes du tricentenaire*, Paris, 1963, pp.142—159.

②　A.Duval, *De suprema Romani pontificis*, Paris, 1614, p.76.

教们对本堂神父的联合感到不安，后者支持雷兹，要求从他们的教区独立。联合大会在 1659 年被取消。①里歇主义在其贵族制外表下显得过于"民主"，不符合 17 世纪上半叶的社会愿景。书报审查制度不难遏制里歇主义，即使某些地下作品到处流传。但是它没有死亡。它会在某个较好的时代改头换面死灰复燃。

从由专制国家和高卢教会所施行的大规模普遍文化控制的首次尝试中，人们得出一个教训：书报审查制度只有在被所有权威一致实施时，只有在与不符合社会阶层真正期待的思想相对立时，才可能有效。也就是说，它不能扰乱文化面貌。最引人注目的后果之一，就是它刺激了论战。通过禁止某些思想的表达，它促进了地下小册子的生产，后者唤起了受雇于国家的小册子作家的响应。围绕国家理性和冉森主义的争论走上了街头，这部分地是因为由权力发动的对某些博学的论著的禁止，否则，这些论著或许仍然局限于政客和神学家的封闭圈子。对奥古斯丁学说和阿尔诺尔杂乱无章的著作的审查，只涉及极少数精英，几乎没有使他们变得更著名，但促使了《致外省人信札》的出版。书报审查制度引起了公共舆论的喧哗，因此让它想要遏制的东西反而在一个伟大的时代里爆发。

众所周知的一个事实是：反对思想生产的最可怕武器是漠不关心，而不是查禁。不起作用的思想会提前死亡。权力在他们认为要捍卫真正本质价值观的时候，才实施审查。这使他们被引向强调这些同样的价值观，因为书报审查制度总是伴随着一种支持官方价值观的宣传品。17 世纪法国传统文明的伟大特征，恰恰由禁止对立价值观的企图所凸显出来。同时，这些对立的价值观被显明出来，变成传统文化的组成部分，何况它们的表达因权力内部的分裂而获得了便利。如果说，法国的 17 世纪有点儿不信宗教、非常冉森派、相对科学和非常笛卡尔主义，这应部分地归功于书报审查制度。

---

① R. M. Golden，*The Godly Rebellion. Parisian Curés and the Religious Fronde*，*1652—1662*，Chapel Hill，University of North Carolina Press，1981.

第五章　文化柯尔贝尔主义:书报审查 制度与学院派(1660—1715)

　　黎塞留和马扎然主导的实用主义的书报审查制度及其所制定 的文化控制系统,在柯尔贝尔的治下登峰造极,达到最大功效,以 致其被称作"文化柯尔贝尔主义",一如经济柯尔贝尔主义。这个 系统随后也被其继任者们继续采用。

　　太阳王路易十四似乎无法构想一种文化政策,这一点并没有让 那些神化他的传记作者感到不便。应该重读一下圣-西蒙公爵的作 品:"国王的智力在凡人之下。人们刚刚教会他读和写,他仍然如 此无知,以致对于众所周知的历史、事件、财富、品行、出生、法律等 事情,都一无所知。他因这个缺陷而沉沦,有时公开地表现在最粗 俗的荒唐事中。"①圣-西蒙不喜欢路易十四。这是个专爱讲别人坏 话的人,但大量的证据都表达了相似的意思,这使我们猜测,在由 廷臣们吐露出来的大量令人惊愕的谄媚背后,存在着一个智力平 庸并且没有文化的统治者。

书报审查制度的运行

　　因此,文化政策事业的主宰是让-巴蒂斯特·柯尔贝尔。柯尔 贝尔自 1661 年起进入御前会议,自 1664 年起是建筑业和制造业 总监,从 1665 年起是财政总监,1668 年是国王卫队国务秘书, 1669 年是海军国务秘书。他是二十年间真正的文化主宰,直至

---

① 　Saint-Simon, *Mémoires*, Paris, éd. de la Pléiade, 1978, t. V, p.478. Et ailleurs: "Le roi ignorait tout et ne s'en cachait pas", t.II, p.701.

1683 年去世。

小册子的重新兴盛，标志着马扎然末年和路易十四初年的控制松懈了。这种局面被柯尔贝尔这个新大臣粗暴地打破了。从 1667 年起，柯尔贝尔将巴黎书商数量从 72 个减少到 36 个。印刷特许权审批程序从此臻于完善：掌玺大臣身边环绕着一个审查官团体，负责阅读手稿并草拟详尽报告，作为同意或拒绝出版的基础。这个系统在路易十四统治末期由比尼翁教士改进。他是 1699—1714 年的书业主管。

比尼翁控制着这十五年间的法国出版业，他是掌玺大臣彭沙尔特兰的外甥。后者任命他为科学院主席、法兰西学院院士、铭文科学院院士和绘画雕刻学院院士、国家参议员、图书业主管。1701 年，比尼翁发起了关于外省印刷作坊的调查，他在 1704 年按照城市确定了作坊数量。通过 1701 年 10 月 2 日通告，他决定，如果没有盖上大印章的许可证，任何书籍都不得印刷。对于重印，应该获得简单许可；对于外省版本，需要地方特许权。被授予的仅一部书稿的印刷特许权，不得用于重印。必须有两个注册许可，一个在书商行会，另一个在书业指导处。每个作品都记录了作者姓名、书名、手稿提供者的名字、送交审查官的日期、审查官姓名，附有说明理由的批文。在拒绝许可的情况下，书报审查官的名字不做显示。[1]

此外，对地下出版和来自国外的无许可书籍予以打击。在这个领域中，柯尔贝尔能够依靠警察总监尼古拉·德·拉·雷尼（1667—1697）和警长尼古拉·德拉马尔的效力。搜查和追查，检查货物箱和货包，在巴黎和外省通过总督的行政部门，允许扣押和销毁大量书籍。总的来说，这个系统似乎相对有效，但永远不可能完全封禁。因此，波舒哀责备里沙尔西蒙的《批判史》，指出，被禁书籍的地下渗透，源头为荷兰共和国，"这些书中的任何一本，都不

138

---

[1] H. De La Bonnière de Beaumont，"L'administration de la Librairie et la cencure des livres de 1700 à 1750"，Positions des thèses de l'École des chartes，Paris，1966；F. Bléchet，"Recherches sur l'abbé Bignon，1662—1743，académicien et bibliothécaire du roi，d'après sa correspondance"，Positions des thèses de l'École des chartes，Paris，1974.

第五章 文化柯尔贝尔主义:书报审查制度与学院派(1660—1715)

能在天主教会中获得许可,因此也没有我们的印刷许可,只能在一切都被允许的国家,在信仰的敌人中间出版。然而,尽管有行政官员的智慧和警惕,这些书籍还是一点点地在渗透。它们在传播,人们互相赠阅。这是一种吸引人去阅读的诱惑。它们是如此抢手,如此稀缺,如此珍贵。总之一句话,它们得到了捍卫"。①

但不要因此就认为,荷兰出版商系统地出版了法国所有的禁书。因为在荷兰共和国也存在一种不同的,但相对宽松的书报审查制度和监督制度。1700 年,新教徒倍尔的期刊《文人共和国消息》在荷兰印行,不带谴责地汇报了法国书业重组的消息:"人们认为,这里(巴黎)从此不再出版更多的危险书籍,因为掌玺大臣先生决心让印刷业维持良好秩序。因为他让他的外甥比尼翁教士负责检查,并命人检查所有书商手里的书稿,撤销那些不值得付印的书籍。"②

书报审查制度,如它在路易十四统治时期的运行那样,并非一种随心所欲的专断。它追求非常明确的意识形态目标,严肃而公正地运作着。人们可以这样说,它是一种用于推动朝权威们期望的方向发展的工作。据比尼翁教士的登记所示,勒布朗和艾斯提瓦尔的著作证实了这一点。③

有许可要求的书籍数量巨大。1700—1715 年有 6 279 种,相比之下,被拒绝的书籍数量有限:692 种,占总数的 11%。还应该补充一点,某些书稿每隔几年被反复提交,可能被不同的审查官接手。而且,要求的很大一部分属于已经出版而需要再版的书籍。这就是说,总共远不止 692 部作品被拒绝。王室书报审查制度不太可能夺走我们法国文学的某部杰作,更何况坚韧不拔的作者们仍然有使它在国外出版的对策。

宗教书籍是更被严密监督的对象。勒布朗指出,拒绝印刷宗教

---

① Bossuet, *Défense de la tradition des Saints Pères*, préface.

② *Nouvelles de la république des Lettres*, mars 1700.

③ J. Le Brun, "Censure préventive et littérature religieuse en France au début du XVIIIe siècle", *Revue d'histoire de l'Église de France*, juill.-déc. 1975, n°167, pp.201—226; R. Estivals, *La Statistique bibliographique de la France sous la monarchie au XVIIIe siècle*, Paris-La Haye, 1964.

书籍的比例达到了 14.3％（2 654 种作品中的 381 个）。书报审查官有 60 个左右，而在柯尔贝尔之前只有 10 个左右。根据他们的能力被专业化为语言、音乐、历史、圣经、东方学等等。在审查宗教书籍的最活跃的审查官中，人们发现了埃姆·皮罗博士（1631—1713）的名字。他是神学院的理事，官方决策的忠实执行者。他审查了笛卡尔主义、冉森派、带注解的神学书籍，还有神秘作品。他遵循传统的高卢主义路线，反对所有新鲜事物。他随时准备服从权贵的意愿，尤其是巴黎大主教阿尔雷，还有波舒哀。他毫不犹豫地审查他们所批示的书籍，比如里沙尔·西蒙、费内隆和于埃的书籍。另一个神学博士，教士克劳德·德·普雷塞尔，从 1696 年至 1713 年担任书报审查官，他更倾向于支持罗马。皮埃尔·古尔西耶博士也是阿尔雷的工具，冉森派的敌手，他给人们留下粗心大意的印象。"随着时间流逝，他获得某种程度的声望，而他又变得如此懒惰，尽管他是三十多年的书籍审查官。有人说，他没有完整地读过一打书籍。他将送审图书交给某个年轻博士阅读，或者把它们摞在壁炉台上。那些书籍留在那里或长或短的时间，或可用作炫耀，就被认为是获得了批准，好像古尔西耶已写上了'已阅'的字样一样。"① 像普罗一样，他会毫不犹豫地重新处理他的许可批示，如果那些书籍引起骚动的话。这就是他在 1700 年对勒泰耶神父关于中国礼仪的作品所做的事情。同样，1699—1714 年的审查官皮埃尔·贝尔特博士，批准然后又查禁了《信仰情况》一书。但这本书导致了审查官路易·艾利·杜·潘职业的终结（1657—1719），他因为批准了它出版而在 1703 年被流放。约瑟夫·基诺博士也应该经受了掌玺大臣彭沙尔特兰的愤怒，因为批准了一部盖扬德的神学书籍。掌玺大臣不再让比尼翁教士命人检查"一个如此可耻人物"的书籍。审查官安托万·埃尔罗同样应波舒哀的要求，撤回了他授予的《信仰情况》的许可，如同若兰博士、雅克·潘索纳、纪尧姆·布雷和几个其他人所做的一样。②

140

---

① Le Gendre，*Mémoires*，éd. M.Roux，Paris，1863，p.59.
② *Histoire du Cas de conscience*，t.I，Nancy，1705.

第五章　文化柯尔贝尔主义：书报审查制度与学院派(1660—1715)

要求：因循守旧、可靠性、平衡

宗教书籍审查官促进了主流文化气候的强化。大学教员和神学博士，他们为审查工作提供严肃性的保证。在当时所有的重大争论中，他们真实地反映出处于既存的强大力量之间复杂的一致性(高卢教派高级首领，有影响力的要人，耶稣会士，政府阶层)，其中政治、神学、教会和精神等各种考虑混合在一起。

新生事物在他们眼中是一种不可原谅的缺陷，对此他们很好地表达了他们那个时代大学和教会的精神状态。莫诺里的《关于尘世伊甸园的论述》在1703年被禁，仅仅"因为作者对这个问题的情感是一种新生事物"；同一年，达古梅先生的《关于形而上学的批判性反思》被审查，因为它属于"对于目前时代而言，有点儿过于大胆的新生事物"；1701年，罗波里埃尔的《被反驳的索齐尼教义》被禁，因为"作者用过于不同的措辞谈论它们，而今天人们在教会中使用这种措辞"。因此，在形式上和本质上要求因循守旧。1711年《关于圣马太产生以赛亚预言的应用的论述》的审查官这样评述道："作者缺乏必要的谨慎，要么因为语言，要么因为方法和情感。"

在好的大学教员那里，书报审查官坚持措辞的准确性和论据的可靠性，以压制在他们看来是意义含混的或无说服力的书籍。因此，前任南特主教吉耶·德·拉·波姆·勒·布朗克的《基督徒之光》在1673年出版，1693年重新被批准，而在1706年被拒绝，"因为书籍主体文不对题：这只是一种不好理解的哲学，不太准确的神学，它会引诱人们犯错误"；另一方面"充满关于神学的混乱难懂的话"；第三条称又包含"过多的胡言乱语"；还有一条是说有一种"既不够准确也不够精炼的"或者"既不准确也不牢靠"的思想。它的题目本身可能是引起审查的原因之一。沙维尼的《系统神学》也是这样："作品的题目是冒犯性的，提供了关于宗教的危险思想，即便它是一个系统性的问题。"

"谬误"，"神学准确性"的缺乏，与神父思想"不符"的话语等，在拉丁文《圣经》文本中，或者在"神圣教义"中，都被严厉制裁。比如奥拉托利会勒布朗克的《十字架和耶稣基督的苦难》，它"包含了几个在好的神学上不太准确的命题"。在所有这些评价中，审查官给我们留下有点儿像批改学生作业的印象，有时以大学学术规范要求的尺子来打压作品，显示出强加于宗教文学之上的严格、严肃、牢固、逻辑性的标准。因此，书报审查官促进了传统、平衡和理性的虔诚的形成。

反神秘主义

不赞同神秘冲动，厌恶多愁善感，书报审查官拒绝许多与那个世纪上半叶的敏感论题不一致的作品。因此，不需要波舒哀的压力，他们就会拒绝寂静主义的文学作品。这个术语，在针对西班牙人米盖尔·德·莫利诺斯的《精神指南》的争论中被使用，指的是将灵魂完全交给上帝的被动状态。这种状态表现为虔信的极至，并通过将焦虑者从罪孽中解放出来，让信徒获得一种幸福的平静。1687年，英诺森十一世谴责从作品中得出的68个命题。莫利诺斯被逮捕，紧接着，神秘主义者，比如康菲尔和絮兰被列入禁书名单。

在法国，虔敬派的事业由吉永夫人和费内隆所推动。费内隆1697年出版了《圣徒准则的解释》。这种敏感表达不能被波舒哀容忍，他是宗教理智主义的捍卫者，向曼特侬夫人从而向国王指出了其危险性。于是，国王对教皇施压，以落实对费内隆的查禁。英诺森十二世因反对高卢主义而不太喜欢波舒哀，所以没有查禁所有的神秘主义者，仅限于通过1699年教皇敕令来审查《圣徒准则》的23个命题。

在这个事件中，波舒哀经常不无理由地表现为温和的费内隆的迫害者①。应该提醒的是，莫城的埃格尔体现了17世纪末法国教会中占主导优势的思想倾向：笛卡尔精神赢得了精英，无论是在传统捍卫者的圈子还是批判者的圈子。由"欧洲信仰危机"开启的伟大斗争，发生在理性的土地上，而不是神秘冥想的土地上。1700年的思想精英，无论他们的立场是什么，都踏在理性的土地上。在这种背景下，对虔诚主义或寂静主义敏感性作品的书报审查制度，仅限于在比尼翁教士的办公室内实施。

---

① Cf. L.Cognet, "Christian thought in Seventeenth Century France", *History of the Church* (sous la dir. de H.Jedin), éd. Anglaise, Londres, 1981, vol. VI, p.92.

第五章 文化柯尔贝尔主义:书报审查制度与学院派(1660—1715)

查禁的动机是清楚的和明显的。"这个作品过于神秘,它写得不够好",这是针对 1701 年克里斯托弗神父译著《论虔信》的鉴定。"这个作品充满寂静主义和启示",这是针对 1704 年一本加尔默罗会修女玛丽·玛德莱纳·帕基的书籍的鉴定。"这本书充满看似虚构的故事和感觉过于居庸主义(guyonism)的表达方法",这是针对 1701 年多明我会福尔内的传记的鉴定。"充斥着错误命题和导致寂静主义的准则",这是针对 1708 年《基督徒完德纲要》的鉴定。1705 年,瑟兰神父的旧作被审查,因为它引起太多轻信("作者将魔鬼的所有回答当成了真理"),以及包含了寂静主义原则。

拒绝神秘、神迹、伪神迹、虚构和迷信。书报审查官完成了净化宗教文学的工作,他们认为这项工作是有益的,它与政治权力的一般方针是一致的。但是,他们当然也导致了精英文化和大众心理之间鸿沟的扩大。

教会审查与国家宽容之间的大众文化

大众文化控制也加强了,但是方式必然不太有效。廉价小册子、蓝皮丛书,以及其他书籍,由流动商贩和书商一起继续传播,直到旧制度末期。主教们敌视这种文学的内容,却没能改变它们。宗教事务会议章程全集充分见证了大众文学的持久性。

主教们抱怨的不仅仅是表面因素。例如,他们中没有任何一个人成功地铲除历书,历书的影响在一代又一代人中引起反响。1587 年里昂宗教裁判官出版的《对基督教信徒的警告:停止阅读并抛弃使用历书和占卜》的作用是微不足道的。同样完全徒劳的是 1613 年安托万·德·拉瓦尔的愤慨。他评论说:"有了许可和特许权,有人印刷,有人出版,有人叫卖,有人零售,有人购买,有人相信,有人几乎将百年历、历书、奇事、蠢话和渎神话语等当作福音来接受。"[1]一个世纪之后,1720 年,科斯塔多神父发现,什么都没有改变:"惊人的是,今天,人们容忍这些历书的出版、零售和阅读,人们没有坚决地删除这些违背情理的东西,这些损害宗教的东西。在我看来,那些有权审查印刷作品的人,应该不要任由上述事物如

144

---

[1] Antoine de Laval, *Desseins de professions nobles et publiques*, Paris, 1613.

此轻易地通过。"①他补充道:"这种文学作品,特别能够使头脑简单的人民陷入谬误和迷信。"但这是白费力气。1787 年,格雷古瓦教士仍然观察到《巴勒历书》的巨大影响力:"萨瓦人在整个法国兜售这种荒谬的汇编,它使 12 世纪的偏见长久存在,直至 18 世纪末。每本只卖 8 个苏,每个农民都备有这种编年体和星相学相混合,由糟糕的判断力和狂热所支配的合集。""乡下人渴望暴力。"1790 年,他的一个通信者这样写道。②

人们可能同样注意到,滑稽剧、短篇小说、神奇故事、寓言、谚语、讽刺作品、虔诚小书在乡村和城市平民中兜售。主教们不停地抱怨,比如亚眠主教在 1677 年感叹道:"几个人任意印刷几本小册子,用多种书名,比如《基督徒祈祷文》、《基督徒教义纲要》、《耶稣基督道德纲要》、《基督徒准则》等等。他们敢于出售它们,公开地或秘密地散播它们,在我们主教管区的多个场所散播它们。"1706 年,布蒂耶·德·沙维尼阁下意识到,"他们一直在我们的主教管区印刷和传播大量书籍,没有任何许可。这些书几乎都不正确甚至危险,但在这个王国的多个主教管区内传播。我们的抱怨来自这些。"③

从几个世纪的这些哀叹中,人们可能得出某些教训。一方面,大众读物被监督,但是以一种比精英读物散漫得多的方式。教会权威几乎是唯一对这种文学的平庸品质感到不安的人。对世俗权威重要的东西,只在于它不得包括危害公共秩序的思想。因此,世俗权威允许印刷这些迷信但对国家无害的作品,这引起了开明教士的极大愤慨。另一方面,正如我们已经提到过的,大众文学的内容不是来自精英方面的同化意愿,精英们力求推行自己的价值观。

---

① A. Costadau, *Traité historique et critique des principaux signes qui servent à manifester les pensées ou le commerce des esprits*, Paris, 1720, t. VII, p. 84.

② Cité dans J.-L. Marais, "Littérature et culture populaires aux XVIIe et XVIIIe siècles. Réponses et questions", *Annales de Bretagne et des pays de l'Ouest*, 1980, t. LXXXVII, n°1, p. 76.

③ Cité dans J.-L. Marais, "Littérature et culture populaires aux XVIIe et XVIIIe siècles. Réponses et questions", *Annales de Bretagne et des pays de l'Ouest*, 1980, t. LXXXVII, n°1, pp. 74—75.

与之相反,大众文学在大众需求和其所提供的产品之间的完美一致,一种"供求之间的一致,因为它,带来了金钱",芒德鲁这样写道。人们给人民需要的东西,历书和奇迹故事,这违反了主教们的意志。另外,在我们看来,精英文化和大众文化之间的主要差别在于:精英对新鲜事物和革新持开放态度,他们实际上是有潜在危险的公众,应该自己监督其读物;而人民总是接纳雷同的叙事,不知疲倦地重复,同样的寓言、同样的预言、同样的奇迹。这些内容需要巩固同样的传统要义。蓝皮丛书带给人民所慕求的东西,因此使那种教会想要消灭的"迷信"得以长久存在。在这个领域和这个时代,教会是"文明"的,而国家维持或者并不反对"蒙昧主义"。

　　另外,世俗权威表现出非常敌视大众阶级参与教育的态度。黎塞留直截了当地在其《政治遗嘱》中阐明这一点:"正如一个在所有部分都有眼睛的身体是奇形怪状的,一个国家也是如此。如果它的臣民都是学者,也是奇怪的。人们也看到很少有服从,因为骄傲和自负是普遍的;文学经济绝对有别于商品经济,商品经济带给各个阶层大量财富;文学经济毁灭了农业——人民真正的乳母,而且它用很少的时间就毁掉了士兵的培养园地,士兵应该在粗野和无知中而不是在科学的优雅中被培养;它最终使法国充满了更适合毁灭家庭并扰乱公共安宁而非为各阶层获得利益的寻衅滋事者。如果文学败坏了各种类型的精神,人们看到更多的是能够提出问题的人而非解决问题的人,许多人更适合反对真理而非捍卫真理。"对缺乏从事体力工作的劳动力的担心,维持社会壁垒的意愿,对人民中"爱推理者"的批判精神兴起的畏惧——这是人们直到旧制度末期在政治领导者作品中反复看到的论点。对于黎塞留而言,每个总主教教区城市有一个中学足矣,法国总共 20 个左右,每个学校有两到三个班级。而且,许多城市对让耶稣会开办学校显得很犹疑不决,比如南特、拜尤纳、特鲁瓦、鲁昂、里尔等。

　　柯尔贝尔赞同黎塞留的观点。他在 1667 年一个回忆录中,受到严格的经济观点启发,表达了对人民的教育甚至是初级水平的教育的敌视。农民的儿子不应该会写字,只要会阅读就行。"在这些学校中,人们只教读和写,数数和计算,同时人们强迫那些出身低微和不适合科学的人学习手艺,人们甚至不让那些被认为上帝让他们出身于耕地等级的人参加书写,只应该教他们识字即可,以免他们摸到科学之光和追根问底的门径。他们应该从普通教育法中被排除。"①

147 　　不应该指望君主制教育人民。君主制只对《南特敕令》废除后的问题感兴趣,但这是为了保证改宗者的宗教培养。1698 年 12 月 13 日的国王文告,似乎在提出一种创立义务教育的举措。"在所有教区配备男女教士是可能的,这不是为了教育所有孩子。"只有显贵的孩子有家庭教师和被分配到学校。教师必须被本堂神父和主教批准和监督。但这是虚假的措施。1724 年的另一个文告指出,1698 年文告实际上只在少数地区实施,因为那里新教徒人数众多。文告要求,人们每个月向司法部门提供"关于所有不去学校、没有教理书和课本的孩子的实际状况"。然后,一直到法国大革命,儿童就学问题都不属于政府操心的事。

　　教会对消灭谬误和迷信的关心与国家整体上的漠不关心形成对照。国家不太关心人民的读物,任由传统作品出版。它唯一的担心是秩序和服从。他们关注 1656 年法令决定实施的对乞丐和疯子的"大监禁",并把节日掌握在自己手中。这是大众无序聚集的主要场合。许多城市传统节日因为"混乱"、"放荡"、"吵架"、"引起的对安宁和平静的损害"而被废除。从另一方面看,这也不无道理。②在广场上,政权为了政治宣传的目的,创立了它自己的节日:庆祝胜利、王族的诞生礼和婚礼、天主教节日纪念、周年纪念等。

　　这些被操纵的欢庆并不总是成功,比如一个昂热的议事司铎定期记下的,1707 年 1 月,关于感恩赞,庆祝布列塔尼第二公爵的诞生时,"窗口毫无光亮,人们没有拿起武器,太多的不幸,由于持续的战争,使整个王国处于呻吟和受苦中。"同样,《乌特勒支和约》也
148 没有激起喜悦:"人民不再喜悦,由于人头税不降反升,尽管有和平,人们听到的只是怨言。"一年之后,1714 年 5 月,在庆祝《拉斯

---

① *L'Enseignement et l'éducation en France*,t. II:*De Gutenburg aux Lumières*,Paris,1981,p.388.

② Y.-M.Bercé,*Fête et révolte. Des mentalités populaires du XVIe au XVIIIe siècle*,Paris,1976.

塔特条约》节日期间，人民同样表现冷淡："这个和约和 1713 年和约一样，并没有取悦于人民，因为人们不再被免除税赋。"[1]

对虔诚作品的审查

国家在这个领域里唯一关心的是人民的顺从，而教会有改革所有大众通俗作品的目标，二者的配合远非令人满意。教士在蓝皮丛书兜售的迷信面前惊叫，而国家则自由放任；教会想调整人民宗教文化与精英文化，国家只希望使愚昧、服从的因素保持下去。因为唯一有效的书报审查制度是国家的书报审查制度，所以教士的抱怨和努力，普遍是徒劳的。留给教士的只有预言和教理书，来实现自从特伦托宗教会议以来他们向往的文化革命。

在大众文化与精英文化之间，大众文化接纳的思想由廉价文学提供，精英文化自我理性化，并且书报审查制度有利于这点的实现。这使得二者之间的鸿沟变大，但这是出于经常被提及的不同的原因。因为对神迹、神秘、迷信的审查，只涉及思想性的作品。人们任由虚构的故事在人民中自由地传播，而对于需要判断的过于倾向于奇迹的文学，比尼翁教士办事处的审查官则冷酷无情。

"如果人们从这个作品中删除一千个无用的特性，几个不够确实的奇迹，对所有行业组织的荒谬描述，附有对圣经几个段落的可疑应用，那么它将只剩下书名和前言。"这个评价是冷酷的，它针对的是 1703 年杜瓦尔教士的《蓬图瓦兹教堂的历史》。同一年，《对圣徒泰莱兹灵魂城堡的说明》的匿名作者，受到了严厉谴责："这只是精心制作的想象力的产物，它肯定让他消耗了许多脑力，并且让他的读者消耗更多。该书最小的缺陷是晦涩和语言粗俗，它标志着作者是一个拙于言辞的人，只能在写得不太多时才能干得更好。"

轻信、神迹和幻象，得到了轻蔑的评价。1699 年奥拉托利会护院莫杜伊《论天使对圣徒伊丽莎白·德·斯科诺指定的上帝道路》被禁止，"因为这是充斥着不能忍受的幻象的书籍。他把这些交给读者，就好像一位天使在引路，可他只不过是圣-弗罗兰的某个议

149

---

[1] R. Lehoreau, *Cérémonial de l'église d'Angers，1692—1721*，éd. F. Lebrun, Paris，1967.

事司铎而已"。1704 年亨利-马利·布东的《十字架的胜利》遭受了同样的命运,"因为大量的没有证据、不可信的神奇现象,和充满不雅的虔诚命题"。加尔默罗会修士奥诺雷·德·圣马利的两个论文被拒绝发行,"因为这两个小册子只是些僧侣的幻想"。1703年,《圣徒高德利的故事》被富尔尼耶判断为"堆积混乱的公共场所,那里没有一点儿常识的影子"。《圣徒安托万·德·帕杜传记摘要》被审查,"因为这本书充满虚构事实,不可信的奇迹,迷信崇拜的宗教仪式,对这个圣徒过分的称赞。整本书的风格是拙劣的"。1704 年安托万·勒鲁瓦的《布洛涅的故事》也被同样拒绝,"由于数量惊人的是僧侣自己的主观观点和不可靠的、荒谬的现象描述"。马尔提阿内的《圣事修女玛德莱纳传记故事》,因为它"包含几个没有证据和可靠性的事例,充满幼稚"而被禁。1705 年,拒绝发行《利埃斯神奇形象的故事》,因为它"看似一个虚构故事,至少真相是没有被证实的"。同一年,《十字架的君王之路》的本笃哈特努斯译本被审查,因为"它存在荒唐的虚构,频繁且杂乱无章的文字,低级乏味的对比,虚假和错误的命题"。1706 年,博雷穆尔嬷嬷的《圣徒传记》被判断为"充满神话和迷信"。1704 年,加尔默罗会修士涂桑·德·圣吕克的《论圣衣》被拒绝,"因为作者为信仰文章提供了西蒙·斯托克的看法,为某些真理提供了持怀疑态度的幻想。他把圣衣变成了一种反对所有时代和永恒邪恶的普遍保护物"。

在这些严厉的谴责背后,人们猜测这是受到不信教和批判精神的激发。正值欧洲信仰危机的时期,应该避免向信仰的敌人提供武器,不应允许印刷任何不信教者公开嘲笑虔诚的故事。加尔默罗会修士贝托尔的《卡特里娜·德·卡尔多纳传记》被审查,"因为这不过是一个比其他书有更多虚构的一系列奇迹,令宗教蒙羞,对人民教育不利。他滥用人们的纯朴,是来自异端的嘲笑"。1704年,对奥迪尔·德·布里伍德的《苦行第三等级法规和法令》,审查官说,它只是"为不信教者的提供笑料而牺牲了耶稣基督的宗教"。

审查官冷酷地讥讽某些书籍的不信教和矫揉造作,比如耶稣会士基洛的《虔信的真正花朵》。"这些花朵可以凋谢了,总体上没有很好地斟酌,不能使我们宗教信仰的空气更为纯净。"一本 1705 年的教材中的圣歌"拥有新桥区作品特有的野蛮和谬误,这是圣灵之言很少得到聆听之地"。其他作品被判断是(最严重的贬词)"哥特式的","充满幼稚和曲解","充满幻想和杂乱无章的文字","迷信的和可疑的"。在圣心教堂和罗塞尔的虔信者暴力抗议时,这些作品仍没有被赦免。①

因此,书报审查制度在由严肃、平衡、现实性的要求所制约的精神中形成。比尼翁教士的助手们和哲学家一样严肃。如果他们拒绝某些可能在其他时代被欣赏的作品,人们也应该能够拒绝大量确实怪诞的书籍,促进一种更审慎和更节制的虔诚。下面的想法大概超出了对事情的想象:是否一切都是可发表的? 是否能够为公众提供某种服务,使他们得以摆脱任意印刷的荒谬想法? 但我们仅限于提出问题。

大学教员和教士,这些书报审查官们拒绝了许多提供给大众的作品——虔诚书籍、感恩歌、历书以及虚构故事,主要目标是为了与轻信、举止不当、迷信、幼稚奇迹等作斗争。他们只探求真实事物和可靠事物。1714 年他们拒绝了《教会的普及故事》,因为它"充满虚假事实,使人民处在危险的轻信中"。1710 年拒绝了《论天堂和神迹》,因为这本书"只会给人们带来宗教滑稽可笑的印象"。他们限制了走向神怪题材的宗教邪路。如果不是想要使"大众"信仰神圣化,我们应该意识到他们意图的积极方面。如果效率降低,那是因为世俗权威对这种文学的控制是极端松懈的。在这个领域,教士本身在布道、讲经或敬拜仪式的框架内,经常求助于神迹和规模上的壮观。因此,审查官们尝试的极端净化,只损害了信仰精英。这种认知的阶层鸿沟随着大众虔信的形成而形成。

书报审查制度与宗教事件:缓和的意愿

对思想的严重担忧同样也存在于对有支持新教嫌疑的作品的审查中。在这里,背景是不同的。世俗权威和宗教权威铲除异端的意愿是一致的。但如果说所有人将信仰统一视为必不可少的,高级教士采纳了比政治权力更激进的立场,因为政治权力必须考虑到公共秩序的风险。

---

① 　J.Le Brun,"Censure préventive",art. cit., pp.220—224.

旧制度时期的书报审查制度与文化

在《南特敕令》废除的原因中，教士阶层的作用是主要的，他们通过支持迫害来施加一贯的压力。因此，他们坚决反对全国主教会议的召开，后者一度在 1644 年至 1659 年中断。在图莱纳介入之后，马扎然在 1659 年同意一个主教会议的组织，它有一种更为广泛的对抗性和代表性。罗凯皮纳教士甚至提到召开一次全国宗教评议会。①教士会议不断要求实施越来越严厉的措施，打算在强制权范围内走得更远。例如，在 1665 年，于哉主教抗议，因为 4 月 24 日御前会议判决禁止为使他们受到天主教教育而去绑架新教徒的孩子，包括小于 14 岁的男孩，小于 12 岁的女孩。"这是一个丑闻，"主教宣称，"这种做法完全侮辱了教会和宗教，因为它剥夺了其工作人员执行他们最重要的责任之一的自由和对工作方式的选择。这种没有限度的作为，只是为了使那些脱离教会的人回归，而没有做任何年龄和身份的区分。"②

对信仰的收买，龙骑兵对新教徒的迫害，禁止改宗新教，所有这些措施都得到了天主教教士的赞成，并导致了 1685 年《南特敕令》的废除。这样做的文化结果是：反教权主义、对政治宗教的冷淡主义、理性主义、怀疑主义等思想的增长。去到荷兰共和国的新教逃亡者经常转向理性主义，并将相关论著秘密向法国渗透。倍尔的作品是典型的例子。迫害和审查极大地促进了这种哲学精神创始人的破坏性的成功。在法国，不太真诚的"改宗的新入会者"，在 18 世纪成了预定论的理性主义和怀疑主义的拥护者。

在这种背景下，官方书报审查官的态度可能是看似审慎甚至保守的。当然，被认为是新教的作品被系统地排斥了。如夏尔·德·勒兰古尔的《信徒灵魂的慰藉》，即便它在此前获得了许可。在 1711 年，人们断定其"加尔文派原则过于显著"。但是，另一方面，对异端过于极端和混乱的攻击，可能给天主教带来损害。比如，1703 年博兰的《对路易大帝消灭加尔文教的赞扬》同样被排

<hr>

① R. Toujas, "Comment fut accordée aux protestants la permission de tenir un synode national en 1659 à Loudun", *Revue d'histoire de l'Église de France*, 1959, n°142, pp. 25—40.

② *Procès-verbaux des Assemblées générales du clergé*, t. IV, p. 902. P. Blet, *Les Assemblées du clergé et Louis XIV de 1676 à 1693*, Rome, 1972.

第五章　文化柯尔贝尔主义：书报审查制度与学院派(1660—1715)

斥，理由是"问题应该被更加准确和高尚地探讨，应清除过于混乱的博学表达"。

人们对冉森派的棘手问题也是同样的态度。审查官们尤其试图避免论战再起，在激情过度的这些年里，值得肯定的事业当围绕着教皇谕旨来进行。冲突的发展，政治派方面势力的扩大，或故意把事情搞得复杂到辨别谁反对什么都很困难的程度。在这种情况下，沉默可能是最明智的立场。然而，也是最不现实的立场。

让我们简要地回忆这些情形。自从1669年以来，争论被平息。但是由于冉森主义与国家理性不可调和的对立，"教会和平"不可能持久。"教派"的思想原则是分裂的。巴尔科更喜欢沉默，而阿尔诺尔和尼克尔主张妥协。其他人想要将斗争指向政治计划，比如奥特封丹的教士纪尧姆·勒鲁瓦，他于1661—1684年居住在那里。作为"世俗冉森主义"和政治的头目，他也反对法国教会内部的中央集权化。①其他人，比如奥拉托利会的路易·托马森（1619—1695），由于畏惧迫害宁愿远离运动。②某些人，比如阿尔诺·当蒂伊，希望维持对权力的效忠态度，而不理解冉森派单纯基于独立精神，这样必然会成为政府眼中的可疑对象。③

1679年，路易十四制裁了皇港修会，安托万·阿尔诺尔由于担心自己的自由，离开法国开始流亡。他最终定居于布鲁塞尔。1681年，他出版了《关于教会事务的考虑，它应该在下届法国教士大会上被提出》，投寄给这次大会的一个主教。这个文本，其内容最近被谢多佐④加以研究，它宣称政教完全分离的必要性。阿尔诺 *154*

---

① G. Namer，*L'Abbé Le Roy et ses amis. Essai sur le jansénisme intramondain*，Paris，1964。

② 教会消息强烈地责备他这件事，参见 P.Clair，*Louis Thomassin（1619—1695）；édude biographique et bibliographique*，Paris，1964。

③ *Arnauld d'Andilly，défenseur de Port-Royal（1654—1659）. Sa correspondance inédite avec la cour conservée dans les archives du ministère des Affaires étrangères*，éd. P.Jansen，Paris，1973.

④ B.Chédozeau，"Port-Royal，les gallicans et les politiques à la veille de la déclaration des Quatre Articles（1679—1681）"，*Revue des sciences philosophiques et théologiques*，oct. 1993，t. LXXVII，n°4.关于安托万·阿尔诺尔的流亡，见 E.Jacques，*Les Années d'exil d'Antoine Arnauld（1679—1694）*，Louvain，1976.

尔尤其谴责"政治派"教士服从王权,被王权利用,是"宫廷的奴隶"。他批判国王特权的扩张和教士大会的奴性,斥其"卑鄙",某些主教"奸诈",其中包括图卢兹和巴黎的主教。他对逐利的教士的贪婪极为愤怒。对他而言,高卢教会变成了国家机器的简单构件,这全因高级教士的奴性和在俗教徒一贯的参与。他支持罗马教廷,只将一贯正确归于大公教会。这种强烈的声调明显激起了政府和主教们的狂怒,也让冉森派保持沉默。

在冉森派那里,新一代出现了,其标志性人物是奥拉托利会的帕斯吉耶·盖斯奈尔(1634—1719),这是其早期的神学-精神冉森主义向 18 世纪的社会-政治冉森主义的过渡阶段。当然,神学方面的叛逆始终存在,但是运动的新活力从此来自其社会基础的扩大。盖斯奈尔采纳了里歇主义的要点,迷惑了一部分低级教士,尤其是他与高等法院成员保持联系,对反耶稣会和捍卫高卢主义非常敏感。

这种形势随着巴黎大主教诺埃耶很暧昧的作用而变得复杂。他在 1671 年批准了盖斯奈尔的非常奥古斯丁主义的作品《法文新约,附有关于每一节的道德思考》之后,卷入无法解决的冲突之中。1696 年本笃修会杰博隆同样奥古斯丁主义的书籍《论天主教信仰》被审查。1702 年 7 月,这个火药库随着《信仰状况》的出版而爆炸。面对神学理论难题(人们可能用忏悔宽恕某个满足于对事实问题保持沉默的人吗?①),耶稣会士尼古拉·坡提皮作出了积极的回答。1703 年 2 月,罗马谴责《信仰状况》,诺埃耶紧随其后加以谴责,之后,1704 年 9 月,索邦进行了谴责。《信仰状况》引出了一大批小册子。激烈的争论触动了西班牙在西属尼德兰的权威人士,那里有逃亡者盖斯奈尔和杰博隆。二人被逮捕:杰博隆被移交法国;盖斯奈尔逃脱后定居阿姆斯特丹。王权想终结冉森主义。在其压力下,罗马通过教皇谕旨查禁《信仰状况》,但是以暧昧的措辞和冒犯高等法院高卢情感的方式。1709 年,路易十四遣散皇港修会,并在 1711 年捣毁了修道院。但他与诺埃耶的固执相冲突,后者拒绝审查盖斯奈尔的《道德思考》。国王当时要求教皇郑重谴责这个在 1713 年 9 月 8 日的教皇谕旨下完成的作品。

①　见第三章,《书报审查制度与冉森主义》。

第五章　文化柯尔贝尔主义：书报审查制度与学院派(1660—1715)

　　冲突并没有终结。教皇谕旨引发了广泛的混战。在混乱中，所有审查都形同虚设。高等法院、索邦、主教们、御前会议，分裂成敌对的宗派，各自利用高卢主义或教皇绝对权力主义，争夺在这些问题上的决定权。主教们发起宗教评议会的号召，罗马谴责这些"上诉者"，高等法院谴责罗马。小册子大量涌现。正如在投石党运动时期，辩论赢得了公共舆论，被一些人或另一些人操纵，向对手施压。诺埃耶在其矛盾中挣扎并走向毁灭。摄政时期政府徒然地试图强制人们保持沉默。1729年，索邦执拗的博士们被密令解雇。1730年，教皇谕旨变成了国家法律，拒绝签名的教士失去了他们的俸禄。

　　在这种混乱争吵①的波折之外，重要的是利用文化影响。不可否认，这种混乱的长期影响，对于宗教而言是有害的。真实的冉森主义，原始的冉森主义，有它的绝对要求，它拒绝与尘世妥协，它的逻辑严密，以笛卡尔主义为深刻标志，预备了理性主义和去基督教化的土壤，正如圣-伯夫所看到的那样。另一方面，争吵在蜕变，促使传统权威的削弱，各方在猛烈的攻击中互相诋毁。用来作证的公共舆论，变得更加大胆，反常的联盟结成了，为困难的未来做准备。人们也看到高等法院，其许多成员被哲学精神所吸引，支持冉森主义（即宗教最极端的形式）和低级教士（即深刻敌视穿袍贵族的社会阶层）的事业。②

　　权威声望的衰退和怀疑论的相对主义，是这个历经数年却毫无益处的争论之后最显著的结果。在冉森主义的名义下，绝对主义的反对派致力于永久的投石党运动，其斗争有着和无神论哲学家同样的腐蚀效果。审查官似乎意识到了这些危险，因为他们主要操心的是避免可能重新引起冲突的作品的出版。审查的动机明确指出了这一点："针对1705年路易·阿波利的论文《服从和顺从，关于教皇、神父兼及信仰诸论题》，现在只用于更新关于冉森派意见的争论"。1702年，伊莱尔·杜马极端反冉森派的作品《冉森派

---

① 　L.Cognet，*Le Jansénisme*，Paris，1961.

② 　J.-M.Grès-Gayer，*Théologie et pouvoiren Sorbonne. La faculté de théologie de Paris et la bulle Unigenitus*，*1714—1721*，Paris，1991.

五个命题的历史》被禁止再版，"因为作者以历史学家的名义并以无偏见的历史为借口，过于公开地支持莫利纳学说，反对 1669 年国王通过其判决而确立的论断，有一千处可被定性为冉森派"。同样在 1707 年，耶稣会士提里弩的一本书被禁。奥普斯特拉埃的《基督神学》，屡次在鲁万印刷，1700 年"因为充分理由"而被拒绝，却没有详细说明。审查者始终对所涉问题保持沉默。火上浇油的辩护词也被禁，比如《反对艾克萨普雷作品是否公正的论证》。

157

书报审查制度，追求一种缓和的目标，然而不能阻挡出版物的洪流。它属于另一个领域，它的困境一如既往地显而易见，即在捍卫高卢主义还是教皇绝对权力主义处于两难境地。这是个棘手的问题，因为它与其他分歧一样。王权，只能是高卢派，需要罗马和耶稣会反对冉森主义和加尔文主义。高等法院，是高卢派，反过来支持冉森主义，然而后者却迁就罗马，以便更好地反对政治权力。索邦，有点儿教皇绝对权力主义，遭受了来自权力的高卢主义的压力。而主教们，非常高卢主义，在国王特权冲突中却站在教皇一边。关于冉森派危机是分裂的。人们不能想象出比这更混乱的局面了。

在 1670—1680 年间，巴黎与罗马的关系很糟糕。人们目睹了书报审查制度的冲突，它一如既往地削弱了权力。1680 年，教皇禁止高等法院对沙罗纳隐修院事件判决的公布；高等法院禁止发布教皇的敕令；教皇审查博士杰拜和神父曼布尔的书籍，它们捍卫了主教的权利；1681 年，高等法院谴责教皇针对图卢兹大主教的敕令；宫廷的教廷大使被冷淡地对待。①1682 年教士大会和四条款宣言引起了索邦、高等法院、政府和教廷大使之间的对抗。英诺森十一世露骨地谴责多明我会亚历山大著作那样的书籍，因为它支持高卢主义。1687 年，教皇使节、教廷大使拉努奇在宫廷被侮辱。罗马发出了开除国王教籍的威胁，凡尔赛则以成立一种教会分立的高卢宗教评议会相威胁。双方又适可而止，因为没有人能在决裂中得到好处。但是这些争吵在公共舆论中留下了痕迹。

---

① A.Latreille, "Les nonces apostoliques en France et l'Église gallicane sous Innocent XI", *Revue d'histoire de l'Église de France*, 1955，n°137，pp.211—234.

　　另外，有两个方面的政治动机是决定性。王权的高卢主义是一种确认俗权对教权独立性的方式。它依靠教士的高卢主义，而教士力求在惩戒方案上摆脱罗马的权威。如果说，正如莫弗雷指出的，1693 年国王决定在国王特权事件上让步，只是因为政治原因，①那么，在教皇方面，当他审查时，提出的理由涉及科学上的不准确，例如，1676 年 6 月 22 日被列入禁书目录的盖斯奈尔对圣徒雷昂作品的批判版本。然而实际上，教皇瞄准的是高卢精神：盖斯奈尔版本实际上消除了罗马教廷至上的虚假证据。另外，索邦因为这个原因批准了这本书的出版。②派系的混杂一贯使得书报审查制度的官方动机并不总是真实的。

　　高卢问题使高等法院和索邦之间的争执更加恶化，冲击了互相矛盾的书报审查制度。在这场斗争之后，索邦因王权的介入而几乎被排除于斗争之外。因为这种介入是教会书报审查制度被忘却的基本因素。这个事件认可了世俗权力和教会权力之间力量关系的演变结果，即世俗权力敢于直接介入教义事务。实际上，高等法院得知，1663 年一个索邦的毕业生，新城的加布里埃尔·德·鲁埃德，准备支持被判断为过分倾向于教皇绝对权力主义的论文。议会审查了 3 篇论文来了解耶稣会是否赋予皮埃尔及其继任者拥有教会的最高权威，教皇们是否授予特权给高卢教会，宗教评议会对于根除异端是否绝对没有必要。高等法院"禁止所有毕业生、学士、博士和其他人写作、支持、争论、阅读和直接或间接在学校或别处讲授这些论文。他们不适合有这种行为"。而且，高等法院的代理检察长弗朗索瓦·德·阿尔雷谴责索邦"一段时间已进入休眠"，并要求它重新唤起"其以前对陛下服务的热情和对高卢教会的捍卫"。

　　博士们，其中有年轻的波舒哀，十分愤慨并进行了徒劳的抗议。他们的情况在同一年因为另一篇论文的答辩而恶化，那就是

---

① J. Meuvret, "Les aspects politiques de la liquidation du conflit gallican (juil. 1691-sept. 1693)", *Revue d'histoire de l'Église de France*, juil.-déc. 1947, n° 123.

② J. A. G. Tans et H. Schmitz du Moulin, *Pasquier Quesnel devant la Congrégation de l'Index. Correspondance avec Francesco Barberini et mémoires sur la mise à l'Index de son édition des œuvres de saint Léon*, La Haye, 1974.

贝尔纳教派洛朗·德·普朗特的论文。国王的人也论定它过分倾向于教皇绝对权力主义。这一次，高等法院采取了制裁措施：让索邦的理事塔隆停职六个月。论文答辩主席被禁止工作为期一年。索邦由于延迟登记第一次审查的判决而受到训斥。

神学院向国王求助，但没有成功。它应该接受一个有五个命题的文本，实际上承认了君主作为最高首领。"国王的臣民应该对他如此忠诚和服从，以致他们永远不能以任何借口不这样做。"从此，索邦进入了休眠。从 1666—1682 年，它没有宣布过任何审查。也有过几次恢复，特别是 1670 和 1673 年。国王禁止它评议宗教问题。索邦在 1682 年对四大条例问题上稍有振兴。它宣布教皇是会犯错误的。这种宣布可能是危险的。因为缺乏罗马方面的反应，神学院没有坚持四大条例应该广泛讲授。

比尼翁教士办事处的官方审查官当然是高卢派。他们服务于权力，但是以温和的方式。他们的目标主要是阻止可能激起冲突的作品出版。1703 年，弗兰·杜·特朗博雷《关于特伦托宗教评议会历史的计划和管理的思考》的被禁理由，清楚地表明了这种缓和的意愿。"尽管这个作品充满了博学和奇特的研究，在我看来，它不适合在当前形势下向公众公布。罗马法庭将会谴责其中的许多内容。我们的主教和法官在其中还发现许多其他不能赞同的东西。"审查官也拒绝了许多被判断为对教士"不公正"的书籍，或者过于支持教皇权力的书籍。

对社会政治批评的审查

路易十四统治末期的恶劣状况，产生了一种新的批判体裁，抨击社会不公正。在一种极权政体中，国王只向上帝汇报，这表现出一种极度的大胆，质疑了传统的社会秩序，后者被视作君主制大厦的组成部分。因此，质疑者对此陷于沉默，这并不令人惊讶。

然而这涉及两个贵族，君主制的优秀仆人：布瓦吉尔贝尔和沃邦。皮埃尔·勒·坡桑·德·布瓦吉尔贝尔出身于贵族阶级，1690 年是鲁昂的总督和司法长官。他注意到大众的悲惨和财政负担的不公，徒劳地向总监彭沙尔特兰建议改革。1696 年，他让人在鲁昂匿名印刷了《法国详情》，批判柯尔贝尔主义，要求废除包税人制，并在平等的意义上改革税制。从 1701 年开始，他持续与新总监沙米亚尔通信，后者是一个容易采纳建议的人。沙米亚尔同意审查包含在无许可印刷的《论自然、文化、商业和谷物利益》中的思想。①然后，布瓦吉尔贝尔又寄来了《论财富的性质》手稿。

布瓦吉尔贝尔表现得相当自信，甚至狂妄自大。"这是一个为我赢得许多喝彩的作品。"他写道。沙米亚尔对此大为怀疑而且很恼火，他回信道："如果您愿意克制自己不去寻找公众的喝彩，直至取悦国王并给予您最后的许可，这样，您就会再找不到比我对您的成功更感兴趣的人了。"但是，当时正值西班牙王位继承战争，总监认为，在当前进行改革是个糟糕的选择。而且，布瓦吉尔贝尔在 1706 年出版《法国现状报告》时宣称，絮利在战争期间很好地进行了改革。沙米亚尔写信给他，说："我能给你的唯一的好建议是，烧掉你关于絮利回忆录的评论。请您专心于公正的未来，请您搁置评论国家政府。"这个作品被 1707 年 4 月的判决所查禁。对此，顽固的布瓦吉尔贝尔出版了《法国现状报告补篇》。"报复没有迟到：布瓦吉尔贝尔被流放到奥弗涅远方。"圣-西蒙评论道。他提供了关于整个事件的冗长的陈述，强调了国王睚眦必报的报复意愿。②但这个惩罚方案当然很快被遗忘了，流放只持续了两个月。

在同一时期，沃邦的方案与他的方案有一点儿不同，但经历了同样的命运。这位元帅长时间以来致力于他的《王室什一税》方案。这对任何人都不是秘密。他于 1688 年左右在鲁夫瓦谈论它，1699 年将其计划提交给沙米亚尔，1700 年开始向国王禀报，1704 年甚至寄给国王一份手稿。但他的尝试失败了。于是，他在 1706 年决定让人秘密印刷。他亲自寻找纸张，因为人们没有搜查一个知名人物的四轮马车。他让人装订了三百册，并手传手地传播。这部书包含许多数据说明，是对国王税制规则的批判。沃邦建议用单一和按比例的税收代替它，让所有人负担税赋，即王室什一税。③

161

---

① *Pierre de Boisguilbert ou la naissance de l'économie politique. Préface, études, biographie, correspondance, bibliographie*, Paris, 1966, 2 vol.

② Saint-Simon, *Mémoires*, éd. de la Pléiade, t. V, pp.880—886.

③ Vauban, *Projet d'une dixme royale suivi de deux écrits financiers*, éd. E. Coornaert, Paris, 1933.

这部作品是匿名的,即便警察总监没有接到辨识作者的命令,但人人都知道其出处。1707 年 2 月 14 日的御前会议谴责了这本书。沃邦贴身男仆被逮捕。最凶恶的敌手当然是征税官和包税人,他们从税收中致富。但布瓦吉尔贝尔也是敌手,他判断沃邦的解决办法是不可实施的。然而,这个论文的名望大增,地下版本激增,1708 年,甚至出版了英文译本。国王对此感到不快。圣-西蒙写道:"他只不过将他(沃邦)视为一个因为对公众之爱而精神失常的人,一个侵犯了其大臣的权威、进而侵犯他自己的权威的罪犯。他以毫无分寸的方式解释其理由。"沃邦元帅在几个月之后去世了,圣-西蒙公爵总结道:"他留给法国更加神圣和更加有益的意见,揭露了一些人如何吸干了财富源泉!"①

这两个事件也表明,重要人物让人印刷查禁作品,只是有或多或少明显失宠的风险。书报审查制度不能触及大人物。人们知道孔代亲王的个案,他在尚蒂伊的城堡向不信宗教的作者开放,后者不必冒险再去凡尔赛。而且,外省同样从表达自由中获益,在那里批判精神更早显露,正如人们在第戎看到的那样。②

要精确估计在路易十四统治之下的书报审查制度的效率是不可能的。我们针对审查官的活动曾说过:他们不能控制一切。对于已经印刷的书籍,被查封和销毁的大概只相当于禁书流传数量中微小的一部分。然而,安娜·索维在关于 1678—1701 年巴黎查封的 1 115 个作品名单的研究中指出,某些条目彻底消失了,一个作品的消失有时可能是很彻底的。③查禁书籍名单见证了对宗教作品的特殊关注,因为 251 条书目涉及新教,102 条涉及天主教,85条涉及冉森主义,而历史或文学作品数量是 149 条。在各种书目中,许多是关于巫术和神秘学的,有 188 条。

书报审查制度是一种非常粗糙的工具,在某种范围内能够阻止明显而迫近的攻击,但对于新思想的迂回运动和潜伏性渗透,却是

---

① Saint-Simon,*Mémoires*,éd. de la Pléiade,t. II,p.886.

② G. Mongrédien,*La Vie littéraire au XVIIe siècle*,Paris,1947;J.-L. Dumas,*Vivre et philosopher au Grand Siècle*,Toulouse,1984.

③ A. Sauvy,*Livres saisis à Paris entre 1678 et 1701*,La Haye,1972.

无能为力的。稍加谨慎和机灵，即可使某些作者得以进入制度堡垒，促使其从内部毁灭。丰特奈尔的例子大概是最明显的了。这个笛卡尔主义和批判精神的不倦捍卫者，神启和宗教神话的猛烈攻击者，哲学精神的先驱，安稳地处于官方思想堡垒的核心。自1691 年起他是法兰西学院成员，1697 年起是科学院成员，1701 年起是铭文和纯文学学院成员。他轻松自如地实现他的颠覆工作，在风行一时的沙龙里完成了这一切。他的 1686 年的《神话起源》和 1687 年的《神启的历史》，给他招来麻烦，这将其导向审慎的态度，从而使他能继续从内部摧毁传统信仰的事业直至 100 岁而完全不受惩罚，"再无法更好地勾勒出一种漫长、可敬的亵渎宗教的生活了。"其作品研究专家卡雷写道。①

　　另一种策略是其同时代人皮埃尔·倍尔的策略。作为流亡的新教徒，显而易见，倍尔恰恰是一个外部敌人。自《关于 1680 年彗星的多种观点》以来，其作品一批接一批地被禁止进入法国。他当时的主要武器是一个严肃而公正的文学期刊——《文人共和国消息》。该刊在法国从 1685 年开始被禁。这个所有成见的顽强敌手发布了一系列论战性的小报：《这是路易大帝统治下的天主教法国》、《关于耶稣基督话语的哲学评论》、《强迫他们进入》、《哲学辞典》。法国警察大量焚毁了这些书籍，但是它总是有足够的渗透性，影响到越来越有需求的公众，其中教士是不可忽视的顾客。尼凯兹教士、杜博教士是其勤勉的读者，而孔代亲王则定期寻觅他的《消息》文稿。

书报审查制度冲突：1702 年事件

　　书报审查制度的另一个局限：很难发现那些不囿于传统的危险思想。传统情况包括不信宗教、无神论、亵渎君主、新教、冉森主义、教皇绝对权力主义、反教权主义等。当这些涉及似乎无害或正当的革新时，权威并不总是有能力辨别其危险。最初的许可被授予之际，恶果便种下了。仍是在宗教思想领域中，这个难题可能招

①　J.-R.Carré, *La philosophie de Fontenelle ou le sourire de la raison*, Paris，1932，p.459.

旧制度时期的书报审查制度与文化

致负责书报审查制度的不同权力之间的严重冲突。新思想经常通过宗教的中间力量渗透,正如里沙尔·西蒙的圣经批判所表明的那样。这个事件也阐明了不同权力构成部分无法理清的混乱局面,它们带着特许权、许可证、个人成见和权威等问题加入书报审查领域。

第一阶段:1678 年初,奥拉托利会里沙尔·西蒙准备出版他的《旧约批判的历史》,提出他倾向于将哲学和历史的批判方法应用于圣经研究。他采取了所有预防措施。奥拉托利会修道院院长支持他。拉雪兹神父,国王的听告解神父,同样如此。另外,他努力说服路易十四,使他接受了作品的献词。审查官批复同意。终于获得了国王特许权。3 月 28 日,勒诺多教士向波舒哀提供了手稿材料的报表。此时,他的敏锐目光识破了这种亵渎行为:这个作品是"一堆亵渎宗教的言行和不信宗教者的堡垒",他一眼看穿了篇章的主题。他跑到掌玺大臣勒泰耶家里,实施了对所有样书的扣押,并通过行政法院判决销毁了它们。5 月 21 日,里沙尔·西蒙被逐出奥拉托利会。拉雪兹神父没有发现问题所在,没有看到里面有邪恶因素,而试图和解。如果人们用拉丁文出版呢? 幸运的是,作者的朋友秘密地捞出两本样书,并送往英国。他们把那里作为1679 年荷兰语版本的出版基地。第二个版本进行了审校和补充,1685 年在荷兰出版。这时作品已经被列入禁书目录三年了。①

第二阶段:从 1678 年开始,里沙尔·西蒙隐居在他的博尔维尔本堂神父住所,是一个服从宗教裁判所的控制和审讯而被监控的人。他甚至焚烧了自己的笔记,担心被警察缴获。但他继续工作,1702 年,准备出版新约的评注译文。又一次,他觉得采取了所有预防措施:他从麦纳公爵那里获得了一种特许权,即索邦博士布雷的许可,后者拥有书业行政部门的许可证,这比获得书业主管比尼翁教士的许可容易得多。麦纳公爵是掌玺大臣彭沙尔特兰的外甥。掌玺大臣并没有因为外甥对抗巴黎大主教诺埃耶而生气,因为他认为大主教应为他未能获得主教职位负责。印刷许可权因此被授予书商让·布多。

165

---

① G. Minois, *L'Église et la science*, Paris, 1991, t. II, p.78.

第五章　文化柯尔贝尔主义：书报审查制度与学院派(1660—1715)

刚从印刷机上印出，这部书就遭到波舒哀的猛烈攻击。后者5月19日给诺埃耶写信："我几乎可以到处发现错误、虚构的事实，甚至邪恶的评论，最后，人的思想代替了上帝的思想，这是一种对教会通行说法的令人震惊的蔑视。最后，它是这样难懂，以至于人们只能无法卒读而对其佯作不知。"[①]同一天，波舒哀写信给掌玺大臣责备其出版。但他的信件不被认可。"作者希望，您在我们出版之前进行检查。"彭沙尔特兰回信提醒道。彭沙尔特兰是一年前由波舒哀本人任命的神学博士。他严格审查了作品，并且，"在印刷之前，有人对我们说了20次，这是一部杰出的作品"。波舒哀仍没有放弃。5月27日，他写信给贝尔丹教士："从来没有过像他那么放肆的先例，在福音书的各版本和注疏中，也没有如此肆无忌惮的作品。"[②]5月28日，他写信给皮罗："我保证，存在与之混淆的东西，乃至于不忍卒读。这种错误的批评愚弄教会的时间太久了。"[③]6月6日，他又给掌玺大臣写信："这个版本是让人难以忍受的，毫不过分地说，应该受到更严厉的审查。没有任何一个与这个作者的作品一样放肆的例子，他逐字逐句按照自己的想当然来释经，没有任何对传统的尊重。"[④]

1702年9月15日，一个巴黎大主教命令谴责里沙尔·西蒙的书籍，理由是，他没有获得地方教区主教，即属地主教的许可。这个事件在当时有了一个新倾向，因为它插入了一场更大的冲突——掌玺大臣公署与主教对立。主教们实际上力求获得审查和授权所有针对宗教问题书籍的排他性权利，这将收回掌玺大臣公署对部分重要印刷品的控制权。圣-西蒙指出了争论的关键，即掌玺大臣的行政部门工作目标是平息激动情绪。如果主教们被留下作为书报审查制度的主宰，他们支持有过分偏见的作品，这将刺激反对派。这是国家方面对公共秩序的关注与教会方面对正统派胜利的关注之间的惯常冲突。因此，让我们听听圣-西蒙的说法："主教们

---

① Bossuet, *Œuvres complètes*, *éd. Outhenin-Chalandre*, Besançon, 1836, lettre 266.
② Bossuet, *Œuvres complètes*, *éd. Outhenin-Chalandre*, Besançon, 1836, lettre 271.
③ Bossuet, *Œuvres complètes*, *éd. Outhenin-Chalandre*, Besançon, 1836, lettre 273.
④ Bossuet, *Œuvres complètes*, *éd. Outhenin-Chalandre*, Besançon, 1836, lettre 275.

旧制度时期的书报审查制度与文化

享有让人印刷他们的普通主教训谕的权利,为了他们主教管区、教堂的书籍,某些用于孩子的简短教理书的管理和需要,没有许可,而有他们自己的权利。他们想要从国王反对冉森主义和寂静主义的双重热情中获利,一点点地给予自己对更广泛教义书籍印刷的权利,不需要许可和特许权。他们有段时间在这一点上互相折磨:主教们提出,作为信仰的法官,他们不能在他们教义作品中接受任何人的纠正,最终,他们的书籍的印刷亦无需得到别人的许可。掌玺大臣则维持其旧时权利,任何对有关教义出版物特许权的窃取,他都要加以阻止。出于这些原因,争论越来越激烈,直至扰乱了国家。但他没有滑向只是使情况变得越来越情绪化的意气用事,过去被主教们窃取的控制权,被明智地缩小在可容忍的范围内。最终保持警惕让自己不至于滑进这些反对高卢教会自由的作品中。"①

波舒哀于 1702 年 9 月 29 日发布命令,他在其中怒气冲天地反对里沙尔·西蒙。他明白,他应该首先获得书报审查制度行政部门的许可,像所有人那样。这位"莫城之鹰"不相信他的耳朵:他,高卢教会的官方神学家,教士的圣贤,被迫将他的文本交给比尼翁教士这样的审查官!人们向国王求助。这个事件使双方都很尴尬:"掌玺大臣向国王指出这些情况的新规定,这些奇异的流弊可能自所有宗教书籍单靠主教们审查时,就开始了";另一方面,国王也害怕,"判断一个使耶稣会恼火的问题,这使曼特侬夫人情绪不好。"圣-西蒙这样写道。因此,路易十四安排了一场对质,于 11 月 25 日举行。对质产生了一个由掌玺大臣彭沙尔特兰提议的和解法规:

> 主教先生们不能在它探讨的问题上,以作者没有获得他们的许可为由,来审查一本书。要获得这种许可,没有人会反对,但这并非法律和必然性。
>
> 创作虔诚、教育、教义书籍和所有其他适合用于信徒书籍的主教先生们,不必将书稿提交博士们审查。将只需给它们指定一个世俗评论者,在许可范围内他不可以说任何涉及教义的东西,仅仅谈论涉及王国法律、国家治安的事情。考虑到波舒

---

① Saint-Simon, *Mémoires*, t. II, p. 280.

衰先生的个人功绩，对于让人印刷反对西蒙先生的书籍，莫城主教先生将被免除所有审查权。①

实际上，国家保留了对书报审查制度的控制，正如人们从第二年所能看到的。沙尔特尔主教戈代·德·马莱，授予议事司铎雅克·费里比安的《摩西五经的历史》以许可，没有征求掌玺大臣的意见。彭沙尔特兰通过 12 月 11 日行政法院判决，让人扣押了书籍并对印刷商处以罚金，因为没有获得"陛下必要的许可或特许权"。这种纯粹形式上的制裁，只是用于提醒谁是主宰，因为自 12 月 23 日以来，印刷商意识到自己的错误，特许权就被授予他。

168

对文化、科学事业的资助，学院派和历史控制

与书报审查制度同时，文化柯尔贝尔主义的第二个支柱是通过一种牢固的干部配备系统，招募作者以服务于权力。为了君主制和王国的强大，在一种意见统一的精神中，知识和权力的联合能够歌颂政体并保证一种有效宣传。其手段是多样的。

首先有对文化科学事业的资助，其重要性稍微被夸大。自1664 年起，柯尔贝尔披露了一份文人和学者的津贴和奖金名单，后者作为交换（自不待言），赞美君主。1664 年，77 500 里弗尔发给58 个领津贴者，其中 11 个是外国人；1665 年，82 000 里弗尔发给65 个人；1666 年，95 000 里弗尔给 72 个幸运的受益人。这些是根据弗朗索瓦·布吕什的数据。②罗贝尔·芒德鲁强调，所有这些从未达到开支的 0.5%。在 1675 年之后，这些补贴不断减少③。然而，于贝尔·梅提维耶提醒道："国王想为此花钱。柯尔贝尔削减了历史学家梅泽雷的津贴，因为他错误地谈及人头税和间接税。"④要点是，人们知道，国王提供津贴。奖章、绘画、雕塑、年鉴、讲道，到处歌颂君主的荣耀；城市规划本身表达了其无处不在的荣耀，有

---

① 转引自 J. D. Woodbridge, "Censure royale et censure épiscopale: le conflit de 1702", *Dix-huitième siècle*, 1976, n°8, p.350。
② F.Bluche, *Louis XIV*, Paris, 1986, p.238.
③ R.Mandrou, *L'Europe absolutiste*, Paris, 1977, p.55.
④ H.Méthivier, *Le Siècle de Louis XIV*, Paris, 1950, p.111.

国王雕像的大广场开放给公众：胜利女神广场、巴黎路易大帝广场
（旺多姆广场）、第戎的国王广场、雷恩的宫殿广场等。

在思想方面，学院运动最好地表达了柯尔贝尔的统一意志。他
想通过将文化纳入巨大的国家机器来领导文化，就像他想领导经
济一样。用于指导知识机构的完整系列，为黎塞留遗留的法兰西
学院做了补充：王家舞蹈学院（1661），绘画学院（1663），铭文和纯
文学学院，最初叫"小学院"（1663），法兰西学院及罗马学院
（1664），科学院（1666），音乐学院（1669），建筑学院（1671）等。这
些用了十年时间。这些涉及一个具体计划，根据丹尼尔·罗什的
说法，它们表达了"一种无可争议的监督意志"。权力用重要的物
质手段规划学院，希望可以从其工作中获得利益交换。这些工作
应该促进法国君主制的强大和声望。那些不接受在这种模式中铸
造自己的艺术家，比如米尼亚尔和普盖，只能在外省工作。

学院同时发挥了科学、政治和社会作用。它符合一种憧憬，承
认"文人共和国"，一种思想界共同体，取代了17世纪上半叶学者
和作家的单子化状态。从一开始，它的地位是模糊不清的，因为使
它得以良好运行的前提条件，是行动自由和服从权力。这在科学
院个案中尤为明显，正如丹尼尔·罗什所强调的："学院的方式对
于科学院院士是一种列入等级制度中的方式。公认的有功绩者的
小圈子，实质上构成了一个精英主义的、圈外人难以理解的小团
体，那里开放意志和现实禁区之间的矛盾持续爆发。作为知识密
钥的持有者，院士们亲自界定才华标准，并控制向半知识人关闭的
文人共和国的入口。他们的力量来自他们所逢迎的国家意图。他
们承担一种文化指导任务。如果他们接受政治的支持，这是以他们
的自由所做的交换。薪酬、津贴更多是束缚他们而非解放他们。"①

对于同一个作者，法兰西学院"在对新生的出版审查和最初的
监督措施就位时，大概更多受到控制印刷产品想法的启发"。②这涉

---

① D.Roche, "Science et pouvoirs dans la France du XVIIIe siècle. 1666—1803",
Annales ESC, mai-juin 1974, p.741.

② Id., *Les Républicains des lettres. Gens de culture et Lumières au XVIIIe siècle*,
Paris, 1988, p.159.

及提供"必不可少的保守观念给不平等的社会"。学院施加文学艺术古典主义规则，通过演讲和题词来宣扬国王崇拜，歌颂统治者的功绩和行为。从宏观的公开通道到细微的隐秘管道，向权力提供技术支持和咨询，构成一个能够与教会和大学竞争的思想摇篮，这从王国文化统一的方面来看，是尤为重要的。

正是因为这个原因，当权者鼓励外省文化运动的推广，遵照1683年6月18日对总督的命令，"人们希望，在王国的所有外省，某些文化人专注于某种特殊科学，甚至每个省的历史。如果存在这种类型的学术，陛下会按照他们的功绩给他们奖金。我要求你们检查在你们的财政区疆域内，是否存在任何有这种资质的人，这种情况要让我知道"。通过在外省创立学院，巴黎学院的分支机构，这涉及吸收地方知识服务于国王，通过对巴黎文化的归附来整合外省文化，尤其是在奥克语地区。就这样，阿尔雷学院（1669）、阿维农学院（1658）、尼姆学院（1682）、图卢兹学院（1695）均附属于法兰西学院。

这种服务于权力精神动员的文化后果的例子之一，是由历史学提供的。热爱持久性和普遍性，敌视新鲜事物和演变，以古典精神探究永恒的真理。笛卡尔对历史的深刻轻蔑，特别能代表这种非历史的心态，其证据之一是人所共知的对"哥特式"的厌恶。权力要求历史有一种对绝对主义的辩护和对其成功的庆祝。因此，同时代的事件将被大量赋予特权并假托说教的歌颂、浮夸的辞藻和赞词。过去的可以为君主制及其政策辩护的事件被搁置，任何批判性的倾向都被排除。1714年就是这样，博学者弗雷雷被投进巴士底狱，因为维尔托告发了他的《法国人起源》的论文。此后，他被限于写作关于古代和东方编年学的纯学术著作。

因此，权力的这种态度有一种持久地将历史学家分裂为两种倾向的后果：一方面是官方历史，完全为了政体的表面光荣；另一方面是纯粹、晦涩、乏味但无危险的博学之作，它通过大量无益和审慎的工作，堆砌能够在最后加以精彩总结的珍稀材料。

第一种倾向以王室史官为代表，其中没有任何一个人留下值得注意的作品。拉辛和布瓦洛在1677年是非凡的才子，但没有历史意识。下面这些作者们是国王卑微的歌功颂德者：瓦兰古尔、勒让德尔、基约内、维尔特隆、里沙尔之流（里沙尔同时是书业审查官）。

171

123

他们的工作方法是惊人的。保罗·阿扎尔写道:"正如维尔托在完成叙述马耳他之围的写作之后,有人向他指出文献问题,他回答,太晚了,著作已经完成了。"①

带着这种精神特征,耶稣会士和国王史官达尼埃尔神父在1713年出版了三卷本《法国史》。有一个著名的佚事说明了他的研究方式。据说他曾在国王的图书馆里度过一小时后表示对其所见非常满意。其结果显示在研究水平上。莫诺有一个惊人的判断,按照他的看法,这部《法国史》"不仅高于所有在它之前创作的作品,而且高于大多数此后创作的作品"②。读过该书的圣-西蒙,也不只是延续前者的热情肯定,他写道:"人们看到一则书讯,当然是非常新的《法国史》,很厚重的三卷对开本,作者署名为达尼埃尔神父。作者仍居住在巴黎其(耶稣会)立誓修行的房子里,纸张和印刷都是最佳选择,文笔令人赞赏。从未有过如此清楚、如此纯粹、如此流畅的法文,文气轻逸。总之,这能够吸引读者,让人着迷。令人赞赏的前言,恢弘的论断,简短而博学的论述,一种华丽的文体,一种最迷惑人的权威言说。这部故事书在第一回有许多传奇,第二回有更多,第三回开头则布满迷雾。"③这位小公爵狡黠地指出达尼埃尔神父如何经过所有这些世纪,通过仔细避开棘手问题,建立与罗马的神圣联盟关系:"这是一种乐趣,看他在这些冰块上穿着其耶稣会的冰鞋奔跑。"这部作品大获成功,甚至路易十四也提及它:"这当然是国王和曼特侬夫人曾经谈及的唯一历史书。"

在此期间,圣-莫尔的本笃会修士、奥拉托利会、冉森派,还有耶稣会士,完成了史料批判和出版的艰苦工作。雷·马毕永、勒南·德·提耶蒙、罗比诺、杜·康日、蒙特弗孔、莫尔利挖掘了最艰难而麻烦的文献,积累了未来历史学家的材料。通过迫使真正的学者处于这些徒劳而无害的学术任务中,权力无意间为十九世纪历史科学的发展做了准备。这是书报审查制度意外的文化后果。

① P. Hazard, *La Crise de la conscience enropéenne*, p.76.
② G. Monod, "Des progrès des études hitoriques en France depuis le XVIe siècle", *Revue historique*, avril-juin 1976, n°518, p.308.
③ Saint-Simon, *Mémoires*, t.IV, pp.656—657.

第五章 文化柯尔贝尔主义:书报审查制度与学院派(1660—1715)

报刊监督

书报审查制度也特别关注报刊内容。随着报刊阅读在巴黎和外省流行起来,从此,它对舆论的形成起到了主要作用。尤其在战争时期(即旧制度下的正常时期),公共读物在城市激增,令警察的不安不断增长。例如人们在行政法院登记处读到,1675 年,"一段时间以来,人们养成一种恶习,在巴黎和在王国其他某些地方,尤其巴黎,那里有几个书商,居住在奥古斯丁码头,无所顾忌地阅读所有类型的读物,新闻、故事和其他随意创作的片段,或者据说来自外国异教徒的片段,将它们带到家里。但他们公开地阅读,让所有出现在他们住处和店铺前的人们阅读。其原因是他们可以从中获得利益:这种恶习在上述书商店铺前引起诸多混乱、争吵和斗殴,尤其在奥古斯丹码头"。①

然后轮到外省被大规模波及。《公报》地方版本的迅猛发展是在 1680—1715 年间,恰好是"欧洲信仰危机"时期。与书籍消费发展类似,里昂人雷奥纳尔•米雄(1675—1746)《历史回忆录》见证道:"我在 1700 年到达里昂,定居于此,获得在财政部的国王律师公职,当时只有大学耶稣会图书馆(该图书馆今天收藏 4 万多册书),它是巨大的、有名望的。但今天,也就是说,人人想要拥有书。法官、律师、检察官、公证人、书记官、买卖人和金融家、商人、批发商及其他既没有鉴赏力、又没有才华、又没有对科学和文化爱好的人,都因拥有书房而自鸣得意。书房作为寓所的一个必不可少的房间,显得有修养而不可或缺。"

这种对作品的迷恋,使报刊变成了一种权力手中宣传中央集权化的强大手段。权贵知道这一点,并且毫不犹豫地利用报刊。1698 年,波舒哀教士在罗马为了让人查禁《圣徒准则释义》,写信给他的莫城主教叔父,要求他让人在《荷兰公报》刊登一个文章,因为他担心被歪曲的消息传播。对内容的监督是很严格的,包括公报外省版本的地方文章。

柯尔贝尔时代也产生了首批文学和科学期刊。1665 年,德

---

① 转引自 G. Feyel, La "Gazette" en province à travers ses réimpressions, 1631—1752, Amsterdam et Maarsen, 1981。

尼·德·萨罗获得了一个特许权,出版一种图书评论周报,即《学者导报》,近 12 页,附有出版日期。1672 年,《文雅信使》月刊则涵盖面不广,但附有宫廷专栏和每周轶事。这种发行方式从 1680 年代开始流行,在法国和国外,出现了图书评论中某种多元化趋势的开端,有倍尔的《文人共和国消息》(1684)、勒克雷克的《通用图书馆》(1686)、梅纳日·德·伯瓦尔的《学者作品历史》(1687)。1700—1729 年间出现了四十个左右的新刊。①

初等教育与教理书

经济上的柯尔贝尔主义主要对奢侈品制造发展感兴趣;文化上的柯尔贝尔主义首先对思想精英的培养感兴趣。平民在总监的计划内没有地位,大众扫盲不被重视。学校被保留给资产阶级和显贵的儿子。贵族对它们不满,直到 17 世纪末,他们宁愿将儿子安排在学院,比如,1661 年由马扎然为来自新近被征服的外省的 60 个贵族学生而创立的四国学院。

因此,教会负责大众初等教育,唯一而独特的关注在于保证宗教培养。精英们越来越不受它控制,教会急迫地加强了对小学的垄断。主教们对教师的选择表现得毫不妥协:1680 年,布尔日大主教命令关闭伊苏丹学校,只因为教师们不是他所批准的。而地方法官命令在三天内重新开放这所学校,这与高级教士对立。这个事件在 1685 年教士大会上被提及,主教们提醒道,"鉴于教义安放权被交托给他们",他们拥有授予教育许可的唯一权利②。1725 年,在大教堂教区督学与写作者协会之间,突然爆发类似冲突,后者得到市长和市政长官的支持。③

----

① 关于这个时代出版业的发展,特别参见 M. N. Grand-Mesnil, *Mazarin*, *la Fronde et la presse*, *1647—1649*, Paris, 1967; E. Hatin, *Les Gazettes de Hollande et la presse clandestine aux XVIIe et XVIIIe siècles*, Paris, 1865; P. Retat et J. Sgard (sous la dir. De), *Presse et histoire au XVIIIe siècle*, *l'année 1734*, Paris, 1978; H. M. Solomon, *Public Welfare*, *Science and Propaganda in Seventeenth Century France*, Princeton, 1972。

② *Procès-verbaux des Assemblées du clergé*, t. V, p. 600.

③ *Procès-verbaux des Assemblées du clergé*, t. VII, p. 527.

第五章　文化柯尔贝尔主义：书报审查制度与学院派（1660—1715）

教会当然也有监督手册。人们应该学会阅读拉丁文虔诚书籍并远离世俗书籍。昂日主教亨利·阿尔诺尔在 1677 年提醒道："本堂神父必须从小学中排除神话书籍、长篇小说和所有类型的世俗的和荒谬的书籍。人们经常通过它们以开始自己的阅读学习，所阅读的东西填满了记忆。它们只是让人能够接受更好的阅读训练，而不对人本身负责。它们留下了违反宗教和虔诚情感的印记。"

人们开始意识到女人在信仰传播以及对女儿的教育中的重要作用。当时三个重要教育家的提倡，扩大了这方面的影响。如弗勒里的 1685 年《论学习的选择和方法》，费内隆的 1687 年《论女孩教育》，以及罗兰的 1726 年《论学习》。对于平民女孩，一种基于虔诚作品的粗略扫盲足矣。对于其他人，弗勒里和费内隆建议开设美化精神的课程：历史、地理、绘画、舞蹈、礼仪等。这也是为圣-西尔的贵族小姐教授的项目。圣于尔絮勒会修女圣-莫尔，这位智慧的修女献身于这项使命。

对于两种性别的教育革新的开端，随着兰斯议事司铎让-巴蒂斯特·德·拉·萨勒而出现。他推荐一种同时教育，用相同的法文课本。他在其 1703 年的一本书中，尤其强调礼貌的最初几课——《基督徒礼仪和礼貌规则，分为两部分用于基督教学校》。这涉及通过维持社会等级差异的外部标志，促进精英文明举止在民众中的渗透，因为"一个穷人穿成富人的样子，一个平民穿成一个有身份的样子，这是不适宜的"。

社会关系的形式化也越来越多地被教理书所传递，它试图变成阶级道德手册。需求的急迫性促使教士要求父母合作，1687 年波舒哀在其《教理书》引言中写道："要知道，你们必须是你们的孩子的第一个和主要的教理讲授者。"当孩子七岁左右，则由本堂神父接手。手册越来越多地容纳说教和严守教规的言辞，包含有人为设置的可赦罪孽和致命罪孽之间的差别。形式主义有时被推向荒谬，正如 1657 年里昂印刷的《基督徒教育》中所说的："如果通过说一个小谎，能阻止一个遭天谴的人，我应该这样做吗？不行，甚至当你能通过这个谎言使灵魂摆脱地狱时，任凭所有造物灭亡也比冒犯造物主更好。"

最惊人的演变涉及社会道德。首先，对礼貌的破坏变成罪孽，比如,在教堂里不摘帽。尤其是罪行双方的关系被颠倒过来,正如让-克劳德·多泰尔解释的:"贼不再是附着穷人的富人,而是附着富人的穷人。图尔洛列举这个等级中的骗子:孩子们偷盗他们的父母,仆人偷盗他们的主人,流浪汉偷窃苹果(但除了通过为那些处于极端需要情况中的人),假乞丐们。然后,它更详细地谈到了渎神罪和交什一税的义务。"①

最后,道德败坏转为首要关注的对象,几乎变成最严重的罪:"淫乱是人们最应该惧怕的罪,有几个理由:因为这是最普遍的罪,所有类型的人几乎在所有时间都可能淫乱。人们因这种嗜好会变得更加暴力,它比其他罪制造了更多被罚入地狱的人。"②

在1685年之后,教理书的论调重新变得非常有论战风格。这实际上涉及培养"新改宗者",向他们指出他们过去的谬误。人们公开表达对废除《南特敕令》的喜悦,比如在《色当教理书》中称,当一位好父亲在温柔的方式不奏效后,采用惩罚来使孩子认识到自己的责任,我们能把这称作虐待吗? ……迷失的兄弟们,我们伟大的君王不正也是以这种方式对待我们的吗? ……难道过去奥古斯丁时代诸皇们的行为是没有缘由的吗? 对你们施以损失财富的惩罚,实际上是对你们的大慈悲;要知道,如果你们遭受痛苦,这不是因为你们所受的审判,而是因为你们对教会母亲所犯的错误和进行的反抗。③

教理书变成了主要的文化工具,通过它,阶级社会道德、君主制的宣传,还有主流神学原则得以传播。这没有解决其真正影响的问题。这些死记硬背的学习方法真的影响了行为吗? 克劳德·弗勒里教士在其1685年《历史教理书》中对此表示了怀疑。他批

---

① J.-C.Dhotel, *Les Origines du catéchisme moderne*,Paris,1967,p.403.

② *Instructions chrétiennes*,Lyon,1657,p.118.

③ 转引自 J.C.Dhotel, *Les Origines du catéchisme moderne*,Paris,1967,p.221。维维耶主教在1685年他的主教信件中写道:"我们不仅看到这些伟大征服的安慰,而且也看到教堂倒塌、冒牌牧师被驱散和异端被谩骂的安慰。这种幸福通过我们不可战胜的君主路易大帝的热忱带给我们。反叛精神甚至激起这些叛乱者反抗,应该派出军队惩罚他们的蛮横无理。上帝的良善而能干的管家管理万物,从邪恶中分别出善良,以致人们看到神圣筵席已坐满。"

判其时代教理书过于神学化,觉得它们"阴暗而令人不快","没有吸引力",使用了过多不可靠的故事,让基要教义掺杂了附加因素和不确定性。他倡导一种基于信仰历史发展的方法。 *178*

因此,柯尔贝尔及其继任者调整文化控制的伟大尝试对于思想性作品有着多种影响。总监所希望的文学和科学的自律,明显不可能实现。尤其是从英国和荷兰共和国流传而来的书报,迫使政府加强并提升其宣传。思想精英被圈在学院中,大大有利于权力。权力授予他们一种他们一直没有得到的社会声誉。书报审查制度有相对的有效性,有助于保证严肃、缜密、理性的作品在数量上的优势。

然而,书报审查制度和学院派并不能阻止法国文化经受1680—1715 年欧洲信仰危机的打击。但批判精神的震撼,在这里比在新教国家更晚地被人们感觉到。在英国和荷兰共和国,对传统价值的质疑受到了统治阶级的欢迎,并从一部分权威的相对宽容中获益。在法国,通过多种审查制度来反对批判精神,这种障碍推迟了批判精神的渗透,迫使它悄悄地进入古典学院派文化的形式中。这种被推迟的对抗,只会更加猛烈。古典学院派构成了一个巨大的文化壁垒,对形而上学的质疑和对社会的批判,装在来自国外的运货车中到来了。法国官方文化变得更加笛卡尔主义,只能被理性计划有效地克服。18 世纪的启蒙哲人是柯尔贝尔学院派的孩子。书报审查制度能够对抗这种与政治宗教既存秩序捍卫者使用同样武器的系统性攻击吗? *179*

第六章　书报审查制度与启蒙运动

很少有一个国王的死亡像路易十四之死那样与一种文化断裂相吻合。我们说说这种"吻合"：在两个事件间建立一种因果关系不成问题，甚至摄政时期开始就在权力和知识之间创立了一种新氛围。

从此以后，没有什么仍像 1715 年以前一样。欧洲信仰危机损害了领导人。布瓦洛在 1671 年谈到，理性不再是一种未知的事物，因为理性现在在最正式的圈子中有被引用的权利。以理性的名义，18 世纪的思想斗争得以展开，这使得权力和文化之间的关系既简单又复杂。人们当然最终将说同样的语言，处于同样的计划中：新思想首先呈现为理性，权力追求以理性的名义控制它们。权威、传统和启示的论点更少被使用。但同时，文化成果从此位于自然、人类、世俗的计划中，关心政治、社会、经济，甚至抵达保留给王权的领域。17 世纪文化成果主要是宗教的，只是在惩戒问题上与政治权力相冲突。而 18 世纪的作者们无障碍地进入了政府的禁地：社会和政治组织。因此，直接的冲突是可以预见的。

181

而且，文化人与掌权者之间的边界变得模糊不清。政府人员不再由简单的技术专家构成：它包括了许多有文化、对启蒙哲人表示同情的男人（和女人，如果人们考虑受宠情妇的重要性），因此他们处于一种暧昧的处境中。在沙龙里，大臣们接近和欢迎文学名人，后者因此能够依靠这种同谋关系网。这是一种公开的或秘密的支持。在他们与书报审查制度之间，这将是一种完全精妙的斡旋，其中有心照不宣的潜规则。许多大贵族也有他们的被保护者圈子，如同昂古莱姆的玛格丽特时代一样。这不止是权力和文人之间的对抗，这是我们将要见证的一场微妙游戏。因为如果考虑到意图

130

的大胆的话,人们只能注意到政府对启蒙哲人的纵容,后者很少会抱怨受到恶劣对待。

在这个游戏中,大输家是教会。它竭力呼吁逮捕行动,强化针对坏书的审查,但是面对一个变成环境文化同谋的王权,已无能为力。一切大概也不是那么简单。然而,透过重新活跃、各种变化、政治震荡、加强和放松的交替,君主制国家逐渐丧失了对书报审查制度的有效性及其自身的信任,并对其消亡大感欣喜。

罗马禁书目录的重组

罗马对书报审查制度的态度不是漠不关心。不过,在多个教皇,尤其是本笃十四世(1740—1758)的推动下,那里的氛围也变了。本笃十四世大概是启蒙时代最开明的高级神职人员。他热爱科学和关切法律问题,在宗教事务中表现出非常温和的态度,并对涉及超自然现象的事物表现出高度的审慎,以致伏尔泰歌颂他的功勋并将自己的悲剧《穆罕默德》献给他。

通过 1753 年 7 月 9 日教皇谕旨,本笃十四世进行了禁书目录改革,确定了书籍检查和取缔的新程序。从此,尤其是来自高级教士和大学的检举,被发送给圣部秘书,一个多明我会修士。"他仔细地询问检举者,他们要求查禁是出于什么动机。他将彻底地研究被检举的书籍,为了亲自证明针对这个作品的指控是否正当。"在这项工作中,让两个他挑选的"神学顾问"帮助他。如果书籍显得可疑,便要求一个专家将他的考察报告记录下来。一个由秘书、圣殿主事和六个神学顾问构成的"预审圣部",根据他们的职业能力来选择,检查这本书并发表意见,转给由教皇任命的红衣主教构成的普遍圣部,教皇将做出最后决定。

因此,"公正"的务实努力得以实现。为了减少取缔行为中的武断,教皇提醒报告人和神学顾问注意基本规则:"他们得记住,他们的职能和责任不在于通过所有手段使得被检查书籍的查禁,而是在于认真冷静地检查,向圣部提交公正和合理的观察,向它提供明智判断的依据。这个判断能够作为禁令、复审或非取缔的公正基础。"教皇主导对神学顾问的选择:他们是探讨问题的专家,也应该是诚实的人。任期终止,则是依照"正直和忠诚法令"认定他们

182

131

不能胜任。而且,"他们应该放弃所有国籍、家庭、学派、修会和派系倾向",并且能够被说服在那些非原则性的问题上允许自由讨论。他们应该完整认真地阅读书籍,"因为人们不应该通过一两个零散的、脱离语境的句子来判断一本书"。他们应该宽容地考虑到不明确性的可能。而且,如果这涉及"一个有良好声望和已经公认名誉的天主教作者",应该禁止使用诸如"彻底修改"或"完全删除"之类的条款,要明确地告知他需要修改的段落。在可能的情况下,应该邀请作者来亲自为其作品辩护。最后,神学顾问和校对者应该是"虔诚和懂公认科学的人,他们有信仰和廉正的保证,他们不会按照个人好恶做判断,他们将排除所有合乎人情的考虑,只关注到上帝的荣光和基督教信众的益处"。

通过这些命令的作用,于1757年编撰了一个新的禁书目录。其中,禁书被分为四类:异端或与异端有关的人写的书籍,涉及特定问题的书籍,被禁止的图像和放荡形象,与神圣宗教仪式相关的作品。新一版目录于1788年在庇护六世手下出版。罗马禁书目录希望以一种严肃、公正和理性的方式来编制。在许多方面,它显得比法国教会权威灵活得多。

教会的不安

事实上,在王国内,文化的重要性从此转移至世俗世界。书报审查制度现在应该不再与神学观点作战,而是与越来越好斗的社会批评作战。甚至当涉及宗教时,所引起的争论,反而成为对社会新思想的一种酝酿。

冉森派问题是这种演变的标志。这是一个神学老话题,人们相信可以用教皇诏书打败冉森派,可它现在却以政治形式比以往更加尖锐地重新出现,分裂了权威。天主教等级制度对它也总是敌视的,而高等法院在那里发现了一种可作为补充的精神养料,可以维持其投石党态度。高等法院捍卫受迫害的冉森派,而王权处于他的主教和他的法官之间,无能为力。因此,以下这件事并不令人惊讶:冉森派的报纸《教会消息》,挫败了所有警察的计划,从1728年到旧制度末期发明了定期出版的方式,尽管时有查禁。如果不承认它得益于使书报审查制度瘫痪的同谋关系和各种支持,如何解释一份禁报在全法国成功地印刷和发行六十年？

教会和高等法院在 1730—1750 年间在冉森主义问题上处于公开的冲突之中。战斗在多条战线上展开：围绕耶稣会出版物，比如让·皮雄的《耶稣基督和教会对于频繁出现宗教教派的态度》（1745），或者伊萨克-约瑟夫·拜吕耶的《上帝人民的历史》（1738）。围绕索邦支持和 1755 年 5 月 6 日高等法院判决制裁的反冉森派论文。该判决结果是中断课程并流放博士，因为那些论文"允许人们在行文中加入冒失立场，让某些人确信，可疑观点的根源在哪里，直至关于世俗权威权利的表达，这似乎错得太多，于是成了书报审查制度的对象①"。最终，围绕告解证的问题。这个问题在从 1746 年开始的十年左右时间里震动了教会和国家。好几个主教，其中包括巴黎主教，禁止将临终圣事授予冉森派信徒。他们没有提交由他们的忏悔神父签字的告解证，并承认他们同意教皇谕旨。高等法院干预并谴责本堂神父拒绝圣事。国王驱逐了高等法院，然而又召回他们，然后对这个事情感到绝望。他试图通过 1754 年 9 月 2 日的声明迫使两派沉默，但这个声明显然没有任何效果。

这个案件是个典型。它表明了对旧时争论的超越，由于争论权威的政治重要性和深刻分裂，加剧了书报审查制度的无力。直至 18 世纪中叶，冉森派问题的复现加剧了高卢教会地位的削弱，后者整个心思集中在这个次要问题上，没有发觉真正危险的临近——自然神论。当伏尔泰梦想"用最后的冉森派教徒的肠子勒死最后的耶稣会士"时，一个《百科全书》的合作者，普拉德的让·马丁教士，可能在 1751 年 11 月 18 日的索邦低调地支持自然神论论文，理事却判断它"充满了有利于宗教的美好情感②"。

觉醒将是剧烈的。正是 1750 年教士大会第一次发出反对"坏书"警报的呼声，法国"被淹灭"在书籍中。高级教士谴责"亵渎宗教书籍和下流诽谤作品"的泛滥，"其中宗教以最令人发指的方式

185

---

① *Procès-verbaux des Assemblées générales du clergé de France*，t. VIII，pièces justificatives，p.242.

② F. Bouillier，"L'abbé de Prades"，*Revue politique et littéraire*，11 oct. 1884. Sur le jansénisme au XVIIIe siècle et ses implications culturelles. B. Neveu，*Érudition et religion aux XVIIe et XVIIIe siècles*，Paris，1994.

被侮辱"。这些作品"被研究和贪婪地阅读"。大会尤其谴责《哲学通信》，谴责的动机恰好表明了新的社会重要性。这个作品探讨了"社会最无用部分"的教士；它攻击教士独身，这使国家人口减少；它谴责教士财产和税收豁免权，而主教们说，正是摩西本人将什一税收益归于利未人。在漫长的指控之后，会议指责《哲学通信》"包含了好几个命题，对于虔诚的耳朵来说，分明是阴险的、虚假的、鲁莽的、好斗的和可耻的。辱骂教会和我们的国王，忤逆他们的权威。它是错误的，不信宗教的，涉嫌异端，违背圣经，重拾了已经被教会谴责的谬误①"。

1755 年，教士会议加强了攻击，这次被指控的是反对批判绝对主义的政治作品。"人们思考关于主权的起源和行使，带着法国君主制中史无前例的大胆。人们遗忘了这个有益的学说，它意识到在王国中神授君权不可磨灭的烙印。人们陷入徒劳的思辨，为了发现服从的人民与发号施令的君主之间的原始契约。这个虚幻契约的用途，是对本应联合他们的联系的削弱。②"

因此，主教们指责社会契约思想，尤其是他们试图向政治权力指出，在这个事务中，教会和国家的利益是联系在一起的。权威拒绝世俗和宗教的监督，威胁这二者；正是同样的人，"对服从感到厌烦，被使人愉快的自由诱饵所吸引，似乎难以置信地拒绝了超过他们脆弱理性的教义"。政治权力应该意识到这个危险，支持教会的斗争。应该使书报审查制度变得严厉，复查许可证，销毁书籍，表现出"坚定的严厉"，以避免某些有害书籍"在公共权威确认之下"被印刷。1758 年大会钉下一个钉子，向国王提出一份备忘录："这些是邪恶，陛下，因为它们表面上似乎可被容忍而更加令人痛苦。"您的利益是防止教会被自然神论者攻击，因为"巩固教会的权力，就是确立您的权力③"。

186

---

① *Procès-verbaux des Assemblées générales du clergé de France*，t. VIII，pièces justificatives，p.410.

② *Procès-verbaux des Assemblées générales du clergé de France*，t. VIII，pièces justificatives，p.195.

③ *Procès-verbaux des Assemblées générales du clergé de France*，t. VIII，pièces justificatives，p.241.

因为没有得到令人满意的回应,1765 年会议更加严峻地重申责任。在一份关于坏书的报告中,它提醒道,"在其原理中攻击宗教的书籍,也损害了王权和权威",应该吸引信徒注意"思想自由的危险影响"。这一次,最有害的作品被点名:《论精神》、《爱弥尔》、《社会契约论》、《哲学辞典》、《山中来信》、《历史哲学》、《东方专制主义》,以及倍尔的作品。

在《致国王关于坏书印刷的备忘录》中,会议谴责高级官员的同谋关系,后者"通过默认许可授权了作者和印刷商的放肆,似乎想要确立一种介于不信宗教和政府之间的智慧类型"。如果这些罪人只需担心几天的灾祸,如果他们能够每一次都由于官方的撤回而摆脱惩罚,如果书商通过对抗禁令而获利更多,因为被审查书籍卖得更贵,那我们可能毫无希望。因此,应该严格运用所有关于书业控制的旧时法律。如果真的存在一种政治意志,消灭坏书是可能的:"法律将一直提供阻止书籍零售的可靠手段,当人们愿意严肃地使用它时。"目前的情况却并非如此。

一个明显的例子,《教会消息》的不受处罚激怒了会议。"至于这个定期出版物,或者更确切地说,这个煽动性和污蔑性的诽谤作品,任由它不受处罚地诋毁所有教会中可敬的东西吗? 我们总是想要在眼皮底下传播和增加这种充满被禁止的谬误、卑劣的诽谤、残暴的侮辱、可耻而令人厌恶的文集吗?①"

备忘录以一个使人安心的评语作为结尾,或者说,它希望如此:"陛下,我们绝不是要给才子们戴上桎梏,阻止人类知识的进步。"

国王的回答相当于一种拒绝:我赞同你们的忧虑。但是君王等于是说,"我认为对这个问题制定新法律是无益的"。这同时是一种无能为力的承认,现实被关于路易十五治下的王室书报审查制度运行状况的考察所证实。

书报审查制度、和解协约和同谋关系

王室书报审查制度有一种理不清的复杂性。书报审查事务的

① *Procès-verbaux des Assemblées générales du clergé de France*,t. VIII,pièces justificatives,p.466.

135

核心是掌玺大臣公署,那里的秘书们收到文稿并把它们分配给书报审查官们,后者发表详尽意见;掌玺大臣公署的财政处授予特权和许可证,它传统上由掌玺大臣的近亲指导;与书籍、印刷商、书商相关的争执事务是管理书业和掌玺大臣公署事务的私人委员会的权限。1725 年,掌玺大臣达格索命人草拟了一个新的书业法令,4 月 10 日由委员会审定并颁布。

那是行政方面的。还有最复杂的:要禁止什么? 以及如何能够使人遵守这些禁令? 在作品涌现的浪潮面前,批判作品的激增以及它们越来越大胆的口气,很快使权威相信妥协和和解的必要性。无论如何,书业主管雅克-贝纳尔·首弗兰在 1730 年意识到,违禁作品在国外被印刷,获得它们并不难;严格禁止在法国出版一切被判断为坏书的作品,只能导致法国出版业的毁灭。因此,对于倍尔的《字典》:"只要它被印刷,我作为良好的法国人,就不能阻止我对自己说,这对于我们来说更好。我确信,自从有倍尔以来,国家要遭受一百多万法郎的损失。为什么自愿丧失这笔金额? 倍尔不是大家共有的吗?"

这个实际推理是"默认许可"的起源:人们允许法国书商出售理论上来自外国的作品,但是实际上这些作品是以虚假地址在法国印刷的。圣-皮埃尔教士的《永久和平计划摘要》提供了一个具体例子。在这本论文中,作者建议建立一个国际机构,聚集欧洲国家代表,他们负责仲裁冲突。书报审查官阿尔迪翁在 1728 年谴责这本书有暧昧的动机,它本身可能被审查。这个计划是一种空想,为了实施它,国王们应该"是哲人和他们自己的主人,足以为了和平的益处和欧洲的幸福,牺牲光荣的美好的观念,这些观念是他们能通过武力、他们的扩张欲望、他们的仇恨、他们的妒忌和所有其他激情而获得的,这些激情如此经常地使他们对他们真正的利益闭上了双眼。我的结论是,如果圣-皮埃尔教士先生的计划是一种空想,既不适合授权出版,也不适合授予它一个致国王的献词"。① 因此,人们授予它一个没有特许权的默认许可,这允许《摘要》在

---

① L.Bély, *Espions et ambassadeurs au temps de Louis XIV*, Paris, 1990, p.713. G.Minois, *L'Église et la guerre*, Paris, 1994, p.325.

1729 年以后出版，假冒在阿姆斯特丹印刷。

基督教徒纪尧姆·德·拉姆瓦尼翁·德·马勒泽尔布，来自显赫的穿袍贵族家族，有文化，是启蒙哲人的朋友。当他在 1750 年被他的掌玺大臣父亲安排为书业首脑时，他发现自己处于一个非常微妙的系统当中。在 1750 至 1763 年的 13 年间，他指导书业，带着一种更加经济的而非意识形态的宗旨：最大可能地支持法国出版商，灵活使用各种不同的特许权、默认许可、简单许可证。真正禁止的只是针对直接攻击上帝、国王或主要道德价值观的作品；对于其他，一切只是作者和书报审查官之间默契的问题①。

书报审查官因为似乎越来越不确信他们的作用而更加随意地参与这个默契游戏。他们现在有 120 多人（在革命前夕有 200 人），但是他们的任务是繁重的：人们在 1700 年之前一年通过 200 到 400 种出版物，在马勒泽尔布时期要通过 500 多种②。仅 1764 年这一年，人们统计，用法文印刷、多于 48 页的书目共有 1 548 种，2 500 册，每个书报审查官平均通过 20 本。他们的工作要求他们认真地逐字阅读，因为结果经常局限于删除两三个句子，比如对《新爱洛伊丝》。以作者们的视角来看书报审查官：他们宽容而有文化，往往是教授、秘书、图书管理员、有才华者、科学院成员。在有教养的人们之间，和谐总是可能的③，主旨是妥协：确定的禁令只占手稿总数的 10% 到 20%。

而且，新思想在宫廷和所有职务中有许多有权力的支持者。从最有势力的国王情妇蓬巴杜尔夫人开始。她不满足于仅将像贝尔尼和舒瓦泽尔那样的启蒙哲人朋友推上政坛，还让人任命伏尔泰为院士、国王史官和宫内侍从，支持《百科全书》，在卢梭的《乡村占卜者》中起作用，她接纳孟德斯鸠、马蒙泰尔、杜克洛、魁奈。达尔让松伯爵，1737 年任职掌玺大臣，之后任书业主管，决定容许出版他的前任达格索禁止的传奇故事。他是达尔让松侯爵的兄弟，后

190

---

①　P.Grosclaude, *Malesherbes*, témoin et interprète de son temps, Paris, 1961.

②　R.Estivals, *La Statistique bibliographique de la France sous la monarchie*, Paris-La Haye, 1964.

③　C.Blangonnet, *Recherche sur les censeurs royaux et leur place dans la société au temps de M. De Malesherbes*, thèse dactylographiée de l'École des chartes, 1975.

者曾任国家秘书和大臣,是启蒙哲人的伟大保护者,在他的奥尔梅城堡庇护了一小撮开明的无神论者,德罗赞伯爵、达尔图瓦伯爵和圣-日耳曼伯爵和其他大臣也经常光顾。马首尔、特鲁丹、拉罗什富科公爵、诺埃耶公爵、普伊塞居尔公爵、梅农丹沃、杜尔戈、马勒泽尔布与更大胆的作者们交往并赞助他们。对于红衣主教贝尔尼而言,孟德斯鸠是"伟大的人",伏尔泰是"他的时代最卓越的天才",克雷毕永是"有才华的人","皮龙、杜克洛和马里沃有许多思想","达朗贝尔写得很好","布丰是一个有功德的人,懂得写作和为人处世",即使他指责他们在独立精神里面走得远了点儿①。

　　为使自己被看重,贝尔尼与文人小集团结交,他在 1744 年法兰西学院使自己当选,他承认,"更多是因出身高贵而非作家"。他重新回到哲人小集团,后者多亏了政府的庇护,包括孟德斯鸠、马里沃、杜克洛、伏尔泰、达朗贝尔。达朗贝尔在 1772 年变成了终身秘书。官方思想的堡垒被新思想征服。这场运动在 1760 至 1770 年间增强:达朗贝尔的庇护者赢得了十四次选举中的九次,在 1760 年,勒弗朗克·德·蓬皮尼昂当时做了一个反对启蒙哲人的入会演说,但他陷入嘲笑声中。法兰西学院定期引发对反绝对主义老调的反响。大臣、哲人、重农主义者也加入其他学院:弗勒里在法兰西科学院和文学院;掌玺大臣达格索自 1728 年以来在自然科学院。在他们的身边,人们发现了大胆的对现状不满的人,比如不信教者尼古拉·布安丹在文学院,他也去普罗考普咖啡馆,在那里他发表了一些对造物主和圣雅各的最不敬的言论。

　　因此,人们对审查可能被认为是颠覆性的作品表现出尊重,并不奇怪。1760 年,米拉波因为出版《捐税理论》而被捕,但是正是其辩白导致其入狱。"先生,我的命令不是催促您,"执达吏向他宣布,"明天吧,如果您今天没有时间的话。②"在 1770 年,杜尔戈写信给重农学派杜彭:"我亲爱的杜彭,我将坚持与(书业主管)萨尔丹先生一道,让你在戈塔尔之外另有一个书报审查官。"他让有利

① *Mémoires du cardinal de Bernis*,Paris,Mercure de France,1986,pp.78—80.

② G. Weulersse,*Le Mouvement physiocratique en France de 1756 à 1770*,Paris,1910,2 vol.

的书报审查官系统地检查了重农学派的作品。同一年，米拉波获得国王史官、书报审查官莫罗对他的《全体教会课程》的祝贺："您的科学不能广泛流传；简而言之，我们不敢攻击您的学说。"更妙的是，人们将津贴发给这些经济学家，他们批评了既存制度：卢波教士3 000里弗，波多教士和杜彭德讷穆尔4 000里弗。若要进监狱，你得表现出更多的叛逆意志，就如索利教士，在1775年固执地拒绝删除某些评论。

一个典型事件：《爱弥尔》(1762)

一个著名事件表明了书报审查制度和作者从中得到好处的多种共谋关系的冲突：卢梭的《爱弥尔》的出版。作品的出版是由于马勒泽尔布本人，他与卢梭的关系起始于《论不平等的起源》。他当时介入，说服书报审查官相信对自然状态的颂扬并没有提出一种危险理论。此后，他支持了这个日内瓦人所有的出版物；他任命达朗贝尔本人作为《致达朗贝尔书信》的审查官，从非常微小的修改中获得在法国印刷《新爱洛伊丝》的便利，然后任凭来自荷兰的完整版在王国内渗透。

在1761年，当《爱弥尔》手稿准备好时，卢森堡元帅夫人，卢梭的庇护人，要求马勒泽尔布授权在法国印刷这本书。这个书业主管在非常草率地阅读之后，予以同意。当书报审查官杜克洛注意到某些棘手问题时，他仅仅让人删除了少数段落。这不足以避免1762年5月出版所引起的轰动。从6月1日以来，警察总监介入，印刷被中止，书籍被扣押。马勒泽尔布当时被迫玩了一个两面派把戏：他向他的掌玺大臣父亲断言，他没有给予许可证，当杜威高等法院总检察长向他抱怨《弗兰德尔布告》为《爱弥尔》唱赞歌的事情时，他又指责期刊审查官通过了这篇文章。

6月9日，巴黎高等法院声势浩大地登场。好几年以来，它都在指责书业主管的放任，他们之间在1758年关于《论精神》以及1759年关于《百科全书》有过唇枪舌剑的交锋。这次，高等法院的禁令尤其因为冉森派参事，后者指责"萨瓦代理人的宗教信仰的声明"。6月9日的判决宣布，《爱弥尔》包含"一些命题，它们赋予统治者权威一种虚假和可憎的特性，破坏了服从君王的原则，削弱了

192

139

旧制度时期的书报审查制度与文化

人民对他们的国王的尊敬和爱戴。另外，由如此准则教育的臣民们是什么？如果不是被怀疑主义和宽容吸引的人，那就是让自己被激情支配，沉迷于性欲快感之徒。由于自爱而集中于自身，他们只能意识到自然的声音，用独特的有害嗜好代替了对巨大光荣的崇高的渴望"？总之，卢梭攻击世俗权威、宗教和社会习俗是有罪的，他支持了个人主义。据此，高等法院宣布，"名叫卢梭的人，将被逮捕并带到王家司法宫附属监狱"，他的书将被焚毁。

此时，一些保护人进行了干预。孔代亲王在 8 日到 9 日的夜里通知了卢梭，蒙莫朗西元帅夫人说服他离开巴黎。在离开时，他与前来逮捕他的执达吏擦肩而过；后者谦恭地向他致敬并放他离开。

然后，轮到宗教权威上场。巴黎的大主教克里斯托弗·德·波蒙让索邦查禁《爱弥尔》，这直到八月底才完成。当时找到了一种查禁方式，似乎没有采用高等法院的带有冉森派动机的谴责方案。8 月 20 日，大主教在主教训谕中解释了查禁是因为对原罪的否定和卢梭确立的"自然主义"概念。卢梭指责他听任自己被冉森派操控；大主教被刺到痛处，当时他委托贝吉耶教士驳斥《爱弥尔》。这个温和的神学家有一个末世学宽容的观念，另外这使他招来 1779 年对其《天主的仁慈图景》的审查，因为他在其中提出了一个"过于善良"的上帝的观念。冉森派通过昂德雷·伯龙德的中介作用发动一次反攻，由伯龙德在《教会消息》上撰文。

因此，对《爱弥尔》的查禁退居次要，让位于天主教徒之间关于原罪的古老问题的争论。这个问题对于贝吉耶而言，只是引起了对上帝恩赐的减弱；而对于伯龙德而言，它使我们诞生于罪孽①。在这段时间，法国人阅读《爱弥尔》，卢梭逃亡到纳沙泰尔，准备写《山中来信》。书报审查制度的规则，天主教徒之间过时的争吵，高等法院和索邦之间的敌对，高层的保护和同谋关系，为启蒙哲人留下了空间。

---

① M.Cottret，"Le catholicisme face au déisme. Autour de l'Émile"（1762—1770），*Revue d'histoire de l'Église de France*，juil.-déc. 1993，n° 203；*Jansénismeet révolution. Chronique de Port-Royal*，Paris，1990.

马勒泽尔布、费雷隆和启蒙哲人

私人通信是评价书报审查制度、启蒙哲人与其对手之间现实关系的另一种途径。在用于公共舆论的迷惑人的声明之外，公共舆论将对抗简单化，并倾向于通过一个支持反启蒙的掌玺大臣公署使人相信对启蒙哲人的迫害，人们发现了一个三者之间的惊人游戏，它更多的是一种合作而非斗争关系。其中迫害者不是人们认为的那样，书报审查制度被迫在两个时而是敌人、时而是同谋但总是要求严格的阵营之间，玩一种微妙的游戏。

由让·巴尔古收集的大量的耶列·费雷隆的书信清楚地阐明了这一点。弗雷隆是启蒙哲人们的有力对手[1]。第一个例子是惊人的，费雷隆，传统权威的捍卫者，不只是书报审查制度的受害者。书报审查制度最积极的拥护者是启蒙哲人们，他们请求采取措施反对一个敢于阻碍他们的对手。个案是多样的。

在 1752 年，伏尔泰小集团收到一个由费雷隆在《关于某些作品的信》中撰写的一篇对他们榜样的报复性画像的侮辱。他们出现在马勒泽尔布身边，后者立即让人删去了那篇文章。书业主管是伏尔泰的一个狂热仰慕者，他后来给伏尔泰写信："我很荣幸能够公开见证我所崇拜的世纪名人的荣耀。[2]"而费雷隆，必须向他保证不再诽谤这位哲人，"我将避免写作任何能够使我变得配不上您的仁慈的东西。"1752 年 5 月 5 日，他写信给马勒泽尔布[3]说。伏尔泰当时在波特丹，他在那边感谢书业主管："先生，所有诚实的人，应该感激您有责任阻止这个出版许可的通过，它长期侮辱法国文学的进展。您在欧洲如此可敬、如此受人尊敬。这种粗暴言行，被不受制裁地推向最后的暴力，我是其长期的受害者，这也是使我离开我的祖国的部分原因。[4]"

194

---

[1]　J.Balcou, *Le Dossier Fréron. Correspondances et documents*, Saint-Brieuc, 1975.

[2]　P. Grosclaude, *Malesherbes et son temps. Nouveaux documents inédits*, Paris, s.d., p.92.

[3]　J.Balcou, *Le Dossier Fréron. Correspondances et documents*, Saint-Brieuc, 1975, p.37.

[4]　J.Balcou, *Le Dossier Fréron. Correspondances et documents*, Saint-Brieuc, 1975, p.38.

费雷隆同样与马勒泽尔布的另一个被保护者达朗贝尔有过节。在 1754 年,他在他的报纸上撰写《文学年代》,一个关于达朗贝尔在法兰西学院当选的非常含糊的报告。这个散页印刷品在 2 月 10 日星期五 16 时被转交给书报审查官莫朗。莫朗是费雷隆的朋友,但他也同样是达朗贝尔在科学院的同事。对莫朗而言,这是一种折磨人的左右为难,因为报纸必须在次日早晨出版。9 点,在一夜的犹豫之后,马勒泽尔布让人扣押了样本。费雷隆写信给他说:"我完全嘲笑了达朗贝尔先生。我迁就他,不是因为他,先生,我很少敬重他,而是因为您,是因为选定他的学院,是因为公众的控告(他们在六个月内对他作为文人的才能和知识方面的平庸给予正确评价),是因为我自己。先生,如果您听信百科全书派和某些院士的偏见,杜克洛们,蒙克利夫们,狄德罗们和达朗贝尔们,我就对他们明目张胆地反对我的邪恶企图无可奈何了。①"最后,由于某些庇护人比如拉马克夫人的介入,马勒泽尔布让步了。

第三个例子。这次,狄德罗被牵连。在 1757 年春天,他出版了《私生子》。热烈赞成的启蒙哲人们得知,费雷隆在《文学年代》中准备了一篇反对这部作品的辛辣文章。为了禁止其出版,他们即刻出现在马勒泽尔布周围。最好的情况是,舒瓦泽尔本人通过书报指导员,试图对费雷隆施压,以便使他与狄德罗和解。1757 年 3 月 21 日费雷隆给马勒泽尔布写了一封长信,概略地描绘了惊人的情况,颠覆了已接受的想法。人们实际上看到,启蒙哲人在权力关系中获得更多的支持,他们从许多支持中获益,使得他们的对手陷入沉寂。正是费雷隆,既存权力的捍卫者,在书业主管面前谦卑地为他的事业辩解,以避免应制度敌手的要求的审查,对他们而言这些敌手有审查官和最强大的大臣。

> 如果狄德罗先生也像我一样孤独,如果他没有与任何宗派有关系,我将感到更多的是快乐而非让我们抱团的痛苦;但是他是一个大团体的首领;他是一个人数众多的协会的头目,这

---

① J.Balcou, *Le Dossier Fréron. Correspondances et documents*, Saint-Brieuc, 1975, p.154.

个协会成群结队并一直因阴谋而激增。他不停地请求我放过他的朋友,他的同行,他的仰慕者;我既不能谈及《百科全书》,也不能谈及任何一个百科全书派;不得不放弃我出版自己的期刊和这部字典,或许还有一百多个作者的作品。他们对哲学的狂热妄想吞没了我们,也就是说,先生,我得克制自己不去过问最会引起审查的作品,虽然明智的公众期望我去指出其中的缺陷。①

第四个案例。费雷隆指责另一个受权力保护的哲人马蒙泰尔,蓬巴杜尔夫人刚刚要求他更新洛特鲁的《旺赛斯拉》。费雷隆在1759年5月14日《文学年代》中嘲笑了这个文本。马蒙泰尔指示《法兰西信使报》在5月23日给马勒泽尔布写信,抱怨并咄咄逼人地提出审查要求:"我昨天去了您家里两次,为了荣幸地向您表达我的敬意,并向您控诉《文学年代》第12页的一篇文章,您不会不带着愤怒阅读它。我受够了费雷隆的长期凌辱。他的粗俗恶毒不能损害任何人;我通过《信使报》的几行字来回应他,不会说出他的名字,这是向他表示蔑视。但是,明显使我感到苦恼的事,先生,让所有文人苦恼的事,是看到这个期刊在您的权威庇护下被印刷和出版。您看到,他如此滥用您给予印刷业的合法自由,在某种程度上,不受处罚乃是鼓励了一个堕落者的不逊,他不过是企图投入一场与某个值得尊重的作者的文学争论,而不停地侮辱后者。他懂得他的利益,以欺世盗名为业。②"

这一次,马勒泽尔布不加掩饰地指出哲人态度中的矛盾——他们期望国家书报审查制度去庇护制度的敌人。马蒙泰尔的手段是极端的。书业主管在五月末的一封信中以露骨的方式向杜尔戈表达了这一点:"一个有思想和知识、多年以来不断与公众谈及政府和法律原则的人,怎么会期望我负责改革这种不公正?他难道没

---

① J.Balcou, *Le Dossier Fréron. Correspondances et documents*,Saint-Brieuc, 1975, p.196.

② J.Balcou, *Le Dossier Fréron. Correspondances et documents*,Saint-Brieuc, 1975, pp.260—261.

197

有看到,这个行政机构导致了某种专制主义吗? 此外,如果一个他所鄙视的谤辞援引了权威言论,他却指望我有令他满足的好意来干涉此案,岂不是对我们彼此都是一种嘲讽吗? 他又如何能说,这个定期的小册子在我的庇护之下出版,而我没有阻止它们呢? 他没有看到,这就如同人们要让警察总监对妓院里传播的所有梅毒负责一样? 难道这些是因为警察纵容了它们? 还要警察严防死守阻止嫖客光顾吗?①"

马蒙泰尔不是唯一要求让费雷隆闭嘴的人。在 1754 年 10 月,舍弗里耶写信给马勒泽尔布:"让费雷隆先生不受处罚,只是助长了他的放肆。②"当坎佩鲁瓦敢于在 1766 年触犯卢梭时,德芳夫人要求舒瓦泽尔把他关起来③。另外,费雷隆比他的对手伏尔泰更经常地被捕入狱:1757 年入狱,是因为他批判西班牙人的不宽容和狂热崇拜,当时西班牙人与法国人结盟;1760 年入狱,是因为他讽刺奢侈的巴克维尔侯爵;1763 年入狱,是因为他非议了政府的过失。

书报审查制度与文人之间的关系因此是不无矛盾的。马勒泽尔布处于困境的中心,诉状向他集中,他艰难地试图将他的妥协策略应用于每一个个案。他对启蒙哲人更有好感,然而他不打算宽容任何东西,正如我们在马蒙泰尔的个案中看到的。在 1757 年 1 月,在达米安谋杀案之后,他似乎感觉到某种不安,有一段时间在书报审查领域内表现得更加严格。他给诺埃耶公爵写信,不无虚伪地表示道:"您和我一样,先生,书业问题中几年以来一直有使自己名誉受损的流弊。您在掌玺大臣那里与警察总监和我之间的问题可资对照。我们可以同意采取措施以至少阻止巴黎禁书的公开零售,但是,如果同样的零售确实是在凡尔赛城堡中的商人那里完

①　J. Balcou, *Le Dossier Fréron. Correspondances et documents*, Saint-Brieuc, 1975, p. 262.

②　J. Balcou, *Le Dossier Fréron. Correspondances et documents*, Saint-Brieuc, 1975, p. 148.

③　J. Balcou, *Le Dossier Fréron. Correspondances et documents*, Saint-Brieuc, 1975, p. 345.

成的话,那我们在这方面的努力就是徒劳。[1]"他引用了一个新近作品的个案,《谈判原则,基于条约的欧洲公法之介绍》,这部作品在巴黎被禁,人们发现它却在公开销售,直至凡尔赛城堡,与国王的住所近在咫尺。大概是缺乏协调,凡尔赛书商似乎不知道巴黎要禁止那些书,因此产生了对审查系统有效性的一些怀疑,甚至怀疑该书字体有问题。难道对禁书贸易的镇压和预先审查一样灵活多变吗?

图书警察和同谋关系

对这个问题的回答毫无疑问是肯定的。在已经提及的原因中(经济需要,同谋关系和保护势力),我们可以加入新的理由:任务量巨大。因为也必须要管控所有的从国外输入的著作,还有治安手段的弱势,以及与监管部门的缺乏合作。在默认许可、事实许可、特权和多种宽容之间,权力部门的官员们经常不知应该查禁哪本书。查禁或许可的书业主管与追踪禁书的警察总监,分属两个完全不同的行政机构;它们只是在 1763 至 1776 年间才联合起来。当时,萨尔迪纳(1763—1774)、勒努瓦尔(1774—1775)和阿尔贝尔(1775—1776)既是书业主管又是警察总监。

理论上,法律是严格的。1723 年法规明确指出,所有来自国外的书籍必须经过巴黎、南特、鲁昂、波尔多、马赛、里昂、斯特拉斯堡、里尔、亚眠或梅兹进入。在这些城市,所有货箱必须由警察打开检查。所有在这些特定地点之外进入的作品必须扣押。但是在巴黎,入市税代理人经常从走私犯而非政府那里得到更高报酬,代理人并不总是细心的。同时有时在书商和印刷商那里进行意外检查,禁书被查封,用巴士底狱的木夯销毁,犯错的书商和印刷商被斥责或惩罚。这些是来自密探们在流通环节中所做的耐心的渗透工作。

巴士底狱档案显示,1659—1789 年的 130 年中,942 人因为书业问题被拘禁,这相对于投石党运动时期的程度是很小的。每年

---

[1] P. Grosclaude, *Malesherbes et son temps. Nouveaux documents inédits*, Paris, s.d., p.21.

的差别是巨大的，这取决于警察热情的波动性和发现的偶然性。例如 1740—1745 年间，人们记录了 45 次以上的逮捕，然而在某些年份，一次逮捕也没有①。制造商、发行商、流动商贩被触及最多，而作者们相对被宽待，有 310 次逮捕；尤其涉及小册子作家、雇佣作者、色情作品作者、讽刺作家、煽动公愤的记者。另外，统计数据证明了对文字罪轻判的宽容度上升：关押的平均时间从 1750 年前的一年多下降到 1780 年代的六个月。

　　在 18 世纪上半叶，被镇压最多的是宗教类的犯罪，尤其是支持冉森主义的书籍。这证明了权威对真正危险的相对盲目。人们也销毁了《泰雷马克奇遇》的样书，它在第一时间获得了特许权，然后有人中止其出版，但出版以秘密的方式继续进行。秘密流传的马勒伯朗士、里沙尔·西蒙的作品，与投入宗教争论的盖斯奈尔、阿尔诺、热伯龙和其他作者作品一样被查封。人们也指责一些传奇故事：它们从 1737 年 7 月起，因乌托邦式的理想化方式被查禁②。这个措施的效果只是使社会底层地下故事迅速激增。

　　直到接近 1750 年，人们才开始真正地追查哲学、政治和色情作品。引用禁令的标准表露了权威的困境和任务的不切实际。人们销毁了帕斯卡尔的作品，却任由《古兰经》流传，因为它没有包含"任何违背基督教的东西"。1766 年，人们禁止了波城狂热信徒的《王太子的悼词》，其内容是无可指责的，但是其风格被判断为过于模糊、低估问题的重要性。这种例子有许多③。有时，镇压粗暴严厉起来，比如 1757 年 4 月 16 日声明为倾向于煽动思想的作品的作者准备了死刑。但是，缺乏连续性使声明丧失了实效。

　　施行的手段无法与任务相匹配。1779 年，在 2 700 万居民中有 3 324 个宪兵④，但旧制度的极权主义不是一种警察制度。禁书

---

① D.Roche，"La police du livre"，*Histoire de l'édition française*，Paris，1984，t.II，p.105.

② F.Weil，*L'Interdiction du roman et la Librairie*，*1728—1750*，Paris，1986.

③ A.Sauvy，"Livres contrefaits et livres interdits"，*Histoire de l'édition française*，t.II，pp.134—137.

④ Claude Emsley，"La maréchaussée à la fin de l'Ancien Régime. Note sur la composition du corps"，*RHMC*，oct.-déc. 1986，p.626.

渗透和发行网络有各种分支。可疑书籍在果酱、纺织品、无花果货物箱中，或者混在附有虚假地址的许可出版物中，穿越边境；寄件人和收件人用暗语交流；流动商贩被雇佣以通过森林和山脉，绕过海关哨所。人们还会借助一切手段越过边界：1771 年 9 月 5 日，在四个贵妇人的宽大裙子下，发现了 400 册《关于宫相设想的改变宪法系统的一般性思考》①。最有效的方法之一在于利用亲王和大人物的四轮豪华马车，有些他们不知情，有些经过他们的同意。这些宽敞的、频繁往来的马车，正如 1738 年一个报告所声称的，只要收买马车夫足矣。一个普通农夫在 1757 年抱怨说，禁书"进入王族的四轮豪华马车中，驾驶者不愿意在城门接受搜查"。异乎寻常的是，1782 年，有人拦截了阿尔图瓦伯爵的马车，扣押了大量禁书。

　　禁书带来的利润如此之大，以至于人们为了对抗禁令而准备什么都干。禁书和引起议论的诱惑，使一本被审查的书立刻卖到比它定价高出三倍、四倍或者十倍的价格。所有启蒙哲人都注意到这一点。达朗贝尔在 1770 年写信给弗雷德里克二世说："一本书涉及某些问题，无论是好是坏，只要它攻击某些人，就足以被人们贪婪地寻求，从而价格高涨。政府为了中断这类作品而采取了一些预防措施，这些预防措施往往给作者带来比他应得的更多的荣誉。"狄德罗在《关于书业贸易的信》中观察到："禁止越严厉，越抬高书价，越激起阅读好奇心，书就卖得越多，被阅读得越多。一本有书籍特权的书商和作者，如果他们敢说出来，他们就会多少次地想向行政官员说：先生们，承蒙恩典，给我一个在你们的大楼梯下被撕毁和焚毁书籍的小小判决好吗？当人们大声宣布对一本书的审判，印刷业工人说：好，再来一版。"

　　这种现象在全欧洲都很普遍，根据之一是弗朗索瓦·格拉赛 1765 年 4 月 8 日在洛桑给卢梭的信中写道："我非常尊敬的同胞，当您得知，一个礼拜天，我看到在马德里多明我会主教堂里，在大弥撒之后，当着大量傻瓜和权威的面儿，您的四开本插图版《爱弥尔》被焚毁，您会不满意吗？它绝对会使好几个西班牙领主和外国

---

① I. Leheu, "La diffusion du livre clandestin à Paris de 1750 à 1789", mémoire de maîtrise dactylographié, Paris-I, 1979.

147

宫廷使节不惜任何代价地弄到它,并使它得以通过海关。"

雷纳尔教士的《两个印度欧洲机构和商业的哲学政治史》保持着最高纪录,它被列入《禁书目录》。它对所有世俗和宗教书报审查制度予以最猛烈的抨击。人们到处谋求它。它拥有二十个秘密版本,还不包括盗印。

这些是促使书业负责人表现出许多灵活性的原因之一。他们没有关于禁令有效性的幻想,而是更喜欢妥协。1731年,书业主管首弗兰写信给奥尔良的一个检察官:"没有什么比过于严厉更不利于书业贸易的了。"实地调查证明了官方人物的牵连和同谋关系,禁书处于隐修院图书馆和国王图书馆中。针对书商的搜查行动总是带来令人失望的结果。1725年2月16日,一次搜查行动在鲁昂的普雷沃家里进行,因为有人刚刚从密探那里得知来自荷兰的违禁书籍到了。由圣-让教堂的本堂神父勒里耶指挥的检查,只发现了两本禁书:一本流浪汉小说《拉扎里罗》和一本《罗宾逊·克吕索埃》。后一部作品,被认为"对习俗和宗教非常有害",但在1720年获得了默认许可,允许从阿姆斯特丹进口;这个许可在1721年没有获得延续,而在1723年又被授予印刷许可证,但只是针对修订版。没有人知道这本书是否真的被禁。

在1725年初的同一天,一场对巴黎报人博内和勒库尔特的搜查带来了更有趣但也更令人尴尬的结果:人们查封了300册斯宾诺莎的《论精神》,人们得知,在这部绝对被禁作品的订货客户中,有布鲁瓦的主教、图卢兹的伯爵、卡拉芒先生。

同样在1729年,警察检察官埃米耶调查了一个名叫马修的人,他住在圣-多米尼克街角,谨慎地出售着不信神的和无神论的作品,它们嘲弄了圣经历史。除了大量教士主顾之外,检察官作证说:"他对我说,没有一个高等法院官员不买他的书。"[①]

1741年,一个叫拉巴里埃尔的人因为向流动商贩提供危险书籍比如梅叶的作品和克兰的《思想自由》而被扣押。1747年,一个巴黎印刷商谴责马尔什中学的一个教师和一个办事员,他们试图向他出售《宗教裁判所历史》,该书包含"一个怀疑论作者对宗教理

---

① Archives de la Bastille, éd. Ravaisson, vol. XIV, p.221.

性系统的批判思考"①。1749年,一个凡尔赛修道院的方济各会修士被捕,因为他写作并试图出售《作为宗教主要准则依据的偏见之墓》。大多数危险书籍是匿名的,但是因公共谣言和警察怀疑而揪出某些个人,比如法兰西学院的秘书让-巴蒂斯特·米拉波(1675—1760),法兰西文学院成员尼古拉·弗雷雷(1688—1749),语法学家塞萨尔·舍诺-杜马耳塞(1676—1756)。

违禁文学印刷和传播的重要中心之一,是阿维农的教皇领地,几千册盗版书出自那里,进入博凯尔和罗恩的定期集市。1766年,人们在那里查封了48箱"反对宗教和道德"②的书籍。

书报审查制度和流动商贩

反"坏书"传播斗争的有效性也要通过对流动商贩的镇压来检验。人们裁决了一定数量明显轻罪的案件:一个多世纪中,有297人因此被关进巴士底狱③。就像在所有其他领域中一样,现实主义占了上风。流动商贩必不可少,因此是可以通融的。马勒泽尔布在1752年写信给贝桑松的总督说:"文学鉴赏是如此普遍,以至于很难彻底阻止这类商业。禁止会使生活在他们土地上的领主、乡村本堂神父和许多个人丧失大量便利。许多人索居于市镇和乡村,那里没有书商。至于我,我认为,过于束缚公众的法律永远不会在本诉讼事件中被执行。我只是期望仅限于少数受委托的书业贸易,他们在每个行政区内依附于总督,服从于法规。④"

18世纪的这些流动商贩实际上在运送什么?答案很简单:什么都送一点。当然,以著名的历书作为开始,包括给耕作者的建议、天气预报、占卜,在教士看来这些都是非常坏的,但却是大量被容忍的事物;许多宗教小册子也附有圣歌、教化性和显示圣迹的叙

204

---

① Archives de la Bastille, éd. Ravaisson, vol. XII, p. 120.
② Archives de la Bastille, bibliothèque de l'Arsenal, n° 22098, f° 27. R. Moulinas, *L'Imprimerie, la librairie, la presse à Avignon au XVIIIe siècle*, Grenoble, 1974.
③ *Histoire de l'édition française* (sous la dir. De Roger Chartier), 1990, t. II, p. 106.
④ M. Ventre, *L'Imprimerie et la librairie en Languedoc au dernier siècle de l'Ancien Régime*, 1958, p. 171.

述、祈祷文、圣徒传记、偏门伪经。1750 年，考雷在他的《论一个牧者的义务》中写道，一个本堂神父应该"知道适合其人民的书籍。首先他应该明智地排除这些伪经传奇，这些迷信习俗，这些充满纵容和导致错误的妄想，它们只适合一个维持虚假安全的罪人"。①实际上，这些小册子被并无大碍地传播着。

所有渎神文学伴随着骑士长篇小说，短篇小说，传奇，讽刺作品，滑稽剧，所有或多或少有古老特征的东西。但是某些具有更现代、更内在化精神性的小册子也出版了，比如关于历史和时事大事件的期刊②。

顾客也完全和推荐的作品一样多样化，但是他们大多处于农民和城市平民阶层中。这种文学显然是简单的，然而它假设读者有一定的概念化能力，这意味着他们至少读过小学。廉价文学并不面向最穷的人，他们只能通过口头讲述了解相关文学内容。城市和农村贵族的低端群体占了购买者中不可忽视的一部分，尤其是历书。

这种文学引起许多充满激情的辩论和完全对立的诠释。自从芒德鲁和木尚博尔看到一种人民异化的形式以来，"掌握社会和政治方面的知识存在一定的障碍，而平民阶层受制于这一状况"。相反，他们发现了对解放的煽动。教士对这些廉价小册子的敌意足以排斥前面的观点，除非使所有这些谴责历书和神迹故事的主教们具有革命精神，并能形成被压迫人民的阶级意识。第二个观点似乎同样是极端的。蓝皮书既没有致力于使人麻木，也没有谋求叛乱；它是对某种需求的回应，就像所有时代的大众媒介一样。这首先是一种商业事务，向部分顾客提供消遣和他所想要的建议。应该避免夸大它的重要性：在历书、轻浮滑稽剧和圣徒传记的读者中，有朱安党人和革命党人，王室和共和派，革命者和保皇党人。他们的政治和宗教选择几乎与他们的读物毫不相关。

---

① Collet, *Traité des devoirs d'un pasteur*, 1759, 6e éd., p.66.
② J.-L. Marais, "Littérature et culture populaires aux XVIIe et XVIIIe siècles. Réponses et questions", *Annales de Bretagne et des pays de l'Ouest*, 1980, t.LXXXVII, n°1, pp.65—106.

　　然而，文学书籍的兜售属于一类监督对象，因为它频繁地暗藏禁书，正如 1724 年基埃纳的宪兵队长在拉辛和布瓦洛作品中发现了所有的新教作品①。在更广泛的领域，同样有市集书商的案例，他们整车整车地运输书籍。在诺埃勒·吉尔案例中，人们发现，拉皮斯托尔（一种 1760—1770 年间在博斯、索隆和韦辛地区穿梭往来的马车）运送的除了名著之外，还有色情作品和启蒙哲学②。这些流动商人的活动是对城市固定书商活动的补充，尽管被后者所抱怨③。最后是那些被大众文学出版商加以商业化的、改编自学术作品的书籍。出版商使它们变得更活泼，更适应现代语言，不道德的段落则经过了裁剪、删减。这就如同中世纪的传奇小说，比如《君士坦丁堡美丽的埃莱娜》，遭受了彻底的删改，才得以进入蓝皮书④。

206

　　廉价文学首先回应了一种需求，它要求某些对传统规则的尊重。它几乎不向新生事物开放，与一些人墨守成规的心理结构相一致：不打算为大众读者写新书，只是重印和改编旧书。这与这种廉价作品的特质有关，只求大量传播，因此只要符合顾客口味，它就能生存。

书报审查制度、学院和沙龙

　　在精英文化中，关系是颠倒的：价格更贵和限量印刷的书籍，可能有新鲜事物的风险，公众有教养，对传统需求感到厌倦。适应了这些读者的作者们，力求显示他们的原创性。时尚接踵而至：理性、自然、情感、物质主义⑤。各种思潮形成了冲突；每个哲人都有

---

① Brives-Cazes, *De la police des livres en Guyenne. 1713—1785*, Bordeaux, 1883, p.28.

② A.Sauvy, "Noël Gille, dit La Pistole, marchand forain libraire roulant par la France", *Bulletin des bibliothèques de France*, mai 1967.

③ J.Billioud, *Le Livre en Provence du XVIe au XVIIIe siècle*, Marseille, 1962.

④ A.Chassagne-Jabiol, *Évolution d'un roman médiéval à travers la littérature de colportage*: "La Belle Hélène de Constantinople", XVIe-XVIIIe siècle, thèse de École des chartes, 1974.

⑤ R.Mercier, *La Réhabilitation de la nature humaine*, 1700—1750, Villemonble, 1960.

自己的小集团。反启蒙哲学人士不停地进行形式上的革新以便更好地从根本上击垮革新派。因为他们没有顺应"历史的趋向",他们有点儿被毫无理由地遗忘了——因为他们的狂热,甚至他们的论证,毫不屈服于他们对手的论证,一切也是明智的,他们能辨别新思想制造的严重灾难,同时否定了旧思想延续的不合理。他们操纵了理性,和革新者一样灵巧①,他们用以嘲笑的反讽与伏尔泰的反讽一样可怕。对立双方使用同样的武器,他们对立的论点取自同一个不竭的源泉:历史②。

另外,两个阵营并不总是易于辨别的。关于启蒙和反启蒙的简单化的说法,可能会与人们理解的相反,不存在任何比 18 世纪文学状况更不那么黑白分明的东西了。当时大家经常来往,思想互相交换,互相分享。暧昧,甚至说两面派游戏,到处存在,权力真的不再知道它的朋友或它的敌人究竟在哪里。让我们看看共济会。它在 1737 年被红衣主教弗勒里查禁,在 1738 年 4 月 28 日被教皇克雷芒十二世依照教皇法查禁,1751 年被本笃十四世查禁,因为它承认在它的队伍中有非天主教徒。秘密宗教仪式使它变得可疑,然而它在欧洲各分支中有近 2 000 个神职人员,包括主教和教士③。

反过来让我们考察一下学院。巴黎的学院不再是官方文化的堡垒;外省学院,如果说更加保守,在新思想和地方文化特性的影响下也开始骚动。权威从此起了疑心。主教们担忧,冉森主义会在那里滋生。在马赛,贝尔赞斯主教大人把学院称为"冉森派和顽固思想的集会";他与支持机构创立的王室高级官员维亚尔互相冲突,拒绝将机构设在学院。在 1726 年 3 月,沙拉蒙·德·拉·威克莱德给他写信道:"您知道,主教大人,在王国所有的学院中,存

---

① A. Prandi, *Cristianesimo offeso e difeso. Deismo e apologetica cristiana nel secondo Settecento*, Bologne, 1975.

② C. Grelle, *L'Histoire entre érudition et philosophie. Étude sur la connnaissance historique à l'âge des Lumières*, Paris, 1993.

③ J.-A. Ferrer Benimeli, "Franc-maçonnerie et Église catholique. Motivations politiques des premières condamnations papales", *Dix-huitième siècle*, 1987, n°19, pp.7—20.

在当下事务的不同情感，然而它没有出版任何可能危害宗教的东西。"但这不足以使主教安心。应该满足他的条件：集会必须在主教宫举行，他的朋友利格尔作为代理人出席。同一命令的困难出现在阿尔雷，涉及弗尔班主教；在奥尔良，那里的主教在1741年他的宫中庇护了一个敌对协会，也就是在欧克赛尔的贝桑松；在亚眠，拉莫特主教被律师巴隆于1751年表现出的伏尔泰式的态度所激怒。

　　王室高级官员完全属于有自主哲学精神的大贵族，却非常支持学院：马赛的维亚尔，卢森堡公爵，伏尔泰的朋友；在鲁昂，拉罗夏勒的孔蒂亲王；第戎的孔代亲王。总督更加谨慎，但是一般支持与地方显贵和解。在卡昂，学院甚至被视为"总督的东西"，这种看法始于1753年的丰泰特先生。与之相反，在香堡，贝尔丹把协会说成"杂交物种"①。

　　因此，人们有个印象，外省学院，最初是忠于君主的工具，后来变得越来越独立于权力和权威。在他们的成员中，有20%是教士，37%是贵族，43%是资产阶级②。一种文人间的相互联系发展起来了，文化共同体背后的等级对立变得模糊不清。柯尔贝尔所梦想的知识和权力的结合消失了。这个大约有2 500人的小共同体，有形成文人共和国雏形的倾向，并且是非常精英的共和国。富有的贵族，其特权受到被排除在外的所有学院派文学研究者的质疑，对反对"学究"③小团体的卢梭主义阵营很敏感。

　　沙龙为那些不被赏识的、尖酸刻薄的和对现状不满的天才们提供了一个庇护所，只要他们能够在那里获得一席之地。在那里，每个人仍维持一种艺术性的朦胧面目，既站在权威一边，也站在沙龙主人一边。最使人困惑的例子是霍尔巴赫男爵的沙龙。当时最先锋的精神在那里交锋，其中有大量教士（雷纳尔教士、莫雷来教士、

①　D.Roche, *Le Siècle des Lumières en province. Académies et académiciens provinciaux. 1680—1789*, Paris, 1978, t.I, pp.34—37.

②　D.Roche, *Le Siècle des Lumières en province. Académies et académiciens provinciaux. 1680—1789*, Paris, 1978, t.I.

③　R.Darnton, "The High Enlightenment and the Low Life of Literature in Pre-Revolutionary France", *Past and Present*, 51, 1971, pp.81—115.

加利亚尼教士）和行政机构人员、科学院人员、平民。人们在那里说最大胆的话语，从对绝对主义的质疑到无神论唯物主义，但在日常生活中完全保持最循规蹈矩的行为。这使得罗伯斯庇尔说："这个小集团，在政治方面，始终贬低人民权利；在道德方面，它走到了毁灭宗教的偏见之外太多。这些巨擘宣称反对专制主义，但专制君主向他们发放年金；他们时而写书反对宫廷，时而写献词给廷臣；他们以自己的作品为荣，却爬着进入候见厅。①"

借用达尼尔·罗什的说法：如何解释这种"双重的信仰：生活因循守旧，思想大胆放肆"②？这个明显的双重性，只有当人们把它与权力的双重语言联系起来时才能被理解。这种权力的双重语言表现为既禁止和审查，同时也容忍沙龙的某些质疑，在不触犯作者的情况下，逮捕书商和流动商贩。在不成为同谋者的情况下，两个阵营将实施一场基于默契的微妙游戏。由于一种灵活而明智的王室书报审查制度，这种默契大概能够有利于"法国精神"的充分发展，同时相当精妙而又隐微的讽刺，可缓和对立情绪。书报审查官和启蒙哲人属于同一个世界，他们对一个宽容和温和的君主制表示支持。

自由派教士、无神论者和共产主义者

最激进的思想家属于第一等级。可以在教士里见到这种人。当他们将要摧毁神学栅锁时，他们走到了解放逻辑的末端，而贵族和资产阶级则没有超越他们所主导的自由制度的阶段。在哲学领域就像在社会领域一样，没有一个哲人敢自始至终追随本堂神父梅叶、堂德尚和共产主义倾向的本堂神父们。权力没有自欺欺人。对于他们来说，书报审查制度是严厉的，这迫使他们保留自己的思想秘而不宣，或者将自己置于要人的庇护之下，后者过于轻率而保护了自己的毁灭者。

---

① 转引自 J.-L. Dumas, *Histoire de la pensée. Philosophies et philosophes*, Paris, 1990, p.295.

② D. Roche, *Les Républicains des lettres. Gens de culture et Lumières au XVIIIe siècle*, Paris, 1988, p.243.

　　没有一个社会阶层在面对新思想的问题上不分裂。诚然,教士在数量上是传统等级方面占多数的:高级教士是反对所有演变的大贵族,要求对哲学作品增施压制;神父,在神学院中与世隔绝地被培养,首先是祭司,以虔诚和道德为中心。教士图书馆的藏书在18世纪上半叶增加了许多,越来越被主教统一控制。主教们加强了对教士文化的控制。凯尼阿尔研究了西部的这些图书馆,他写道:"主教们的倾向是限制他们的神父,终结个人自由,停止对伟大的传统文本的反思。在没有任何禁令的情况下,逐渐培植神学院接受关于圣奥古斯丁和圣托马斯的神学课程的特权;因此,这些神父在同一个思想模型中被铸造,这是好事。①"因此,人们在神父家里发现教士、说教者、某些神父的书籍以及圣托马斯的作品、教理书和护教书籍,基本上没有渎神书籍,就很好地说明了教士思想和世俗思想之间逐步拉大的差距。正是同样的书成为了让·梅叶②的同行的读物,他自己是其时代普通本堂神父中非常有代表性的人物,他的社会出身(阿尔戴纳商人的儿子),他所接受的神学院和亚里士多德学说的培养,足以证明这一点。另外,更多是在末世论著作和神学政治千禧年学说中,而非在当代思想中,我们可以探索到唯物主义、虚无主义的根源③。

　　在教会学校中,图书馆的落后是引人注目的:"人们能够观察到,在世俗知识运动与这些图书馆之间,存在一代或两代,乃至更多的差距。④""科学和艺术"资源平均占总体的3%到12%,历史占12%到19%。禁书,被认为是为了反驳它而必须阅读的,则被保存在一个上锁的封闭书房里,按照类型来分类("不信教者"、"有淫秽

210

①　J.Quéniart, *Culture et société urbaines dans la France de l'Ouest au XVIIIe siècle*, Paris, 1978, p.222.

②　D.Julia et D.McKee, "Les confrères de Jean Meslier. Culture et spiritualité du clergé champenois au XVIIIe siècle", *Revue d'histoire de l'Église de France*, janv.-juin 1983, t.LIX, n°182, pp.61—86.

③　*Études sur le curé Meslier. Actes du colloque international d'Aix-en-Provence*, 21 nov.1964, Paris, 1966.

④　*Histoire des bibliothèques françaises. Les bibliothèques sous l'Ancien Régime. 1530—1789*(sous la dir. de C.Joly), Paris, 1988, p.12.

211　图片"、"穆罕默德"、"无神论者"、"新教徒"等等)。

　　然而,正是从这种似乎与时代生活隔绝的教士等级中,走出了马布利、莫里、西哀士、普拉德、孔狄亚克、摩莱里、加利亚尼、圣-皮埃尔、雷纳尔、莫雷莱、普雷沃、索利、波多、鲁波、库瓦耶、德尚、梅叶、洛朗和一群其他的无神论者、唯物主义者、不信神者、重农学派、启蒙哲人、共产主义者、自由思想家。如果说大家都知道梅叶,那么其他许多人仍是默默无闻的,比如昂利-约瑟夫·洛朗(1719—1793),他是修道士和还俗教士,1765年长篇小说《马修神父》的作者,他在其小说中攻击教会、宗教、法律,认为这些扼杀了那些敢于自由思想的人①。在废弃的女修道院和修道院中,许多修士像让-巴蒂斯特·莫弗雷那样,他是特雷格尔的贝加尔西都修道会院长,无神论者,启蒙哲人勤奋的读者,指导了一小撮修道士。这些人在1771年指责翁弗鲁瓦准将:"策划反对国王和国家的阴谋,还在他们共同体用餐时屡次议论,说国王是尼禄,是卡利古拉,大臣们像所有将军一样,是该死的骗子,在所有衙门里,都只存在该死的骗子。②"变革对他们来说就是混乱的先兆。

　　更著名的是堂·雷瑞-马利·德尚。他是圣莫尔的本笃会修士,1745—1762年图尔的圣于连修道院的修道士,后来是蒙特勒耶-贝雷隐修院管理财务的教士,直至1774年去世。这个古怪的修道士,从未力求离开他的等级,他在其中享有巨大的自由,却形成了几乎是无神论的形而上学体系。他在一部尚未出版的手稿《真实的系统》中,记载了这一体系。在一种实证主义的预言中,他区分了人性演变的三个阶段:原始状态,基于本能的机械群;法律状态,社会建立在人法和神法名义下的不平等和压迫的基础上(宗教在这个时期是主要的,人们利用上帝思想建立不平等的、压迫性的和奴役性的道德);道德状态,将通过毁灭宗教并将神学转变为形而上学来接替前一个体系——上帝的思想将在这种开明的无神

① K. Schnelle, "Remarques sur les écrivains obscurs du XVIIIe siècle et le scandale des prêtres de gauche", *Dom Deschamps et sa métaphysique. Religion et contestation au XVIIIe siècle* (sous la dir. de J.D'Hondt), Paris, 1974.
② G. Minois, *Les Religieux en Bretagne sous l'Ancien Régime*, Rennes, 1989, p.229.

论中变成"一切（Tout）"，即真理和"所有的东西（le Tout）"，即一种真实的共产主义。

堂·德尚受到乌瓦耶·达尔让松侯爵的庇护，后者在奥尔梅城堡接待他，他比启蒙哲人们大胆得多，并被他们所蔑视。伏尔泰嘲笑他的形而上学，狄德罗要求审查他 1769 年的匿名小册子《关于时代精神的信件》。人们在那里再次发现，在一种出乎意料的形式之下，前两个等级联盟反对第三等级：自由派侯爵和无神论共产主义修道士对抗开明专制的资产阶级启蒙哲人！

乌瓦耶·达尔让松和堂·德尚并不代表所有的贵族和所有的教士，绝对不是。但是，他们的个案表明 18 世纪后半叶中精英文化的多样化。达尼尔·罗什很正确地指出：贵族的选择越来越个人，越来越不依赖于等级意识，尤其在高级贵族中，正如他们的图书馆演变所显示的，大量容纳了科学和哲学著作[①]。至于教士，这些人在绝对君主制中样样都做，机构文员、小学教师、大学教务、书报审查官、司祭，如果他们所受的教育使他们与世俗文化隔绝，他们的职业却总是深入到世俗，他们与所有社会阶层保持的联系，能够填补神学院的知识空白。一些人对新思想无动于衷；其他人则被哲学思想所灌注。

书报审查制度和《百科全书》

作为"特权"等级的世俗权力，被新思想大规模侵袭。由于缺乏反对启蒙运动的统一并明确的战线，书报审查制度是一种摇摆不定而难以把握的现实。它总是作为一种潜在威胁而不受约束地存在着，但又以不连贯和无序的方式实施处罚，正如某些著名例子所表明的。

达恩顿[②]研究的《百科全书》的个案，是最引人入胜的。《百科全书》的编纂延续了 20 多年，从 1751 至 1772 年，作品共 35 卷，合

---

① D.Roche，Les Républicains des lettres, *Gens de culture et Lumières au XVIIIe siècle*，Paris，1988，p.243.

② R. Darnton，*L'Aventure de l' "Encyclopédie"*，*Un best-seller au siècle des Lumières*，1775—1800，Paris，1982.

作者的数量将近 250 个,导致时局发生了可观的变化。这是一个非常复杂的事务,呈现为围绕文化产品的经济、哲学、宗教和政治的混合体。这使《百科全书》变成一种庞杂的不朽著作。

应该注意的是,最初这只是一种商业事务,由书商昂德雷·弗朗索瓦·勒布勒东发起。他被埃夫莱姆·钱伯斯的《艺术和科学百科全书》在英国始于 1728 年的成功所打动,决定在法国出版一部类似的技术和科学作品,以传播知识的进步。主持人狄德罗当时和他的合作者达朗贝尔一样是自然神论者。后者相信神启,撰写了第一卷的引言。教会支持这项事业的创办。教皇本笃十四世作为科学的爱好者,对这个计划感到欣喜。《特雷乌报》发现这项事业是令人愉快的,《百科全书》借鉴了好几篇它的文章。在 3 500 个首批预订者中,有不少教士,其中巴尔纳贝·齐亚拉蒙蒂是未来的教皇庇护七世。

《百科全书》的出版始于 1751 年。几年间,教会没有在书中发现任何邪恶。在合作者中,除了佩剑贵族、穿袍贵族、资产阶级、学者、艺术家、医生之外,人们还发现某些具有无可挑剔的正统观念的神学院院长。而且,勒布勒东坚持不想跟警察局有麻烦,总是瞒着作者介入,纠正、削弱、删除他判断为过于危险的段落。这些手段引起了狄德罗的狂怒,但是出版仍然毫无障碍地进行着,尽管有时会中断:在 1751 年和 1752 年出了两卷,然后停止了,直至 1757 年重新开始,再一次停止,再一次获得许可。这是根据文章的节奏,尤其是权力阶层的势力斗争的节奏而改变的。如果说主教们非常反对这些著作,但它们还是从蓬巴杜尔夫人、舒瓦泽尔和书业主管马勒泽尔布的支持中获益。

费雷隆的信件所披露的 1756 年的事情,在某种程度上表明,《百科全书》被马勒泽尔布和书业服务机构小心翼翼地庇护,他们准备审查所有对狄德罗事业的攻击。在 6 月 6 日的《文学年代》中,费雷隆通过影射将《百科全书》称为可耻的作品。即刻,达朗贝尔奔向他的保护人,控告说:书报审查制度怎么能通过一个恶劣的诽谤?"我听说,先生,在最近费雷隆的报刊中,《百科全书》被称为可耻的作品。我认为,这些报刊和他们的作者是无足轻重的,但是在我看来它不应该被授予许可,也不应允许审查官批准它。如果不向您说出我的怨言,那就是冒犯我自己和我所有的同事。①"马勒泽尔布训斥特吕波雷,因为他负责审查费雷隆。"《百科全书》的作者们有理由抱怨,先生,《文学年代》的作者在第 13 期第 193 页以最侮辱性的措辞谈论他们。在我看来,费雷隆先生应该对人们容忍自由感到满意,他每周都自由地表达着对自己的作品的赞扬。至少这样是公正的:他应该自我克制在人们给他规定的界限内,这个界限就是尊重作者们。②"特吕波雷竭力自我辩解,他谦卑地提醒道,毕竟所引的批评文字说的比行政法院的判决要少得多,判决查禁了《百科全书》的前两卷,正是因为这些批评所指出的那些段落,只是这些段落比整部作品"包含了更多的格言,更倾向于夸张的谬误、道德的堕落、不信宗教和不信神"③。马勒泽尔布回答说:让我们不要混淆不同类型的人。费雷隆是一个文学批评家,他只该管理文风,不需要攻击思想。"行政法院对《百科全书》的判决在我看来完全不适合为费雷隆辩护。法院是用来评定和惩罚可耻作品的,人们允许费雷隆批判文笔糟糕或构思糟糕的作品,由于同样的理由,基层法院和高等法院也不会因为平庸、冗长、推理错误等文字方面的理由而谴责和查禁某一本书。因此不应该让文学报刊来指控不信教和坏表率的作者。④"

　　不止一次,我们注意到,书报审查制度在两种不同意义上运行,启蒙哲人懂得为了他们自己的事业而利用它为自己服务。当然,事情自 1759 年起对他们来说变得复杂起来。《百科全书》的笔调变得更加大胆,按字母顺序的随机性编撰也导致问题的探讨变得更加棘手,抨击它也变得更难。在 1758 年,爱尔维修最后一本书《论精神》的事件突然发生。不同权威之间的对立仍然引起困惑和尴尬。爱尔维修能够利用权力内部的矛盾,让他的朋友们介入:通过凡尔赛警区长官勒鲁瓦的调解作用,说服马勒泽尔布指定让-皮埃尔·泰西耶作为负责检查其书籍的审查官,后者受宠于国王,

① B.N.F., n.acq. Fr.22191, f° 134.25 juin 1756.
② B.N.F., n.acq. Fr.3531, f° 62.28 juin 1756.
③ B.N.F., n.acq. Fr.3531, f° 63—64.28 juin 1756.
④ B.N.F., n.acq. Fr.3531, f° 65—66.30 juin 1756.

是法兰西文学院成员，支持启蒙哲人。文稿审读报告表达混乱，敷衍了事，使得包含明显反宗教内容的书籍借助国王特权得以出版。

这即刻招来教会和高等法院方面的非议。巴黎大主教签署了一个查禁训谕，而在高等法院，总检察长和代理检察长若利·德·弗勒里兄弟，要求作者作出撤稿声明。这部书在 1759 年 1 月 31 日被教皇查禁，2 月 10 日被焚毁。爱尔维修必须写一个撤稿声明，特许权被御前会议吊销。特吕波雷担任审查官职务。这个事件表明了书报审查制度的无法预见性和作者立场的脆弱性，它受到政治合力和大人物一时喜好的支配：特吕布雷被蓬巴杜尔夫人和舒瓦泽尔抛弃，夫人嫉妒他对国王的影响，舒瓦泽尔责备他阻碍自己的波兰政策①。

这个事件还波及《百科全书》。爱尔维修是《百科全书》的主要合作者之一，而狄德罗此刻采取了越来越务实的态度。在罗马，宽容的本笃十四世被克雷芒十三世取代，后者观点更褊狭。12 月 5 日，圣职部的一个手令将《百科全书》收入《禁书目录》，这导致一些教士被解职。《百科全书》的事业继续进行，但是越来越借助含沙射影的语言；以问题的完整性为借口，作者们自作主张地表达了所有关于有争论问题的可能的假说，包括与教会最对立的观点。尽管有困难，但这一事业整体上获得了巨大的成功，因为有 25 000 套《百科全书》在欧洲售出。这项工作在几年以后由出版商庞库克重新开始，他创立了《分类百科全书》，获得了高级行政机构的赞同。这部著作变成了这个世纪的文化圣经，堂皇地出现在所有官方图书馆中，尽管有无数针对它的攻击，它是启蒙运动书报审查系统模糊性的最好证据。

书报审查制度、科学和政治经济学

一般而言，科学著作不像形而上学著作那样令人不安。自从丰特奈尔的《关于世界多样性的对话》以来，人们对科普书籍的迷恋

---

① D.Ozanam, "La disgrâce d'un premier commis: Tercier et l'affaire 'De l'esprit' (1758—1759)", *Bibliothèque de l'École des chartres*, 1955, vol.CXIII, pp.140-170.与 J.Rogister 断言的相反，这个事件只是证明了高等法院与王权之间的对立。参见 J.Rogister, "Le gouvernement, le parlement de Paris et l'attaque contre 'De l'esprit' et 'Encyclopédie' en 1759", *Dix-huitième siècle*, pp.321—354.

不断地增加,带来了惊人的书业成功。比如勒尼奥的《亚里士多德和厄多克斯的物质对话录,或对话录中的新物质》,于1729至1762年之间产生了八个版本。至于普吕什教士的《自然的景象》,它在1732至1770年间再版了二十次。

不过,新生事物没能避开来自大学和科学院方面的吹毛求疵的控制。比如拉乌瓦杰,他担心被他的英国同事普利斯特利和卡文蒂什超过,决定不等官方的许可就发布他的发现,而后者被科学院一次又一次的讨论所推迟。至于布丰,他关于地球年龄的理论招致与从圣经字面解释得出的"官方"数据的冲突。这不是科学院,而是神学院要求他计算的。1749年,他出版了第二卷《自然的历史》,名为《地球理论》,他在其中解释了他的地理概念。1751年1月15日,巴黎神学院寄给他一封信,称在其著作中存在"与宗教不一致的原则和标准"。神学博士们写道:"您宣布,您准备纠正它们;因此我们发给您一份修改建议清单。在我们看来,其中这些似乎违反了教会信仰。"这些建议是关于地貌、行星和地球的形成等方面的。布丰认为,"卑躬屈膝比被绞死更好",他在1751年3月12日回信,感谢博士们的合理评注,承诺在下一部作品中会明确写进如下解释:"我宣布,我没有任何驳斥圣经文本的意图;我很坚定地相信一切被记述的关于创世纪的东西,无论是时间顺序,还是事实状况;我抛弃了我书中涉及地球形成的内容。一般来说,所有可能违背摩西叙事的东西,都只是作为纯粹的哲学假设而已,借以表达我的关于行星形成的假说。"①

27年后,当他出版《自然的时代》时,在书中,地质层研究将地球年龄提前了75 000年,代替了神学院所一直采纳的6 000年。他面临反对意见,于是加倍地谨慎言辞,巧妙地利用了各种保护,甚至在几个新版本里修改了某些要素。

历史作品必须考虑另一个因素,即外交的复杂性。一个著名的例子是伏尔泰的《查理十二世传》。掌玺大臣首弗兰担心波兰和萨克森宫廷的反应,因此,他命人查封刚刚有官方许可印刷的2 500册书。伏尔泰当时写信给鲁昂的印刷商克劳德-弗朗索瓦·若尔,

---

① Buffon, *Œuvres complètes*, Paris, 1838, t.I, p.379.

指示将秘密样本用船沿着塞纳河而上运进巴黎,装入黎塞留公爵的豪华马车中。

自从沃邦和波瓦吉尔贝尔的不幸事件以来,政治经济学领域被加以特殊监督,因为它近距离地触及了生活水平、税收等社会公众的敏感话题。这些问题会直接质疑政府政治。18世纪君主制长期的财政问题、约翰·劳危机、印度公司、质疑重商主义、重农学派的崛起,被经济学著作越来越多地表现出来:有人统计,在1715至1789年间有2 525部相关书籍①。

权力在这里显得更加不妥协。对权力而言(就像今天一样),这涉及说服舆论相信,它的经济政策是唯一合理的,替代方案都是虚幻的。惩罚雨点般地落下,有时也同保护势力博弈。1727年以来,布兰维耶的《法兰西国家》被禁,就像1745年杜潘的《经济学》、1760年的《税收理论》和大量其他作品一样。1764年3月28日,一则王室声明简单直接地禁止出版关于财政问题的书籍,并谴责那些作者"在所谓计划保护下致力于发布辱骂性的声明,有时竟敢说出最该惩罚的污蔑言论"。

然而,情形的复杂性,各种各样的支持势力,政治格局的变化,宫廷中力量关系的演变,明显地在编织一张无效的破网。"经济书籍审查制度完全是在讲述一部没有指针的君主制的历史。"让-克劳德·派罗正确地写道②。蓬巴杜尔夫人是作者们的保护人,她决定他们的书籍是否能获得印刷许可。这就是1758年帕图罗的《论土地改革》和1764年杜彭·德·讷穆尔《谷物进出口》所遇到的情况。1767年,魁奈希望把《公民星历表》献给王太子,但是重农学派阻止了他。杜尔戈时期显然支持自由作品的出版,教士索利、波多、库瓦耶、莫雷来、卢波在当时都毫无麻烦地出版了好几本书。

启蒙哲人很不欣赏经济学著作,他们将其判断为可憎的,他们很少促进传播这一类思想。因此自从这个时代以来,经济学变成

219

---

① *Économie et population. Les doctrines françaises avant 1800. Bibliographie générale commentée*, Paris, 1956.

② J.-C.Perrot, "Nouveautés: léconomie politique et ses livres", *Histoire de l'édition française*, t.II, p.302.

了一种留给专家的领域，不属于那些推广给大众的科学普及工作。米拉波没有指望卢梭、伏尔泰、狄德罗对他的《税收理论》感兴趣。卢梭在 1762 年写道："经济学书籍一无是处。"兰盖在 1769 年写道："公众的厌倦使所有这些经济学蠢话消失。"

　　启蒙运动与书报审查制度不可分离。查禁的持久威胁激发了启蒙哲人，而不是使他们缄默不语。让我们大胆提出一个悖论：启蒙哲人的才华及其成功乃是缘于开明君主制灵活的书报审查制度对他们所实施的限制，正如缘于他们特有的功绩一样。暗示、含蓄的批判、所有二重反讽的手段，是审查工作的产物，它必须考虑到已经被他们的思想征服了的另一半的权力的界限所在。

　　在官方的许可下就能出版他们的见解（在黎塞留治下，启蒙哲人们大概没有胆量写出其中的十分之一来）。如果说他们有时也被打击，那么惩罚从未达到可怕的程度。更"受迫害"的人之一狄德罗看到他的《哲学通信》被焚毁（但只是模拟 1746 年的旧版形式样书），他的《怀疑论者的散步》被没收，在《盲人书简》（1749 年）出版之后，他在万塞纳舒适的监狱里度过三个月。霍尔巴赫沙龙一直持续煽动着查禁，但他从未感到不安。卢梭带着骑警队的敬意平静地溜走。至于伏尔泰，这个民族的纪念碑式的人物，任何权威都不敢触碰他。甚至在他职业的前期，他不受处罚地嘲笑权力。他的《哲学通信》被红衣主教弗勒里和审查官罗特兰教士赞扬。他招来的某些不幸事情主要是因为他自己的愚蠢行为，比如恰好在没有许可证的时刻出版他的《致扎伊尔书信》和《品位的圣殿》。当出版许可被拒绝，他让人秘密出版英译本，然后出版法文版，在 1733 年和 1734 年，书商若斯又制造盗版。掌玺大臣首弗兰当时发出针对伏尔泰的密函，命令他必须在勃艮第隐居。之后，伏尔泰让黎塞留公爵夫人、埃居隆夫人、德芳夫人担任支持者，但这无法阻止他的《哲学通信》在 1734 年 6 月 10 日被判处销毁。作者必须签署一个撤稿声明，还向他的印刷商若尔交付违约金，后者因他而失业。在此期间，《哲学通信》在全法国传播。在作者特有的功绩之外，书报审查制度对促进创造杰作也功不可没。

马勒泽尔布和书报审查制度：《书业备忘录》
　　正是这些矛盾，加上对预先审查和镇压措施无效性的感悟，推动了马勒泽尔布在 1759 年编写了关于这一问题的五份备忘录。我们应该重新提起这个启蒙运动的关键人物，我们可以窥见他反复多次的行动①。这个三十岁的年轻人，在 1750 年成为书业首脑，在法律职业的开端之后，他已经完全意识到当时书报审查制度的虚假性。他是文人的朋友，希望给他们带来更轻松的生活，正如他在 1758 年给莫雷来的信中所说："我只与文人一起生活。当我觉得被意外情况引诱时，或许违反了我的意愿，在一种不同的领域内，我只是渴望能够为与我共度一生的人提供某些服务。我相信我会发现机遇，当我负责书业时，我能够为他们提供写作自由。我总是看到他们追求这种自由，这使他们摆脱许多痛苦，他们似乎总在痛苦中呻吟，他们不断地抱怨。②"

221

然而，把他看成一种对出版彻底自由的拥护者，也是一种谬误，因为他宣称存在着不可触及的领域。他工作的核心是要将书报审查制度的力量集中在这些禁区里，并在其他领域表现出一种巨大的宽容。他处在中间的立场，自始至终有捍卫其职责的勇气，反对双方的极端倾向，直至 1793 年在国民公会面前，也坚决誓言捍卫路易十六，这导致他在 1794 年 4 月 21 日被送上断头台。

当事态恶化时，马勒泽尔布开始于 1759 年撰写书业改革计划。比如《百科全书》和《论精神》，以及 1757 年 4 月 16 日在达米安谋杀案之后可怕的国王声明，它制定了针对作者、印刷商、商贩和流动商贩的死刑，只要他们的作品"倾向于攻击宗教、动摇思想、给我们的权威带来打击并扰乱我们国家的秩序和平静"。

在 1759 年 2 月和 3 月，马勒泽尔布寄给他的父亲掌玺大臣五份备忘录，既是为了启动既存制度，又是为了实施改革。因此这些文本的效用是双重的：它们提供了路易十五治下书报审查制度的运行及其后果的全部情况，又指出了对更自由的开明制度的憧憬。

---

① 马勒泽尔布是几年来研究兴趣恢复的对象，他的自由精神和他的关于书报审查制度的作品使他成为出版自由的先驱者。P. Grosclaude 已经古老的传记，在 1994 年被补充上 Jean des Cars 写的传记，*Malescherbes*，Paris，éd. de Fallois，et d'Y. Lemoine，*Chrétien Guillaume de Malescherbes*。

② 转引自 P. Grosclaude，*Malescherbes et son temps. Nouveaux documents inédits*，pp.149—150。

备忘录曾经一直处于手稿状态,直到 1809 年才得以出版。最近, 222
在 1994 年,它们有了由罗杰·夏蒂耶发行①的精美的再版版本。
我们对之进行简洁的分析以证明它对我们的重要性。

　　第一个备忘录名为《关于新法规的必要性或论改革旧法规》。
马勒泽尔布首先批判书报审查官检查手稿的状况。他们缺乏明确
的命令,而以私人方式负责审查。审查官要么表现得过于宽容,这
会招致法官的惩罚;要么过于严厉,这会使受挫的作者走向非法印
刷。无论如何,不应该对此抱有过多幻想。"书籍许可到达顶点。
我很难相信人们能彻底中断它;但是,通过采取良好措施并聚焦主
要对象,我相信,能够大量减少它。"他重新以《论精神》一书为例,
马勒泽尔布注意到,首先这本书存在争议,因为它得到了审查官的
授权。但是即使它被查禁,也照样出版。书业主管引用了好几个
个案,是在警察总监勒内·埃罗尔治下 1731 至 1739 年之间出版
的有争议作品。其结论是:需要新法规。

　　第二个备忘录针对《关于人们应该制定的法规的基本原则》。
马勒泽尔布主张一种现实主义态度。他写道:"我们不再是 15 世
纪,那时每年出版五六本书,这容许详细的检查。今天,这种精确、
漫长和重复多次的书报审查,不能适应大量书籍出版的潮流。"一
个作者易于欺骗审查官;至于印刷商和书商,他们不"负责超过他
们能力范围的作品内容"。结果,"因此我只知道一个实施防御的
手段:少做。防御只是当它们稀少时才被遵守,应该把必要手段留
给重要对象"。力求不去禁止过量的作品,那只会鼓励走私,结果 223
是使外国印刷商和书商变得富有,增加了人们对坏书的兴趣,坏书
因为被禁而变得更能牟利。证据多次表明,正如人们另外在盐和
烟草非法贸易中所发现的,即便是最严厉的措施也没有禁绝违禁
品。所有人都会参与进去;禁书"在城市秘密地流行,甚至在国王
眼皮底下的凡尔赛。人们看到有一年,所在省份的许多人,尤其是
女人,为她们朋友的作者提供作品销售服务。通过这个手段能得
到更大的销量,比通过书商途径卖得更贵"。

---

①　Melescherbes，*Mémoires sur la Librairie. Mémoire sur la liberté de la presse*，
présentation par R.Chartier，Paris，Imprimerie nationale，1994.

因此应该提出五个原则：1.让作者为他们的作品负责，尽管有书报审查制度。2.让审查官只负责他们所审查的书。3.局限于非常少的对象，通过拒签许可证，杜绝坏书的流通途径。4.使用所有可能的严厉措施，打击那些没有许可而被印刷的书。5.只将固定的和明确的法规规定给审查官。

马勒泽尔布以一个引人注目的段落，结束了他关于书报审查制度在知识进步中产生的危险的论述：在禁止谬误的借口下，同时禁止了真理。诚然，在书中有善有恶，但是不要忘了，这些书籍使人们摆脱野蛮："让学者服从荒诞法规，出于不良动机束缚他们的工作，这是想重回野蛮。"不妨让良种和杂草一起生长，随着时间推移，公众会自行甄别。

第三个备忘录名为《关于应该允许或容忍的书籍》，第一次试图对好书坏书做出选择。他提出的普遍原则是，应该将禁令集中于少数的重要对象，将自由留给所有其他对象。有四个应严格监督的领域：对个人的人身攻击和诽谤，对其加以处罚彰显正义；政府；道德；宗教。在这些领域，马勒泽尔布给表达自由设定严格限制。因此，所有涉及国王权威的东西都是不能碰的："应该规定书报审查官方面的法律既不是任意的，也不是不确定的。他应该完全明确这个问题。哲人和学者徒劳地认为，他们是更坚决的统治者权力的捍卫者，对他们施加的束缚将剥夺公众接触崇高理论的权利。"因此，人们不去碰国王。作为回报，他们应该拥有其它所有自由，可以批判大臣和政府的行为。这既对公众有利，使他们了解政策范围，也对统治者有利，使其对其仆人的错误提出警告。认为这会使政府变得不得人心，是错误的：它能比目前更不得人心吗？同样，禁止反对自己的文章的柯尔贝尔，是面目可憎的。

道德方面，应该禁止淫秽内容并接受许可制度，因为我们别无他法。马勒泽尔布对拉伯雷放任自己粗俗而感到遗憾，但又认为，想要禁止拉伯雷的作品是徒劳的。

至于攻击宗教，书业主管仍是书报审查制度的坚定支持者，不仅"明确违背宗教的书籍不能在任何国家被容忍"，而且同样不被容忍的是，"那些以探讨其他问题为借口，确立有害原则或招致可耻讽刺的书籍"。对于神学家书报审查官而言，"书报审查制度原则完全不同于其他审查官的原则”，因为在他们的领域中，他们占有绝对的确定性，明确和不变的纯粹真理，这使他们能够毫不犹豫地查禁谬误。

然而，人们可能会想，实际上马勒泽尔布在这一章是否有点儿过分；人们可能怀疑这个段落中有另一种讽刺，夸奖神学的稳定性。在神学戒律中，最高谬误就是求新，因为它从一开始就达到了完美，因此不能进步：“这不是一种能接受进步的科学。统一、简单、恒定，是它的主要属性。任何新观点至少是危险的，肯定是无益的。因此，人们无须担心，书报审查官的严厉会阻止神学家的自我完善。宗教科学获得了完全的完善，当它被给予我们，发现新生事物的想法对它而言是不利的。”在伏尔泰和狄德罗的一个朋友的笔下，这种信仰职业是可疑的。更令人不安的是，马勒泽尔布完全意识到这个风险，“同样的严格，即便它是过分的，也不会危害其他科学”，认为这个弊病“不太重要”。“应该观察到，对神学家的审查可能危害的科学只是形而上学或遥远时代的历史，其年代学应该与神圣文本相一致。不过，这两种科学一定值得保护；但是它们不具有直接的用处。”因此，马勒泽尔布的宽容精神有一些局限，因为他似乎接受人们以神学名义审查里沙尔·西蒙和布丰，从而使历史学和地质学变得缺乏价值。

在涉及异端书籍的问题上，他表态赞成宽容冉森派书籍和谈论中世纪古老异端的书籍。对于新教作品，他更喜欢以表面上的顺从，而不是以国家官方立场回避了这个问题：“至于加尔文派，我对他们关心的事物无话可说。关于被这种谬误毒害的书籍，我们应该支持对这些教派信徒实施的普遍严格的措施。但这不属于我的权限范围。”他的行为，在后来非常有利于新教徒的世俗平等，实际上更加显示出他的真正情感。

结论是，在这些特殊领域之外，明智的意见是宽容。应该看到一个明显的事实：黎塞留、马扎然、路易十四都没有成功地遏制住作家们。“还不存在任何部门能够遏制作者们或者使自己能完全掌控出版，这在一个人、甚至农民都能够阅读，每个人都自诩能够思考的世纪，尤其变得更加困难。”

第四个备忘录，《关于阻止禁书的印刷、贸易和引进的法规》，涉及一些具体建议。在评论了 1723 年、1728 年、1757 年决策之后（这些决策制定了戴铁项圈刑、流刑、徒刑、死刑，但它们并不现实），马勒泽尔布提出一个计划声明，其要点如下：授权更多印刷商，但是将他们集中在大城市；强制他们保持准确记载（包括他们印刷作品的名单、工人的身份等等），每年接受总督们的检查；禁止印刷和销售无许可证的书籍；废除不适用的吹毛求疵的法规，比如禁止在塞纳河岸开设摊位和店铺的法令；终结有利于印刷商和书商师傅儿子们的特权，支持有资质的学徒；容许作者们自己销售他们的书籍；改变 1723 年声明的条款，它将外国书籍进入法国的地点限制在巴黎、鲁昂、南特、波尔多、马赛、里昂、斯特拉斯堡、梅兹、亚眠和里尔，审慎安排定期巡查。这些城市不在边境，它们的名单是波动和不确定的，大臣也不知道兰斯和贝桑松是否也列在其中。为什么没有图卢兹、雷恩、杜威呢？

另外，如何面对个人随身携带的以供旅行期间消遣的书籍的入境？应该实行对旅行者的系统搜查和对其个人读物的检查吗？更惊人的是，马勒泽尔布打算在加莱做这个实验，由于成本过高，他才放弃了这个打算：

> 227　　我认为，应该找到一个足够积极、足够忠诚、足够精通书籍知识的人，为了能够让他负责处在每个进入港口海船的终点，检查每个乘客包裹中的东西，随时下令应该扣押和应该放行的东西。在我看来，如果能够有一个可靠的人，在每个有大量外国人进入的城市负责这个委托之事，我们就会预防大部分危害，因为走私对象数量众多，无法使大多数人离开他们的路线。因此，违禁品只能在最繁忙的检查站查获。
>
> 　　我对皮卡尔蒂总督谈及此事，他确实发现在加莱城内有适合这个职务的臣民；但是因为这要求付出许多辛苦和勤奋，还要承受大量的麻烦事，没有人愿意负责此事，除非人们发誓为他们谋得一个安稳的生活，补偿他们的辛苦和烦恼。这个拒绝没有使我感到惊讶；相反，我的结论是，皮卡尔蒂总督先生应该找非常正直的人帮忙；因为那些良知坚定的人从不拒绝责任，甚至免费做也愿意，因为其中有许多小乐趣，而且无须向

任何人汇报。

　　因此应该认为，我们只需在主要道路的检查站安排这样的办事人员，支付他们高薪。而且正如我已经说过的，有许多其他更简便的走私方式，我们投入太多将得不偿失。

　　因此应该满足于在总督的权威下，或者在由掌玺大臣授权的检察官在场时，检查包裹。无论如何，应该大量增加监督进口的地点。总之，由马勒泽尔布建议的措施在细节上似乎是模糊的，只能强化人们对当权者无力面对禁书贸易的印象。

　　最后，第五份备忘录，针对一个特殊问题：默认许可。马勒泽尔布写道，它们屡遭诟病，但是"放弃它们是绝对不可能的，所有那些最反对它们的人到头来都不得不运用它们，如果他们负责过几个月书店零售业务的话"。另外，这不是转瞬即逝和了无痕迹的法令：许可记录在掌玺大臣登记处，并在巴黎警察总监和书业行会理事和副手那里有备份。可以这样认为，一部有默认许可的书是一部还没有得到确认的书。这类书籍，几乎和官方许可的书籍一样重要，属于人们不敢公开授权的作品，以便不赋予它们权力担保。但是人们知道，禁止它们是徒劳的。

　　马勒泽尔布的第五份备忘录是有自知之明的，证明在面对大量书籍的增长和越来越有教养、渴望参与思想辩论的人数增长时，书报审查制度的失败。

228

229

第七章 最后的斗争(1770—1790)

在 1770 年代,大量敌视制度的出版物变成了一种席卷一切的浪潮。此时的书报审查制度的壁垒已形同虚设、支离破碎,尽管不无某些零星抵抗的尝试。报刊、小册子、书籍更频繁也更大胆地攻击宗教、王室家族、特权阶级。无神论的和色情的作品大规模地渗透,淹没了无能为力的权威。充满微妙游戏和同谋关系的时代已经结束了;在兵力部署上,对手占领阵地,权威自认失败。人们有一种感觉:这场斗争提前结束了,书报审查制度只是一种官方的无关紧要的屏障,在它背后的权威们已经准备好了投降。自 1710 年代以来的漫长的颠覆行动到达了它的终点。

反对书报审查制度松懈的教士会议

只有高级教士仍然在抵抗,保卫最后的阵地,却被衰弱的世俗权力所抛弃。主教们发起了悲怆的号召,通过学校,通过对书籍报刊的控制,企图将文化收回手中。但他们在某种程度上没有估计到这为时已晚。他们在保卫一种王权已不再相信的书报审查制度。

在 1770 年的教士大会上,这是一种在作者们不断增加的胆量面前的疯狂:再不可能从作品中摘出一些应受谴责的句子。现在整个书籍都是被毒害的,这需要用规模庞大的论著做出回答。"每天都被某种新的渎神作品所标记。"最新近日期的作品:霍尔巴赫男爵刚刚出版的《自然的体系》,"或许是人类精神敢于创作的最罪恶的作品";"纯粹的无神论正在被人胆地讲授,这是霍布斯、瓦尼尼和斯宾诺莎永远不敢设想的";作者"在社会中只看到一种卑贱的集合,由软弱、愚昧和堕落的人们构成,在欺骗他们的教士和压迫他们的君主面前卑躬屈膝"。

政府放任自流,"陛下的美好意图没有被执行";这本可恨的书,向国王描写了主教,"在您的首都中,或许就在您宫殿的门口不受制裁地出卖自己"。在"我们对抱怨的不作为面前",应该严厉惩罚并力求战胜。严厉惩罚:一包坏书在巴黎城门被拦截,搬运工被逮捕,大会为这个消息感到高兴;8 月 20 日,高等法院的一次判决,它刚刚判处七部作品在法院大楼梯下被撕碎和焚毁,大会表示祝贺,因为它们是"亵渎宗教的、亵渎神明的和煽动叛乱的,试图摧毁整个神性观念,鼓动人民反对宗教和政府,推翻所有安全和公共正直的原则,并使臣民离开对他们君主的服从①"。高级教士说,这很好,但远远不够。

反攻:大会对神学家发起号召,让他们拿起笔为宗教辩护。但是,还应该发现有才华的人,让他们不协助嘲弄宗教。为了更多的安全,人们决定再版前几个世纪卫道士的作品。这证明了一个教会的衰弱,教会沦落到号召老兵来夺回阵地,用 1 500 年的古老论据来反对现代哲人的攻击。

另一种方法:高级教士决定编写《对信徒关于不信教之危险的警告》,这是个 33 栏对开本的冗长文本,它需要在主教管区内传播。如果说博学而枯燥乏味的表达方式很少有机会触及大众,但某些论点却不乏远见。在痛心地向基督之后 1 700 年的基督教民众重新解释宗教基础之后,作者们论及了宗教的社会用途:人民需要一种宗教;甚至启蒙哲人也承认了这一点。取消人民的基督教(它是一切中最好的),只会导致发展迷信,导致更坏的后果。这个"启蒙了的"论点反映了天主教是迷信的敌人的信念:"民众尤其不能不受教育而放任自流。当他们不知道真理时,他们就捏造或者采用寓言和虚构;如果他们不知道他们应该持守的道路,他们就会误入歧途。民众不能没有宗教,因此,削弱他们的福音信仰难道是使他们免受迷信吗?人民越是不确定,就越是迷信。"②

---

① *Procès-verbaux des Assemblées générales du clergé de France*，t. VIII，pièces justificatives，p.610.

② *Procès-verbaux des Assemblées générales du clergé de France*，t. VIII，pièces justificatives，p.574.

另一个论点见证了一种清晰的分析。启蒙哲人知道,人民无法达到必要的理性和文化水平,以作为"启蒙了的"人们去生活;事实上他们旨在将权利留给知识精英,然而被剥夺了宗教的人民将陷入迷信。这是某种形式的技术专家治国、科学专家治国的预兆:"他们过于坚持人类的偏见,即人民的愚昧和脆弱。假定人民不能用功学习,或者世人总是被他的日常事务和肉体享乐所分心,不能付出探索真理所必需的时间并达到理解真理。因此,真理被留给博学的有文化的阶级。他们从天堂接到了最高的才能,抛弃了世俗生活的职能,完全致力于学习和讨论,以了解应该相信的事情和应该做的事情。"

第三种进攻:启蒙哲人向我们谈论平等,但"在自然、力量、精神、权力、财富看来,一切都是不平等的,没有什么能补偿这种不平等的分配,人们不喜欢这种不平等"。教会谈论了真正的平等:每个人在上帝眼中的平等。教会将慰藉带给弱者和生活的失败者,"那是一种强大的抗衡力量,宗教使人们对抗激情的狂热和事物的无常",而在哲学社会中,失败者被简单地遗弃,这代表了所有社会混乱的风险。所有哲人提议的事情,是用怀疑代替真理;不过,"如果方法论上的怀疑导致了对真理的认识,那么,对真实和永恒的怀疑则偏离了真理;当应该选择的时候,它是所有状况中最糟糕的一种"。

这个文本不无优点,但是它只是对信徒中的精英说话,而后者已被哲学学说所诱惑。最终,1770 年大会在《致国王关于坏书印刷的备忘录》中重申它对王权的召唤。大会对权威缺乏能力感到愤怒:"怎么能发生这些事:同样的混乱仍继续存在;不信教继续对抗宗教和法律;总是一再地违抗迫使我们将同样的诉状和同样的祈求送到陛下的面前?"怎么能发生这种事:警察在所有领域都很出色,唯独在那个领域无能为力?"不信神者的书房、散布有害作品的出版社和传播它们的流动商贩的贪欲,怎么会让警察们变得毫无用处呢?"

主教发出了预警:在英国人那里,思想自由导致了一场革命,"混杂着宗派、舆论和党派的民众";在法国,民众是热情和善变的,他们将"产生最极端的革命,可能使他们陷入所有无政府主义的恐怖中①"。

1772 年的教士大会用一个新的《致国王备忘录》②重新提出这个问题。统治者发现教士们的提议是"有趣的"，但是没有带来任何行动。在 1775 年的大会上，声调提高了。主教们说，新国王是年轻人，他有正直和纯洁的心，因此应该开导他。这一次，不再是一个"备忘录"，而是"诤谏"，应该以"公开和光明正大的"③方式递交。这个文本痛斥作者们似乎享有的彻底的自由："反宗教的书籍不能获得政府的许可，但有人认为没有必要取得许可。他们在目录中公布，人们在公开销售中展示，带到私人家中，并在大人物的客厅里炫耀。"所有领域都被触及，历史、哲学、诗歌、艺术、科学、戏剧；所有公众都被传染，甚至是女人，"以前她们的虔诚曾给教会带来慰藉"。

主教们感觉到一种暗中的争论在抬头："这种普遍的狂热从何而来？它试图瓦解社会的联系。这种奇怪而令人担忧的审查从何而来？为什么没有人拒绝政府的运作、权力及其局限？"很快"您将看到邪恶的行为，伴随着不幸，听任自己走向暴行"。应该抵抗：取消默认许可，强制要求在书的开头附上作者名字，让审查人员负起责任，遏制书商的贪心，只给好作者以恩惠。新政府似乎没有被打动。王室的反应也总是模糊的：不需要另外的法律，"然而我将命人考察是否有可能补充更有效的新法律"。

大会公布了违禁书籍名单，附有一封致主教们的信，撰写了一个新的《对信徒的警告》④，其口吻变得更加悲愤。文本列举了基督教的七个优点，带来了所有明确的安慰，并通过启示确保他们"与平凡人相称的需求，鉴于他们的软弱，必须确信上帝并没有拒绝他

235

---

① *Procès-verbaux des Assemblées générales du clergé de France*，t.VIII，pièces justificatives，p.568.

② *Procès-verbaux des Assemblées générales du clergé de France*，t.VIII，pièces justificatives，p.685.

③ *Procès-verbaux des Assemblées générales du clergé de France*，t.VIII，pièces justificatives，p.706.

④ *Procès-verbaux des Assemblées générales du clergé de France*，t.VIII，pièces justificatives，p.715.

们的哪怕是额外的诉求；这对许多人来说是必要的需求，他们的日子里充满了今生必不可少的事务；同样也是强大的天才和学者所渴望的需求：它消除了他们的疑惑，使他们不再对自己的幻想，或者他人的幻想产生怀疑"。因此，宗教比哲学更平等，因为它将确定性分配给所有人，而哲学传播疑惑，并将对真理的认知留给知识精英。宗教的其他优点是，它报偿了美德，通过良心责备抑制了邪恶，通过忏悔保留了对罪孽的宽恕，抚慰了不幸者，提供了不朽的希望，保证了公共秩序。这个文本以对怀疑的人、不再相信的人和仍然相信的人发出的号召作为结尾。

1780 年议会与文化问题

1780 年教士大会赋予书籍和书报审查制度以首要议题，但是它以更加细致的方式处理了它①。大概主教们对关于他们的蒙昧主义的指控很敏感。他们实际上否认想要压制思想。他们说，我们不想"熄灭才华之火"，或者"迫使人民愚昧和迷信"。我们的目的是阻止公开表达"将社会秩序的幸福和谐置于危险之中"的思想。"教会只是将开明的服从施加给它的孩子。"主教们遗憾地指出，法律在针对写作作出了死刑的规定，这种过度的制裁反而掩盖了错误："悬在犯人头顶的裁判权导致我们掩盖了更明显的罪行。"应该不那么严厉但更加系统地实施惩罚。

在 10 月 7 日的会议上，阿尔雷大主教宣布，负责检查过去五年出版物的委员会没有发现任何一部值得严厉谴责的著作，这大大出人意料："对我们而言，最令人欣慰的是能够向你们宣布，亵渎宗教的言行，在外在攻击性方面变得更加有节制了。在过去五年里，没有采用任何强硬手段实施攻击。以往那些狂暴的和破坏性的攻击，往往会公开摧毁道德和习俗的神圣大厦。"这种惊人的语言，表现出一种出乎意料的宽容。主教们没有读过《基于自然的宇宙道德或义务》吗？1776 年霍尔巴赫在其中大发雷霆、反对宗教。他们能判断同年出版的马布利的《法律原则》和狄德罗的《一个哲人的

---

① *Procès-verbal de l'Assemblée générale du clergé de France de 1780*，*au couvent des Grands-Augustins*，Paris，1782，pp.335—342.

对话录》是无害作品吗？我们不知道这种突然出现的合理健忘是不是他们自愿的。

或许主教们感觉到一种巨大的宽慰：他们的眼中钉，伏尔泰，刚刚去世（1778 年）。面对"这个著名作家"的消失，他们不无拙劣地掩饰着他们的喜悦。但他们的满意很快转变为 1782 年大会上的惊惶。当时他们得知了这位哲人作品全集出版的计划，"文学事业的进行同时威胁了教会和国家"。伏尔泰的幽灵引起他们在这个作家活着的时候一样的恐惧："可怕的猥亵话语不止一次地玷污了他的羽毛笔。他的许多作品表现出一种不受限制的独立性和对权威的仇恨！"令人恐怖的顶点在于：有人建议同时出版未刊手稿，这或许比已知的文本更糟。即使死了，伏尔泰仍继续工作并侵蚀着教士的存在。绝对应该使用一种死后的书报审查制度来禁止这部作品："有人可能对您说，陛下，作品被印刷的地方（科尔堡）不受陛下的统治；但是我们必须相信一种持久不衰而且无可辩驳的传言，主要出版者就在巴黎。至少，这一点是始终如一的：这个首都的艺术家制作版画用于装饰计划中的出版物，从王国一端到另一端，书商中有人高调预订，毫不隐讳地支持这一可耻的出版，此外还有数个期刊预告了出版信息①。"

让我们回到 1780 年。在《致国王关于坏书的备忘录》中，主教们试图再次说明使国王行政机构承认世俗和宗教权威之间密切合作的必要性："两种权力的拥有者彼此应该互相启发并互相依靠。""是时候终结这种可怕而可悲的麻木了。再有几年的缄默，普遍化的震荡将只会让我们看到废墟和残骸。是的，陛下，一种可怕的危害预示了在您幅员辽阔的国家中将有更加可怕的灾祸。反基督教的煽动性的作品，不受处罚地越过首都的城墙散布到王国的尽头，在君主制的所有区域中，传播反宗教和放荡的毁灭性毒药。②"不应该再授予默认许可；应该用心选择书报审查官，一有涉及宗教的问题他们就必须警示神学家。应该严厉惩罚这个"曾经的修道士"，

①　*Procès-verbal de l'Assemblée générale extraordinaire du clergé de France tenue au couvent des Grands-Augustins en 1782*，Paris，s.d.，pp.169—170.

②　*Procès-verbal de 1780*，p.335.

即雷纳尔教士,他"公开承认自己是一部充满着最令人愤慨的亵渎话语的作品的作者"。

6月21日,阿尔雷大主教做了一个反对书业立法的冗长的演说,控诉这种法律过于不一致、过于分散,不够众所周知,几乎不被运用。他反对流动商贩的行业,这个"经常给公民道德风尚带来不幸的职业";反对印刷自由;反对默认许可;反对过于无力的护教作品的出版,它损害了宗教,应该"防止不加区别地对所有自诩为信仰捍卫者开放限制"。制胜的武器放在那些无能之辈手里能起什么作用呢? 软弱无力的辩护反而帮助了由不信教的领袖那种诱人的教导所引导的叛教。

负责书业事务的委员会同样负责奖赏好作家,那些为捍卫宗教而有益地努力工作的人:贝吉耶教士、盖内教士的《葡萄牙犹太人致伏尔泰先生的信》,佩教士的《哲学家教义问答》,克雷芒教士的《救世主的真正特性》,歌德斯卡尔教士的《圣徒的生活》,拉莫莱特的杜贡当教士关于希伯来语和东方语言的研究,杜乌瓦赞教士关于自然法和启示宗教的作品,杰拉尔教士的《瓦尔蒙或理性的步入歧途》,德古尔西教士对德尔图良的翻译——这个教士现在抨击前面几个世纪的其他护教家,"这些基督教会的巨大而强劲的武器库",人们似乎没有注意到这些武器有些过时了。

还应该监督报刊,其轻易、迅速而普遍的传播,将影响范围散布到远方的所有等级中。"但是,作为习惯,政府很少表现出热情:掌玺大臣宣布,只要高等法院没有完成御前会议关于书业的最后判决,我们不能做任何事。至于国王,他允诺关注此事。"

关于由教士进行书报审查的法令计划(1782年)

两年之后的1782年特别大会召开时,一切都没有改变。10月30日,阿尔雷人主教发出了一个新的警告:"你们之中没有任何人能够预见对现代出版近乎普遍许可的可怕后果。新准则的毒液已经汇集成巨流,流入王国不同的地方。有人散播了与毁灭所有权威独立性一样虚假的教义。有人在乡村深处免费传播大量淫秽作品,甚至利用无知的好奇心,在似乎最不易被诱惑的地方,比如在女修道院的围墙内和后花园中,散发这些罪恶的作品。①"

大会决定亲自起草一个关于书业的法令草案,将它呈交给国王和掌玺大臣,他们只需签署。这个文本共有 19 个条款,预示了一部严厉的法规,但完全是空想,其运用大概会使法国出版活动枯竭,国家无论如何都没有意愿和方法来实施它。其主要条款可以被评价为,在出版自由宣言之前的七年,教士们所抱有的幻想:

第一条款:让我们以最明确的方式重申,对所有人毫无例外地加以禁止和防范,不论他们是什么等级和身份,只要他们创作、印刷、贩卖或发行任何企图攻击宗教和道德原则的书籍。但是对这些不法行为则排除死刑。

第二条款:我们将"比以往任何时候都更加仔细地"搜寻作者、印刷商和发行商,将判决书张贴在他们的家里。

第三条款:如果作者是一个外国人,他必须在一个月的期限内离开王国。

第四条款:如果作者是法国人,预计刑罚如下。第一次,他们将"在公共受众内被地方常任法官训诫并被判处给我们数额不等的巨额罚金"。第二次,他们将被解除职务和职业,丧失所有的民事权利。第三次,他们将被判处永久监禁,没有特赦的可能,他们的财产将被没收,施与邻近的医院。

第五条款:对于印刷商、书商和流动商贩的刑罚是,第一次,罚金 1 000 里弗尔,入狱三个月,中止营业一年;第二次,关闭店铺并没收财产施与穷人;第三次,强制终身劳役。

第八条款:如果不能读写,毫无成为流动商贩的可能;他必须有皇家司法部门的授权并证明他有良好的生活和道德。

第九条款:流动商贩必须在警方登记注册,附上他们的长期住所的地址。

第十条款:在进行任何普通或特殊、自愿或被迫的书籍销售之前,他需要拟定一个精确的目录,签名和画押,免费备案,并由地方法官宣布。未正确地按照规定登记注册的书籍,将予以扣押和没

240

---

① *Procès-verbal de 1782*，pp.86—87.

收；即使在其作者身故之后的库存书籍，以及在市集和市场时间内的公共展览，同样需要严格登记。

第十一条款：司法官员可以无预警地去核查作坊的内容。

第十二条款：同样地，我们的总检察长或他们的代理检察长，每年至少四次严格地、没有通知地、意外突击造访印刷所、书商的作坊和仓库、精装书装订工和流动商贩。同时还可以进入向普通读者开放的公共阅览室和预订有读者权限的阅览室，无须经过法律手续，即可清除那些在他们看来违反宗教、习俗或政府的书籍。但须经有决定权的人作出最终裁决。

第十三条款：禁止外国书籍直接进到书商和印刷商手里。所有交易必须交给巴黎、鲁昂、斯特拉斯堡、里尔、里昂、马赛的外国货物过境仓库。在边境，应该出示清单，声明书籍的数量和性质。

第十四条款：交易只能在它们被警察法官预先打开、检验和搜查之后才可以交付。在行会理事和书业雇主联合会助理的协助下，作出一个口头上的判决，当场扣留所有支持反宗教、无政府主义或习俗放荡的书籍。

第十六条款：在出现违禁作品的情况下，整个版本必须在公共广场由高级法庭执行者焚毁。

第十七条款：我们王国的大主教和主教在他们的主教管区内，通过所有适当和合理的方式，根据他们的职责继续销毁坏书。在必要的情况下，需要借助地方法官的权威，因为他们有责任毫不迟疑地做出必要的指令和程序，亲自为我们惩罚恶习和违法行为，他们应作担保和负责。

第十八条款：让我们期望，不论在我们美好的巴黎城中，还是在我们王国不同的外省中，文学和科学状况报告每年都送达我们眼前，以便通过奖金、津贴、头衔、职位、贵族身份证书和其他有用的、荣誉性的报偿，来激励作家，甚至包括杰出的印刷商，只要他们品行端正而又有良好的社会声誉。①

1782 年 11 月 16 日，阿尔雷大主教提交了附有法令草案的备忘录。他坚持认为，这涉及"将作家、印刷商和书业其他代理人限

---

① *Procès-verbal de 1782*，pp.112—118.

241

制在一种明智的自由界限之内，然而不但不要增加刑罚，还要减少那些严酷刑罚的实施"。这需要"更不严厉、但更加忠于事实地执行的处理"，结合"有区别地对有用和杰出作家施以的恩惠[①]"。

关于最后这一点，在 11 月 29 日大会上展示了一个足够明确的计划。为了刺激好作者之间的竞争，人们可以向国王提交他们的名字和作品，在大会上讨论他们的著作，每年在教士的俸禄中抽取 30 000 里弗尔赋税，用于支付作者们五年的津贴。外省会议提交他们地区的好作者的名字，并且由一个委员会选拔得奖者。"历史、诗歌、雄辩术、神学、道德、教会法、礼拜仪式、现代语言、古代文化，因此任何类型都不被排除在法国教会眼前开放的竞赛种类之外，这对学者和文人有利。还要补充一点，所有这种标记为良好、纯净和明晰的道德的作品，对人的幸福有如此大的影响，不能不说这与这种公正的分配密切相关。博学而虔诚的在俗教徒更有权参与其中，因为有好处，而且其他教会场所没能为他们提供任何报偿。委员会被允许欢迎和选中一个年轻的作家，其文章将带来巨大的希望。我们向有才华的人授予一种尊荣的凭据，肯定他们延伸了人类认知的边界，而又没有动摇信仰的神圣根基。[②]"

生活和工作必须和谐：道德堕落的作者被排斥，即使他们创作了天使一般的作品。这个建议在 12 月 7 日被采纳和签署，1783 年 5 月 7 日，教士代表递交了一封信给所有主教，要求他们公开所有在他们的主教管区中写了对宗教有益的书籍的作者的姓名和作品。

这个法令方案被政府礼节性地接受了。掌玺大臣保证，"他重视这个法规方案"，他对其"给予了最严肃的关注"；至于路易十六，他"带着善意"接受了文本并宣布："我授予最明确的命令，以阻止违反宗教和习俗的书籍的引进，严禁在我的王国内出版。在这些书籍被大众熟知时，要起诉这些作者。[③]"

但他没有比这些好话走得更远。在旧制度末期，法国天主教会

①　*Procès-verbal de 1782*，pp.167—168.
②　*Procès-verbal de 1782*，p.258.
③　*Procès-verbal de 1782*，p.239.

不断要求强化书报审查制度，但这是不太现实的，他们感到被疲于应付的王权所抛弃，王权控制的领域已被新思想所征服，不再领导任何形式的斗争。

应该教育人民吗？

同样的对比在对收复学校文化的斗争中也是明显的，这里出现了第三个合作伙伴：高等法院。在讨论的中心，有三个问题：应该教育人民吗？如果应该，谁应该保障这种教育？如何在中等教育中代替耶稣会士？

关于第一点，争论围绕着大众教育可能的结果而展开。直到将近 1770 年，教会只看到了自己的优势。对它而言，教育底层民众，是使其基督教化，使迷信消失；这个计划铭刻在特伦托主教会议改革的框架中，这就是教士大会不停要求创立小学校的原因。1750年，教士大会向国王呼吁，1724 年重申的 1698 年宣言，准备配备学校的男女教师，为一级教师支付 150 里弗尔，为二级教师支付 100 里弗尔。但仍是一纸空文。这个呼吁在 1760 年照例重新提出："陛下，您的庄严的曾祖父劝导过，对宗教原则的无知引起了道德的堕落和异端的顽固，他认为必须对年轻人的教育给予特殊关注。[①]"

每一次，国王的反应都是含糊其词的，表露出明显不乐观的态度。"陛下将在他的御前会议上命人考察这篇文章中的要求，将采取他所认为的最适当的措施"（1755 年）；"我总是支持公共教育，我形成了一种确认由自愿捐税形成的有效机构的职责"（1765年）。关于场所，人们发觉（教会有很多抱怨），总督阻碍了小学校的创立，"对于农民而言，没有什么比能够阅读更不必要的了。"1751—1767 年在位的欧什总督戴蒂尼写道。雷恩总督彭卡雷·德·维尔梅支持基督学校兄弟们的安置，是一个例外。

然而，从 1770 年开始，教会似乎开始怀疑民众教育的有益效果。这表现在教士大会上：面对使虔诚书籍黯然失色的哲学文学

---

① *Procès-verbaux des Assemblées générales du clergé de France*，t.VIII，pièces justificatives，p.305.

作品的大量渗透,牧者开始思考,阅读的最初尝试究竟是不是去基督教化的开始。这是本堂神父勒基在 1773 年布道中表达的意见:"在仔细考察了情况之后,我发现,我的同行们也发现,在我们教区中,最不信奉基督教者的最大部分包括了在上学的人;而所有最简单、最天真、最信奉基督教的人,既不会读,也不会写。①"

在启蒙哲人作品中是一种相反的变化,大部分启蒙哲人在接近 1770 年之际,仍然坚决反对民众教育,这将在体力劳动中抽走人手,使服从变得更难忍受。这种立场通过雷恩高等法院的检察官拉沙洛泰在他 1763 年的《论教化》中暴露出来:"社会的利益要求,人民的知识不要扩展到他们的工作之外。"1766 年,情况更加明显:"在我看来很重要的一点,无知的人是必要的。如果你们像我一样种地,如果你们有犁耕地,你们就会有像我一样的看法;应该受教育的不是劳工,而是优秀的资产阶级。"卢梭本人在《新爱洛伊丝》中写道:"不要教育乡村的孩子,因为教育他是不合适的。"

只是在 18 世纪七八十年代,更加激进的启蒙哲人,比如霍尔巴赫、狄德罗、爱尔维修,要求教育人民,这使他们摆脱迷信,使他们能够反抗暴君,使在农业和手工业中的启蒙实践变得可能。"对人民一般而普遍的教育是统治者首要的、根本的和崇高的义务。"米拉波侯爵写道。

世俗权威没有被说服。他们担心,受过教育的人民抛弃土地和工场的职业,质疑自己的次等地位。雷恩市社区在 1754 年直言不讳地表达了这一点:"因此,建立公共学校的用途,归结为向可怜手工业者的孩子们教导读写。这是对国内商业和维持它的政治秩序所实施的致命打击;孩子们把有用得多的手艺学习,即学习他父亲职业的时间用来学习读写。他们能读写,他们厌恶机械行业,并在这种失败教育的狂热中想要上升到一个更体面的等级。艺术和手工业日渐衰弱,国家缺乏臣民,土地缺乏劳动者。另外,用这种方式过多地启蒙这部分注定背负社会最沉重负担和不平等状况的人民,这不可怕吗?把他们交给大自然牧师来进行宗教教育,将他

245

---

① 转引自 *L'Enseignement et l'éducation en France*，t. II：*De Gutenberg aux Lumières*（sous la dir. de L.-H.Parias），Paris，1981，p.395。

们交给自己的父母来教授手艺和职业，这难道不是更合适吗？①"

至于中等教育，应该保留给显贵和精英的孩子们，没有人争议这种必要性，但是问题是知道谁应该确保这种教育。关于这一点，教会和高等法院激烈对峙，尤其是在1762年驱逐耶稣会之后。

前一年，教士特别大会在一封致国王的信中已经表达了它的担心，回顾了由耶稣会提供的服务："因为这些原因，我们认为，陛下，禁止教育他们，这将给我们主教管区带来明显的损害；对于年轻人的教育，想要用其他类似效用的方法代替，是很困难的，尤其是在没有大学的城市和外省中。"谁能做这个工作？世俗文人？他们"没有这方面的兴趣，也没有用以担任这个工作的相称的才智"。"有人接受在俗教徒吗？人们知道，在外省找到愿意投身于辛苦而令人讨厌的工作的人有多难；能找到有对于被雇用所必需的才华和资质的人，则更是罕见。②"

教育，教会—国家对抗的关键

1762年，当驱逐耶稣会士在所难免时，教士大会指控称，充斥着冉森派教徒和启蒙哲人的高等法院意欲使教会变得不稳定，"因此请您垂顾，陛下，制止所有高等法院审判的丑闻，他们毁灭了教会的所有权利，侮辱它的品行，损坏其使者的名誉。一个允许邪恶存在的机构，应该不再被容忍，如果它像人们所描述的那样的话"。这个做法极大地激怒了政府，1762年6月27日，教士得到一个来自圣弗洛朗丹伯爵方面的严厉警告："大会必须注意它所做的事，教士方面关于这个问题的进一步的措施，将会违反其所设定的支持耶稣会的目标。③"

按照教士们的表达，对耶稣会的驱逐在教育中留下了一个"可怕的真空"。中学被置于官僚权威之下，教士是其中的少数派。人

---

① 转引自 *L'Enseignement et l'éducation en France*，t. II：*De Gutenberg aux Lumières*（sous la dir. de L. H. Parias），Paris，1981，p.393。

② *Procès-verbaux des Assemblées générales du clergé de France*，t. VIII，pièces justificatives，p.337.

③ *Procès-verbaux des Assemblées générales du clergé de France*，t. VIII，pièces justificatives，pp.385—386.

们很难看到正确的教育。从此,教会和高等法院对中等教育未来的竞争公开化了。

首先,应该采取毫不迟疑的行动。大会试图说服国王,国王似乎并不明确信服这一关键点的重要性。1770 年,高级教士建议统治者"看一看王国教育的现状。国家命运几乎完全维系在公共行政事业的这一有意义的部分上。它不能经受任何变化或改造,政治结构也不能经受同样的革命。因此,陛下,为了有益于您的荣光,也为了有益于您的信仰,当神职人员向您指出,公共教育正处于一种会导致崩溃的没落状况中时,您应该对他们予以鼓励。如果陛下没能对缺乏聪明能干的教师这一情况作出补救的话;如果没有代替这些教师或者使他们变得更好的解决方案的话;如果不能克服教育的局限使之拓展的话;如果不能破除不信教的诡计而让它潜入中学校园的话,我们敢保证,不出几年,一切都将变得无可挽回;放荡和堕落的教育的影响迟早会被人们感觉到"。①国王的回答和对书籍问题的一样了无兴致:"教士应该确信我对我的国家中教育的全部关切,这个目标太有趣了,我再怎么投入我的关心也不为过。"

1772 年,教士继续进行西西弗式的工作,提交了《致国王关于初中教育的备忘录》,将精英培养描述为一剂威胁教会和国家的不信神的和反宗教的进步主义的药方:"可以听到一个普遍的呼声:我们应该要求各方制订一个教育计划,适合启发精神,唤起情感,让人类文字引导对知识的认知和对职责的热爱,最终能够形成一代有用的公民和真正的基督徒。②"

主教们抱怨在前耶稣会中学的教员的糟糕品质。他们是"各种身份的人,教士、修士、在俗教徒、已婚者、未婚者,偶然而又必然地凑到了一起,而不是一种明智选择的结果"。他们的水平和能力参差不齐,"另外,毫无廉耻、毫无纪律地活着,只从纯粹雇佣

---

① *Procès-verbaux des Assemblées générales du clergé de France*,t.VIII,pièces justificatives,pp.621—622.

② *Procès-verbaux des Assemblées générales du clergé de France*,t.VIII,pièces justificatives,p.688.

的角度来看待他们的身份,直至他们另找到一个更舒服、更惬意的工作。他们没有任何见习进修准备,他们被安排的职份是他们不足以胜任的"。而且,很难将某个世俗教士免职,因为高等法院总是反对。

大会声称,教育行业是艰苦的、无收益的、报酬低的。因此,人们很少发现有候选人"愿意投身辛苦而可厌的教育工作",那些献身于教育的人们只有一个目标:找到"一个更安稳、更富足的公家身份"。招聘工作也漫无章法,教员们过于我行我素。理想的办法是创立一个教师协会,其成员应是有文化的、忠诚的,并愿意为年轻人的教育献出自己的生命。

1775 年大会,尤其是 1780 年大会,重新提出了这个问题。在1780 年大会期间,德罗比安教士宣布,教育从来就是一个保留给教会的领域,这一点必须保持。阿尔雷大主教将形势描述为"可悲的",并重视关于制度改革问题意见的多样性:"想要警察机构的法律和所有学校当局遵守统一的法规,许多人将此视为一种虚幻的,甚至危险的臆想。校方认为,教师是特殊的和独立的,但他们在一个警惕的校长的监视和检查下共同生活和集中起来,使优秀教师代代相传;监管机构认为,如果将教育委托给世俗机构的话,公共学校永远不会以一种持久的方式兴盛。在这些机构中,有一些渴望号召有规则的秩序适应学校的管理,并且将社会利益更密切地联系到与他们的互动中;其他人则认为,世俗共同体更成功地将年轻人培养成有义务的公民,而非尘世间死气沉沉的修士,并可避开僧侣修行事务的缠扰。①"

大主教承认了他的"困境":"什么样的助人为乐的思想将指导我们在这个充满矛盾和不确定性的迷宫里蹒跚的步履?"1780 年9 月 25 日,他提及了关于"教育没落"的报告:在普瓦提耶,自从耶稣会开始以来,中小学被抛弃,大学被分裂;在瓦朗斯,法学教授们拒绝提供公共课程。诸如此类。

大会决定在全法国发起一场大规模调查,向主教发送一份关于他们主教管区内初中组织的通报。这是非常有倾向性的调查报

① *Procès-verbal de 1780*,pp.793—794.

告，特别询问了是否可能考虑一种教员协会的创建："号召正规或世俗共同体来管理公共学校，开除个别教师，无论教会的还是在俗的，这不是很有利吗？或者，如果有人继续雇佣他们，难道不应该使他们在校长的注视和检查下服从共同生活吗？形成一个能够在王国所有部分中提供中小学校长、中学教师和学监的机构，将是什么样子的？对这个问题采取什么样的措施合适？最适合的教育计划是什么样的？是使人们热爱和尊敬宗教，提供科学的鉴赏力，并且使学生们变得有能力在社会中履行他们可能从事的职能？[①]"

因此，在革命前夕，主教们似乎倾向于创建一个大型的教员协会，保留给教会以法国教育垄断权。不过，与此同时，高等法院也制定了一个"国民教育"计划，保证国家的垄断。在任何其他领域，两个文化权威的冲突都没有这么明显。

高等法院和教会一样不赞同教育自由，并且反对在这方面采取多样性的创制权。1764 年，勃艮第议会总检察长基东·德·莫尔沃在他的《公共教育备忘录》中写道："法律必须确保公立学校的要旨，或者使它类似于政治机构，或者使它统一并促进文科教育。如果将向学生提供的书籍以及讲义的构成的绝对选择权完全留给教师，这是一种巨大的权力滥用。"应该创立一种中央集权的国民教育系统，从大学到小学，都置于在国家权威之下。

1768 年，巴黎高等法院的院长罗朗提交了一份上述意义上的《教育计划》。教员在"教师学院"中接受培训，其隶属于大学，然后通过考试获得录用。在国家的初中里，宗教教育通过"宗教学教授"授课。这个计划激起了教士的抗议，他们看到了一种取消他们教育垄断权的意图。但是在 1783 年，另一位巴黎高等法院院长拉姆瓦尼翁则重申："教育必须处于公共权力的检查之下，因为它必须完全引向社会效用和国家利益；它不应该随一个特殊行政机构观点的变化而改变。"马勒泽尔布宣扬了一种更自由的态度，在 1780 年和 1783 年的两封信和一份备忘录中涉及了这个问题。在 1787 年 6 月，他写信给波勒特耶男爵：

---

① *Procès-verbal de 1780*，p.1152.

> 某些高等法院法官认为,他们摧毁了耶稣会,这使他们在已故国王的时代代替了耶稣会,人们对他们寄以希望。但我认为,人们在公共教育问题上犯了个错误。

> 但是人们不太愿为这个问题操心,人们只是打算排斥耶稣会。在这种观点中,人们负责取代那些狂热分子,以阻止耶稣会的教育协会复活。

> 但是发生了什么呢? 今天,有某些高等法院法官自认为有权负责永久领导整个国民学习,规定人们在所有巴黎高等法院管辖区的中学教授他们的内容和方法,甚至在巴黎选择并在外省派遣教师,将年轻人的教育委托给他们。①

当这些讨论进行时,初级中学的形势不断衰落。有教士描绘的危言耸听的图景,很难说是夸大的。学生人数暴跌,前耶稣会士学校和奥拉托利会学校一样,前者在雷恩 1789 年只有 500 个学生,而 1662 年时有 3 000 个学生,在鲁昂有 800 个学生,以前有 2 000 个学生;后者在昂日有 150 个学生,一个世纪前有 1 200 个学生,在南特有 200 个学生,以前有 1 200 个。在旧制度末期,四分之三的初中只有不到 200 个学生。教育内容越来越无法适应需要,正如达朗贝尔在《百科全书》中所披露的:"一个年轻人,在中学度过十年,这是人们必须耗费的生命中最宝贵的时光。他用这段时间习得了一种并不完美的僵死语言,出来之后他又必须努力遗忘那些修辞规则和哲学原理。"

教育似乎没有改变,古典时代仍是人类价值的典范和文化参考的蓄水池。历史首先提供了道德的事例;与哲学相关的科学,经常落后于新发现,而这些领域的观念常常充满偏见。启蒙哲人和资产阶级批判修辞技巧和语言学辞藻华丽的虚饰,呼吁学习当下的民族语言和历史。

教员团体实际上是不一致的,一部分被新哲学观念所引诱。在卡昂,人们取消了 1777 年日常弥撒的义务;许多教员是国民公会

---

① 转引自 P. Grosclaude, *Malesherbes et son temps. Nouveaux documents inédits*, Paris, s.d., p.170.

的代表；同样，在奥拉托利会的中学，人们不得不聘用一些非宗教人士，其中有的人并不够虔诚，比如尼奥尔的弗谢。人们见证了私人办学倡议的增加，这更适应需要。教育开始摆脱教会和国家，即使国家创立了良好水平的专业化机构：兽医、煤矿、工程学、桥梁和河堤工程学校等。

大学的情形也不再引人注目。人们刚刚开始探讨当代问题——但没有大的成效：在南特，法国法学教职在 25 年间是空缺的，缺乏候选人。医学院在衰落。国王学院本身处于悲惨的状况中：1724 年，几乎不再有听众，课程没有保障，教授没有薪酬[1]。这种形势在 18 世纪末有一点儿改善，那时有 20 个教职有保障。但是当时仍然是准大学机构占上风，比如皇家植物园。

禁书贸易

从这个简明全景图引出的结论是，权力对文化的扩张失去了控制力。精英们完全意识到了这个问题，越来越致力于著述：在 1760 到 1789 年间，有 161 部针对教育问题的著作，而 1715 到 1752 年之间只有 51 部。这种过度膨胀是意味深长的：创作者逃避文化领域的权力，因为所有限制性的条文无非是要掩饰其无能、困境和想象力及意志的缺乏。书报审查制度和书籍警察也给人留下同样无可奈何的感觉。

书报审查制度在旧制度的最后几年没有经过明显的修改，但是1777 年 8 月 30 日法令使特许权和垄断权变得温和，这有利于外省书商。实际上，特许权从此只授予新书，然而再版只享有简单许可，没有垄断权，这将赋予所有出版印刷商以可能性。这个措施是根据允许对外省书业活动实施更加严格的监督的规定而制定的。另外，授予书商的特权对于作者终生有效。

然而，六年后，鉴于违禁书的生意范围之广，1783 年 6 月 12日，维尔让决定将书业首都角色归还给巴黎，强制所有来自国外的书籍包裹在发送到目的地之前，必须提交到巴黎雇主联合会接受

① D.-H.Jory,"Le Collège royal en 1724 et le projet de l'abbé Bignon",*Dix-huitième siècle*,1976，n°8，pp.357—367.

检查。这个措施不可否认具有一种确切的效果，正如书商通信所证明的，从此被迫放弃过于危险的贸易①。仅仅显示印刷领域存在一种真正的镇压意志就足够了吗？随着革命的爆发，一切都中断了，没有应有的结果。至于对禁书传播的影响，未能持续下去。

253　　罗伯特·达恩顿的基础研究使我们能更好地理解禁书这个地下世界。他主要根据纳沙泰尔印刷公司的档案，研究阐明了非法书籍贸易的功能、动机、规模。我们将借用作者的主要结论②。

　　最引人注目的方面之一是书商的主导动机（几乎是唯一的）是利润。在罗伯特·达恩顿整理的几万封信件中，书商的个人观点几乎从不例外，他们总是随时出售任何东西，只要有客户："人们在任何信件中都没有发现，书商是由于深刻的信念而非商业利益投入启蒙哲人阵营的迹象。③"书商凡尔赛的昂德雷，总结了他同行的态度："对于一个书商来说，最好的书是畅销书。"一切都是风险和利润之间平衡的问题，"我特别钟爱伏尔泰先生的所有著作，但是我也钟爱我的安宁，不喜欢连累我们的公司。"里尔书商亨利写道。

　　被禁止的是最畅销的，地下贸易似乎是被过高估计了其意识形态动机。出版公司在投入生产之前进行了真正的市场调研。通过信件、告示、内容介绍、文学经纪人的巡行，以测试需求。例如，在1780 年 12 月，纳沙泰尔印刷公司的文学经纪人尼古拉-纪尧姆·冈代，提到巴黎需求最大的书是雷纳尔教士的《欧洲人在两个印度商业机构的哲学政治史》。他评论道，这部书"在这里引起巨大反响，人们说，这是因为政府不允许它进来"。一旦一部作品被官方查禁、销毁或焚烧，需求的数据就会猛增。书商艾斯坡里在十天卖了 400 册，定价有时达到令人惊愕的程度——75 里弗尔。冈代发送了一册样书给公司，敦促公司抓紧时间再版。

---

①　R.Darnton，"Le livre français à la fin de l'Ancien Régime"，*Annales ESC*，mai-juin 1973，p.744.

②　R.Darnton，*Édition et sédition. L'univers de la littérature clandestine au XVIIIe siècle*，Paris，1991.

③　R.Darnton，*Édition et sédition. L'univers de la littérature clandestine au XVIIIe siècle*，Paris，1991，p.136.

　　另一个打乱了传统想法的重要经验，来自对最受欢迎的书目的考察。罗伯特·达恩顿进行了大量的统计工作，包括 1770 至 1780 年之间 STN 订货目录的 457 种共计 24 435 册。他指出，思想的伟大争论绝不是读者主要操心的对象。几乎 21％ 的需求涉及色情作品，这意味着对修女、僧侣和王室成员的色情偏好。相比于《快活的姑娘》《漂泊的荡妇》《哲人泰雷兹》《隐修院中的维纳斯》《放荡的诗歌》《杜巴里侯爵夫人真实回忆录》，尤其是《杜巴里侯爵夫人轶事集》，伏尔泰、狄德罗或爱尔维修的影响就不算大，处于次要地位。所有作品都是鱼龙混杂。

　　关于王室和宫廷贵族的淫秽作品，强有力地促进了旧制度在其末年威信扫地。这种文学作品表现了沉溺于卑鄙言行的统治阶层，被第三等级雄壮的仆从以民主的方式满足性饥渴的花痴贵妇人，然而性无能或同性恋的公爵则被梅毒所折磨。《路易十五的私生活》《娼妓大街》《沙洛和图瓦奈特的爱情》描写了国王和王后的性方面的艳遇和不幸的遭遇，比很少被阅读的《社会契约论》更使君王威信扫地。这些作品准备了播撒统治阶级风习堕落、道德崩溃的思想种子的土壤，正如《嘉布遣会修士和修女之间的艳情生活》《堂 B 教士的故事》《查尔特勒修会的看门人》或《加尔默罗会修女的故事》，参与了打击修会教士威信的活动。

　　人们感受到了道德修复的必要性，这大概能解释梅西耶作品的成功，其说教性的乌托邦小说《2440 年》，与目前的腐化相对立，是 1770 至 1780 年之间需求量最大的禁书。这是对一个灰暗、沉重世界的描述，它在所有领域中都完全由最严格的道德原则所主导，即便如此，它仍广受赞赏，这也说明了旧制度末期哲学的地位。因为梅西耶没有隐藏他对于思想评论界的敌意，他写道："哪个世纪能让人推想到如此的不幸？"

　　哲理被需求打败，但在巴黎海关被查封的作品中重新回到了首要位置。伏尔泰拔得头筹，这归功于其作品的丰富，而被排在霍尔巴赫之前，然后是皮当萨-梅洛贝尔、梅西耶、泰弗诺·德·莫朗德、杜劳郎、雷纳尔、卢梭和爱尔维修等。另外，两类作品排名差异也表明，最危险作品肯定是走了其他途径。调查同样指出，哲学思想不仅仅到达了巴黎和大城市，来自罗阿纳、蒙陶邦和普瓦提耶的订单,表明客户群已扩展到周围的所有乡村。

所有这些都显示了一种模仿合法贸易的、组织完善的平行贸易的存在。这种专业走私可能给出版商带来巨大的利润。例如,《自然体系》的利润达到170％。但是,在官方控制缺位时,为了不向供应商支付,什么都能做:虚假的商业理由,虚假的扣押,临时安排的失踪。然而,最好的组织线路是相对可靠的。真正的买卖人安排了复杂的网络,制定路线,运输队伍,仓库等。这个被称作"保险"的组织,允许将散页发送到批发商那里;在遭受损失的情况下,"保险人"将赔偿出版公司的货物价值。在最重要的仓库中,如凡尔赛仓库,那里书籍堆积在库房里,在以各种手段进入巴黎之前,散页已被偷偷塞进被授权书籍的书页之间,禁书的样本被藏在好书货箱底下,在社会名流的豪华马车中和衣服里面。一旦进入首都,书籍便被卖给警察无法进入的王宫书摊,或者通过流动商贩销售。

镇压是存在的,但是它太零星,难以真正奏效,尤其是很难打击底层的流动商贩。这些人,不容易被察觉,有业务意识,是旧制度瓦解的重要推手。1768年9月,巴黎高等法院判处了三个流动商贩。他们连续三天公开地被链子锁住,脖子上刻着"渎神和反道德的诽谤作品零售商",他们被用烙铁打了烙印,被判处五到九年的徒刑,然后永远被驱逐出王国。书商被严厉打击的情况要少得多:有77人在1750至1789年之间被关进巴士底狱几个月[1]。至于作者,他们几乎不受批评指责。正如我们所看到的,因为没有打击要害,政府只能让自己做一种佩涅洛佩的守贞工作——一边编结,一边拆散。因为只要存在继续写作的笔,路径就会不断重组。因为这种不确定性是持续的:没有禁书的详尽目录;甚至书业指导名单是不完整的,包含许多谬误。通过高等法院郑重的强烈谴责,在法院楼梯下撕碎和焚毁的作品是罕见的:人们在1770至1789年这二十年间一共可算出19个案件。让我们补充一点,同谋关系总是可能的,例如,允许焚毁没有市场的书籍,以代替违禁作品。人们由此可以预料到制度的无效性。

左侧页码:256

---

① I.Lehu, *La Diffusion de livre clandestin à Paris de 1750 à 1789*,thèse,Paris-I,1979.

　　而且，旧制度末期的经济危机极大地推动小书商越来越冒险地进入非法领域，这个领域能带来更多利润。自从马勒泽尔布以来，政府认识到，自己应该与经济情况妥协，以免使书业完全窒息。对于罗伯特·达恩顿而言，镇压是真实的，有时是痛苦的，但是故意不形成系统以致无法扼杀禁书贸易。"书店的通信表明，绝非从出版逐渐自由中获利，如同人们普遍断言的，书业在权威干预中遭受了很多损失。但是制度政策是复杂和矛盾的；它与镇压煽动性思想的措施一样，都源自游说团体和经济利益的游戏。①"

257

阅读的狂热

　　在旧制度末期，一种确切的对阅读的狂热征服了民众。在《巴黎图景》中，梅西耶满意地评论道："今天，你们看到一个住在夹层的侍女，一个在候见厅服侍的仆从也都在阅读小册子。几乎所有社会阶级中的人们都读书，太好了。还应该阅读得更多。一个读书的民族在它的心中怀有一种快乐而特殊的力量，能够对抗或破坏专制主义。"冯斯托克男爵讲得更透："巴黎的所有人都在读书。人们在马车上、在散步场所、在幕间休息时的剧院、在咖啡馆、在浴室阅读。在店铺中，女人们、孩子们、工人、学徒都在阅读。"

　　向公众开放的图书馆激增。1784 年在巴黎共计有 18 个，在其他法国城市中至少有 16 个。阅览室从 1760 年开始以同样规模发展。人们能租阅书籍，可有每月三本左右的预订。私人图书馆快速增加，拥有许多出版物，当时，计有 500 多册的藏书量不再罕见。在社会金字塔的顶尖，人们发现启蒙了的读者和收藏者会花费巨大财富在印刷品上：拉瓦利埃公爵有 40 000 多册藏书；达尔让松的路政官，波尔米侯爵安托万-勒内，在 1765 年购买了蓬巴杜尔侯爵夫人的藏书，1785 年收集了 52 657 卷书，其中 2 412 份是手稿，涉及所有领域，在许可出版物和禁书之间没有任何壁垒②。

---

①　R.Darnton，"Le livre français à la fin de l'Ancien Régime"，*Annales ESC*，mai-juin 1973，p.742.

②　*Histoire des bibliothèques françaises. Les bibliothèques sous l'Ancien Régime, 1530—1789*（sous la dir. De C.Jolly），Paris，1988.

旧制度时期的书报审查制度与文化

私人藏书构成的演变是有示范效应的。高等法院成员家里，1734—1765 年与 1781—1795 年之间的比较，显示了宗教读物和法学读物的锐减（前者从 18.7％下降到 6％，后者从 20.1％下降到 11％），而历史和文学读物增长（前者从 27.5％上升到 35％，后者从 19％上升到 32.5％）。神学读物甚至在教会图书馆中也在缩减（从 38％到 29％），而文学和科学书籍获得增长（前者从 13.5％到 20％，后者从 6％到 12％）①。

总体上，精英读物与民众读物之间的差异，尤其在乡村中，似乎在扩大。这是从 1790 年 8 月由格雷古瓦尔教士领导的调查中得出的结论，他给外省的通信者邮寄了一个调查表，其中，有三个问题针对农民读物："他们（本堂神父）有为他们的堂区教民而准备一整套书吗？乡下人对读物有鉴赏力吗？在他们那里通常能见到哪一类书籍？"

回答是多样的，但是足以清楚地得出三个趋向。首先，底层教士面对农民读物的可能影响持迟疑态度的情况在不断增长。律师贝尔纳多在他的回答中写道，本堂神父声称，启发孩子们对读物的鉴赏力，就是力求给予他们一种相对于他们同类人的优越性，这与基督教的谦逊相悖，喜欢读书的女孩们是会惹麻烦的女人。在阿登，欧波里教士注意到，"本堂神父和副本堂神父没有为他们的教民准备任何书籍，禁止他们阅读圣经"。很多人指出，本堂神父们自己很少读书，但相对于其他人，他们是唯一会鼓励农民阅读的人。

第二个观察：人们在农场发现的书籍，绝大多数是宗教书籍、虔诚作品、祈祷文、日课经、圣徒传记、圣徒故事；蓝皮丛书小书则较为罕见，这说明它们的作用可能被历史学家们夸大了。它们主要是故事，中世纪传奇，风行一时的强盗的冒险故事，如《埃蒙四子》《蓝胡子》《鹅妈妈的故事》《芒德兰的故事》《大盗卡图》，以及历书。格雷古瓦尔的通信者则鄙视这些读物，因为农民阅读、重读的总是同样的段落，以致他们能够背诵下来。"这个地区能阅读的农村人通常喜欢阅读，但只能阅读《诸神历书》，蓝皮丛书和其他

---

① *Histoire de l'édition française*，t. II，p. 528.

流动商贩每年在农村用车运来的粗制滥造的读物，缺乏其他读物。他们有对琐碎故事反复读上二十遍的热情，每当谈及它们时（他们非常自然地会做的事），他们会向你们逐字背诵他们的小册子。①"

　　恰恰应该从这种对永久之物（或者对周而复始之物，同质反复出现的东西）的眷恋中，来探索精英文化与大众文化之间增加的差异。在个人和集体心态与环境之间明显有一种共生关系。在农村，几个世纪期间没有任何变化，生活被日子和季节的永久重复确定了节奏，线性变化的概念本身远离了心理的世界。一切都是重复（行为、日常事务、节日、话语），没有新生事物和"进步"的位置。而这些新概念出现在城市，它变化、演变、成长，在其居民眼皮底下自我更新。如果农民开始阅读，他愿意在他的书籍中重新发现他的世界、他的价值观，反复阅读同样的叙述，正如他反复讲述同样的事情一样。因此，作品的渗透未必是农村大众文化变化的因素。书籍没有使任何东西发生改变，如果环境本身没有变动的话。这就是改革派教士的努力总是归于徒劳的原因所在。不管是教理书、布道、虔诚书籍，"大众宗教"之神奇基础没有变动②。

　　这将我们引向从格雷古瓦尔调查中得出的第三个发现。通信者评论道，乡村显贵开始拥有其他读物，但是这些读物经常是危险的，伤风败俗的，它们有对农民产生不良影响的风险。一方面是迷信，另一方面是堕落。这是摆在启蒙了的改革派面前的困境③。

260

学院派的分裂

　　反之，在城市，一切都变化很快，甚至在外省的小中心，尤其在1780 年代，文学协会激增。社会、政治、道德等方面的关切在科学院组织的竞赛中表现出来，它们绝非强制人们接受文化框架，而只是反映思想精英中主导心态的演变。

---

① 转引自 A. Sauvy，"Le livre aux champs"，*Histoire de l'édition française*，t. II，p.576。

② M.-H. Froeschlé-Chopard en Provence，*La Religion populaire en Provence orientale au XVIIIe siècle*，Paris，1980.

③ R. Chartier，"Représentations et pratiques：lectures paysannes au XVIIIe siècle"，*Dix-huitième*，1986，n°18，pp.45—64.

竞赛制度显露了这一点。对这种运动的迷恋是惊人的:竞赛在1700 至 1709 年之间只有 48 次,而在 1780 至 1789 年共有 618次,这证明了启蒙过程中有教养公众的大量增加。竞赛向所有人开放,它们同时是文化民主化的一种载体,是表达新思想的一个机会,当然,也是激励思想的一种手段。旧制度末期的思想沸腾,部分是由于这些竞赛,它们让人们听到不同的声音。得奖的文本有时引起巨大反响:人们梦想成为第戎学院的卢梭,或者法兰西学院的莫里教士。

尽管政治和宗教问题被压制,人们不可避免地会论述道德、美德、自然、伟人颂词、地方史。外省学院远离权力中心,是最大胆的。政府取消了某些过于危险的主题,比如 1772 年提交给图卢兹百花诗赛学院的《波义耳赞》,或者 1780 年提交给拉罗歇尔学院的《卢梭赞》。在马恩河畔的沙隆,主题经常是爆炸性的,使总督很不安:行乞、徭役、刑法、劳动者和短工的状况,司法、教育学、外省行政——有真正的抗议鼓动,因而当权者从 1783 年开始要求人们回到地方百科知识的主题。

在图卢兹,阅卷者谴责 1760 年以来"许多作品对宗教的肆无忌惮"。主题有时也是微妙的,比如 1780 年的主题——"限制君主制奢华的方式是什么?"在关于美国革命的问题中,圣‐让教士指出,一场革命有利于人类天赋权利。道德和正直的主题同样丰富,引起大量前浪漫主义和卢梭主义的论述。关于商业自由、开明专制、爱国主义的问题掀起了批评的浪潮,有时是极端大胆的批判。地方史主题促进了外省爱国主义的发展。人们看到了大量小论文中的思想异常活跃,这揭示了一种多样化的地方人才世界中,对自我表达的需求。科学和艺术主题,占整体的 60%,呈现出爱好者之间存在着巨大的意见差异,有的直至 1760 年仍是旋涡论和笛卡尔主义生理学的信奉者,有的直至 1773 年仍是牛顿学说的反对者①。

另外,学院世界是深刻分裂的。在 1788—1789 年,它们经常无法拟定备忘录,因为缺乏共识。面对革命,院士们所持的立场纯

---

① D.Roche, *Le Siècle des Lumières en province. Académies et academiciens provin-ciaux. 1680—1789*, Paris, 1978, 2 vol.

粹是个人性的。文人共和国有一种巨大的多样性，这种现象表明文化控制和官方文化创立的最终失败。思想世界的分裂被有不同感受的组织创建表现出来：共济会分部，读书会，文学协会，农业协会等。在这些圈子中，社会和政治问题被大量争论。人们发现有教养社会中医生的重要性。在贫困地区，医生经常处于社会诉求的最前沿。维克·达吉尔（他是科学学会、法兰西学院的成员，1776 年王家医学协会的创立者）加入了启蒙运动。"人们对宗教、医学和天文学的滥用，是导致三种巨大邪恶的根源：狂热、江湖骗术和迷信。①"

报刊的威力

报刊，在逐步扫除文盲和日益政治化的世界中，变成了国王权力和公共舆论之间关系的关键。这恰好是即将进入下一个纪元——"媒体"时代的征兆，它能够在很短时间内并且定期地在整个王国传播关于所有主题的新闻。政府没有自欺欺人，因为正是围绕报刊，书报审查制度保持着最高警惕，政权发动了最后的、最猛烈的进攻。教会和国家在这里重新处于联合状态，首先监督这个被视为宣传工具的工具。

从现在起，任何一本书都不能与报刊传播的威力相抗衡：在旧制度末期，每一周，法国城市消费 2 万份《观察者》、《兰盖年鉴》，15 000份《公报》《信使》《巴黎日报》，12 000 份《环球杂志》、《三级会议简讯》，11 000 份马雷·杜庞的《年鉴》，8 000 份《日内瓦报》，7 000 份《欧洲邮报》，6 000 份《政治文学报》、《布鲁塞尔报》，还有许多其他的报刊，估计每周总数达到 15 万份。1777 年，第一份日报《巴黎日报》已经问世。黎塞留的天才想法已经超出了所有人的预期。从此，作为形成舆论的手段，没有什么能与报刊相比，持续传播被所有国家知名人物阅读的文本：通过咖啡馆、借阅、公开朗读，至少有150 万人阅读了这些文章。

甚至连假装蔑视这些纸张的启蒙哲人，也力求利用它们，理解它们。这种底层文本在其刚刚诞生之际，妨害了对伟大作品的阅

① Vicq d'Azyr, *Mémoires*, t. VII, p.75.

读。"懒惰者在阅读它们时感到愉快，"孟德斯鸠在《波斯人信札》中写道，"人们能够在一刻钟内很高兴地浏览 30 张。"对于达朗贝尔而言，"所有这些报纸是无知者的精神食粮，体力劳动者的养分"。加里亚尼教士写信给戴皮内夫人称："上帝留给我们的出版自由，是由法令确定的！没有什么比这种东西更能促使一个国家变得粗俗，更能败坏品位和削弱表达力了。"至于伏尔泰，他向约瑟夫·德·赛特尔描述道："我像您一样蔑视这些每周一次的小作品，这些一周一次的昆虫。"还有，"应该承认，报刊变成了社会灾难之一和一种无法容忍的掠夺。"对他而言，报人是没有文化的人，勉强初中毕业，"不能对任何文学、哲学问题撰写超过 10 页的东西"，却胆敢评判最伟大的作品。但是，作为谨慎的人，他衡量这些"昆虫"对于形成舆论的作用，而且不放过对它们的利用，例如，他要求在 1735 年创立《现代作品观察》的德丰丹提醒公众关于他的一部剧作，称"《凯撒之死》这个剧本，没有像我写的那样去印刷，我丝毫没有参与这个版本。请在这个场合为我说几句话"。①德芳侯爵夫人同样是一个勤奋的报纸读者，她要求会长埃诺，"请寄给我最近的德丰丹教士的《观察》和所有这几周出版的报刊。"1744 年她又对布罗塞的会长说："你们发送给我的东西我不会嫌多的，尤其是德丰丹教士的报纸，请尽可能多地发给我。②"最后，作为讲究实际的人，马蒙泰尔估计，要阅读完国王图书馆的所有作品，需要一个人按照每天 14 个小时读上 800 年，因此，报刊摘要是必不可少的。

报刊审查的问题

报刊审查制度在它的运用中，似乎比书籍审查制度严格得多。在启蒙运动时期的欧洲，只有西班牙、葡萄牙和俄罗斯的制度仍是更严酷的。在荷兰，彻底的出版自由在 1780 年确立，但是此前一种广泛的自由已经盛行；在英国，某些报刊的不法行为在 1763—

---

① Besterman, *Voltaire's Correspondance*, D 910.
② P.Benhamou, "Les lecteursdes périodiques de Desfontaines", *La Diffusion et la lecture des journaux de langue française sous l'Ancien Régime*, Amsterdam et Maarsen, 1988.

1770 年维尔克斯事件期间被制裁，报人密尔和克罗斯比勋爵在 1771 年被逮捕。但这是例外。书报审查制度自 1695 年起就消失了。

法国完全不是这样，自从 1737—1740 年以来，政府发动了反对自由出版的大规模举措。以个人原创风格为标志的作者日志，比如马里沃、普雷沃、阿尔让、德丰丹、拉瓦莱纳的报刊，数量激增。这些期刊定位于文学批评，有一种文体的自由，这使政权感到不安。大多数刊物被制裁并消失，或者转移到国外。

然而，从 1750 年开始，在对所有体裁信息的增长需求面前，比如文学、科学、艺术、政治，人们看到了一种新的创作浪潮：从 1750 年至 1759 年有 115 个新刊，经常昙花一现①。其中，有越来越多的专业化报刊，比如《经济报》（1751）、《物理学观察》（1752）、《医学杂志》、《文学年刊》、《国外报摘》（1754）等。

面对这种洪流，马勒泽尔布用他的向习惯妥协的方法来抵抗。书报审查官们，按照他们审查的报刊利润得酬，他们是细心的，有时是过分的细心。马勒泽尔布时不时地干预以防他们滥用权力，但是更确切地说，是介入科学领域的权力，例如，指责一个审查官拒绝一篇《医学杂志》中关于体液和溃疡的文章，称："在这个论文中讨论的问题太有趣了，不可能由公众自主裁判，如果我们限制原作者，它就不那么有趣了。"

但是，他的干预在大多数情况下达到了严格的程度。1754 年，他对审查官通过《信使》上一篇颂扬英国的文章大发雷霆；1760 年，他训斥了里尔的总督考马丹先生，后者授权了《弗兰德尔和阿图瓦的小布告》。他提醒道，只有掌玺大臣能够授权这些许可，警察总监只能授权散页文件。他拒绝给在马南印刷的《巴黎日报》以许可，因为它剽窃了他人；还有《鲁西永布告散页》，因为编辑者多纳行为怪诞。他注意尊重《公报》和《学者杂志》的特权。《学者杂志》于 1665 年问世，1680 年在掌玺大臣控制下通过，1701 年在书业指导处控制下通过，书业指导处为它补充了一个文学专栏，被许

265

---

① *Histoire générale de la presse française*，Paris，1969，t.I，p.522.

多模仿者和伪造者竞相仿效①。不可能完全阻止对这种报刊垄断权的侵犯行为,这促进了一种赔偿金制度的实行,赔偿金由侵权者交纳给有垄断权的报刊。然而,1761 年,马勒泽尔布对抗舒瓦泽尔,后者想授予《公报》刊登文学新闻和作品书评的权利,这违反了《学者杂志》的特权。

除了特权问题之外,法律从 1757 年开始变得严厉,附有制定死刑的条例,反对作者撰写"试图攻击宗教、思想过激、打击政府权威、扰乱秩序和稳定"的作品;1764 年,禁止写关于财政政策问题;1767 年,禁止写宗教问题。许多报刊宁愿实施自我审查,比如《公正图书馆》,其编辑在 1749 年修改了文章,以免与法国教士交恶②而损害其销量。

报刊审查在旧制度末期仍然在加强。外交大臣维尔让利用警察总监兼书业主管让-夏尔·勒努瓦尔的服务,雇佣挑衅的探子。1781 年,《巴黎日报》被指责,因为它宣布了博马舍将出版伏尔泰的作品。1785 年 3 月 2 日御前会议判决,禁止发表关于立法和法学问题的文章。1786 年 12 月,塞居尔元帅训斥书报审查官,后者允许《巴黎日报》发表一个关于吉贝尔伯爵的悼词。

为了对报人施压,政府甚至介入国外报刊,并审查在境外印刷的法文报刊中令其不悦的文章。这些报刊实际上读者很多,没有被欺骗的公众寻找比《公报》更加公正的文章。读者需要针对重大时事和思想辩论问题的评论信息。这如同在他们的邮件中责备《瑞士日报》的说教口吻,称其给予宗教作品以过高的地位。1780 年,他们中的一个写道:"相信上帝太美好了,尤其在瑞士,但是这不太有趣,你们的报刊只能由于一种哲学色彩而获得成功。"另一个说:"你们没有为虔信者、为被拣选的信徒写作,这些人永远不会

---

① J.-P. Vittu, "Diffusion et réception du 'Journal des savants' de 1665 à 1714", *La Diffusion et la lecture des journaux de langue française sous l'Ancien Régime*, Amsterdam et Maarsen, 1988.

② O. S. Lankhorst, "Le rôle des libraires et imprimeurs néerlandais dans l'édition des journaux littéraires de langue française (1684—1750)", *La Diffusion et la lecture des journaux de langue française sous l'Ancien Régime*, Amsterdam et Maarsen, 1988.

阅读报刊。①"

政府对国外报刊的干预颇为有效。被控告的报人几乎总是屈服，发布更正消息，正如热鲁姆·维尔克吕斯在荷兰报刊个案中指出的那样②。例如，在格奥夫兰事件之后，他们中的一个给法国大使写信："将来，我将更加谨慎，避免任何有可能以某种方式违背对您的庄严法院的敬意的事情。"1774年，与荷兰当局一道采取措施，迫使报人更加审慎，制裁的威胁更为高调。1780年，一封通报要求报人不能发表关于贝纳尔·朗贝尔的作品《信徒致我们的领主——法国教士全体大会的主教们的调查》的意见。

然而，出现了一个独立、勇敢而坚韧的报人，他抵抗政府的压力，并获得胜诉。这个个案是罕见的，但它存在。最知名的是莱顿的艾迪埃纳·吕扎克，他报道法国事件的方式，被多次要求遵守规则。1771年2月5日，杜普拉教士告知他外国事务大使对他很愤怒；他回了一封信，宣称报人有说出真相的自由和义务。信件被转到凡尔赛。1776年发生了几次初步的小争论，而1777年12月28日，艾迪埃纳·吕扎克写信给法国大使拉沃基永，对他说明，自己接到了来自被随意关押在埃克斯的两名囚犯的来信，他们要求他发表他们的控诉书。信件被递交到凡尔赛，一个月之后，两个囚犯暂时恢复自由，没有解释。报人写信给维尔让以感谢他。这个事件表明，报刊地位上升的威力，能够使政府退却③。

在同一时期，有一份报刊抵抗政权。前律师西蒙·兰盖创办于1777年伦敦的《政治、公民和文学年鉴》，印量达到7 000份，但是，加上盗版大概达到了20 000份。高等法院对此很气恼，在1777至

---

① M. Schlup, "Diffusion et lecture du 'Journal helvétique' au temps de la Société typographique de Neuchâtel, 1769—1782", *La Diffusion et la lecture des journaux de langue française sous l'Ancien Régime*, Amsterdam et Maarsen, 1988, p.69.

② J. Vercruysse, "La réception politique des journaux de Hollande, une lecture diplomatique", *La Diffusion et la lecture des journaux de langue française sous l'Ancien Régime*, Amsterdam et Maarsen, 1988.

③ J. Vercruysse, "La réception politique des journaux de Hollande, une lecture diplomatique", *La Diffusion et la lecture des journaux de langue française sous l'Ancien Régime*, Amsterdam et Maarsen, 1988, p.46.

1785 年间宣布了针对他的八次取缔①行动,但却是徒劳的。

　　报刊控制的其他方面是政权遵循黎塞留制定的原则,将报刊用于宣传目的。我们重新发现了古老的《法兰西公报》所扮演的准官方报刊的角色。这个角色在 1751 年组织改革之后,得到了加强。这一年,金融家路易-多米尼克·勒巴·德·古尔蒙用 97 000 里弗尔买回了报刊特权,并决定取消地方版,这似乎应该为不利于报刊声誉的错误承担责任。"《公报》在一种恶习中堕落,压制恶习符合陛下的利益。实际上,《公报》应该是对事件的忠实叙述,存储事实的公共记忆,能够用于建构民族历史,尤其是法国史。这个《公报》在巴黎宫廷的眼皮底下完成,其来源是纯正的,但在外省被歪曲变质。好几个印刷商借口做摘录,为了有利于销量而歪曲了事实,并可能引起谬误,其他人则添加了可疑信息,加入了隐语、书籍目录和彻底远离真相和审慎的其他东西。审慎性应该是《法兰西公报》的特征。②"从此,人们直接在巴黎印刷了一个缩减版,在四页纸上用小号字体,供外省使用。然后,在外省抗议面前,人们制定了一个适用于外省的系统——《外省布告》。

　　政府大量利用公报的专栏,以支持它的政治。它也毫不犹豫地操纵国外报刊用于宣传目的。安娜-玛丽·舒耶和玛德莱纳·法布尔研究了始于艾德姆-雅克·热内工作的过程,后者在外国事务部中,"捏造和施放假消息③"。他是这个部的翻译办公室的首脑,还增加了一个收集资料中心,让人翻译外国报刊,尤其是英国的,并让人在期刊《英国实际政治状况》中发表译成法文的精选本,允许向法国公众呈现看上去公正的新闻,虽然借用外国报刊,但是经过了仔细的剪裁和伪造。以某种方式,热内利用英国相应的报刊自

---

① J.Popkin, "Un journaliste face au marché des périodiques à la fin du XVIIIe siècle: Linguet et ses Annales politiques", *La Diffusion et la lecture des journaux de langue française sous l'Ancien Régime*, Amsterdam et Maarsen, 1988.

② A.N., E 2302, pièce 95.

③ A.-M.Chouillet et M.Fabre, "Diffusion et réception des nouvelles et ouvrages britanniques par la presse spécialisée de langue française", *La Diffusion et la lecture des journaux de langue française sous l'Ancien Régime*, Amsterdam et Maarsen, 1988, p.183.

由服务于法国的绝对主义宣传。在 1760 年,他尝试了新方式,发表了一种双语报刊:英文报刊摘录和法文译文。因为英国人处于痛苦的七年战争中,文章经常猛烈地反法,指责法国国王;又因为它们来自敌人,人们希望,在法国产生的印象将是预料之事的反面。应该快速改变调子,返回第一种方式。在美国独立战争期间,热内又出版了《英国事务》,再次采用了几乎同样的手段,不过提供了必要的纠正:在《独立宣言》文本发表之后,人们对此感到高兴,因为它是反英的。他又急忙补充道:"幸运的是,这样的作品和这样的颠覆是很不常见的。"

《费加罗的婚礼》(1781—1785)

　　权力操纵的边界并不仅限于外部事件。关于出版自由的争论,是介入时事的。自 1760 年以来,摩莱里因为攻击启蒙哲人的对手夏尔·帕里索,而被关进巴士底狱。他写了《论新闻自由》,后来出版了。在 1780 年,兰盖被捕。他批判了书报审查制度,引起了轰动。启蒙哲人蔑视报刊,但是对这个问题意见是不一致的,费加罗的呼声没有表达所有人的意见。在《百科全书》中,德若古骑士宣称,"所有不允许思考和表达思想的国家,必然陷入愚蠢、迷信和野蛮",但是他提出的支持新闻自由的论点似乎是古怪的:允许反对派发泄不满,为不满者提供没有危险的发泄途径,政府如果发觉自己弄错了,也能够纠正其政策。

　　从 1781 到 1785 年,《费加罗的婚礼》对表达自由问题产生了影响。这对所有观点来说,是一个范例,表明了大胆批评与迟疑的书报审查制度之间的伟大游戏,在控制不了局面的权力和胡涂的大贵族的眼皮底下,以抗议的方式,轻松锯开贵族屁股底下的树枝。

　　博马舍的独特之处,实际上就是通过一部戏剧,其所包含的对贵族和书报审查制度的辛辣批评,使之具有一种象征性。从这个起点开始,这个剧本起了煽动作用,面对它,书报审查制度迟疑了:博马舍相继接受了六个审查官的检查,其意见完全分歧。第一个考克雷·德·首斯皮埃尔,他认为通过某些轻微修改即可给予许可,就像第五个审查官德丰丹一样;第二个,絮亚尔,谴责了这个剧

本;第三个,加亚尔,批准了它;第四个,基蒂,评判它为伤风败俗;
然而第六个,博雷,毫无保留地给予了赞同。

至于法国喜剧演员则希望演出该剧。这部喜剧在 1781 年 9 月
29 日被宣读给他们听。所有朝臣都在谈论它。路易十六将亲自评
判,让康邦夫人朗读剧本。他的判决是无可挽回的:"这是拙劣的,
永远不会被上演。"可怜的国王其断然的意见只是让人对一个原本
无人关注的剧本热情倍增!《费加罗的婚礼》在高贵的家庭中被阅
读,在朗巴尔公主家里,在维勒鲁瓦公爵夫人家里,在黎塞留元帅
夫人家里。在俄国深宫里,叶卡捷琳娜二世本人要求人们将文本
寄给她。滑稽可笑的顶点是国王本人:他自己的兄弟,阿尔图瓦伯
爵,在 1783 年 6 月 13 日小乐趣厅组织了一场演出,但在最后一刻
演出被取消。但是,这只是推迟。第一次演出在 9 月 23 日举行,在
热讷维利耶的弗隆萨克公爵家中,在阿尔图瓦伯爵、沃德勒耶伯爵和
最高贵族的正厅观众面前。他们为这个侮辱他们、非议他们社会至
上权的文本齐声喝彩:"因为您是一个大领主,您自认为是一个伟大
的守护神。您行了如此多的善!您只是在出娘胎时使了一回
劲儿。"

这个剧本当时在几个城堡里上演。但是,博马舍希望公开演
出,写信给大臣波勒特耶男爵,要求他"组织一个法庭,由法国喜剧
演员、审查官、文人、上流社会人士和既公正又开明的宫廷人士构
成,他们当着这个大臣的面儿讨论这个剧本的原则、背景和措辞,
逐场次、逐句、逐字地细读"。许可证最后被授予:剧本在 1784 年 4
月 27 日法国喜剧院首次公开上演。

剧本获得的胜利对于国王和书报审查制度是一记耳光,这种制
度被费加罗嘲笑。他嘲笑这种"作品自由系统,它扩展到报刊作品
中;只要我的作品没有谈论权威、宗教信仰、政治、道德、有地位者、
有信誉团体、歌剧、其他戏剧、与某事有关的人,我就能够在两三个
审查官的检查之下完全自由地印刷一切"。

然而,一个反对这部喜剧的阴谋开始形成。在阴谋领导人中,
书报审查官的兄弟絮亚尔教士,在 1785 年 2 月 21 日的《巴黎日
报》上攻击了博马舍。3 月 7 日,博马舍在同一个报刊中回应。在
他暧昧的措辞背后,人们认为他表达了一种对国王的攻击;他在

270

271

3月7日至8日的夜晚被逮捕，带到圣-拉扎尔监狱。他不再需要去达成他的胜利：在剧本被禁之后，反而制造了该剧的成功，对作者的逮捕则制造了一个烈士。同月13日，不得不释放他。然而，权力的失败是彻底的。为了试图挽回错误，政府向博马舍提供了一份丰厚的赔偿，借口他参与了美国事务，并附上了一封来自卡罗纳的赞扬信。

路易十六受尽羞辱。1785年8月17日，《费加罗的婚礼》在宫廷正式上演，大臣们成了傧相。这是在宣布它永远被禁止上演之后不到四年。没有什么能更好地表明王室书报审查制度的失败：这部喜剧在1785至1790年举行了111场演出，有如此多的机会表明，"若批评无自由，则赞美无意义"。

关于表达自由的争论

书报审查制度的废除只是时间问题。在1788—1789年，一股巨大的潮流产生了——支持自由，在资产阶级那里，当然，也在贵族的备忘录中。卡尔卡松宣布："每个公民享有通过印刷出版的无限制的自由。"只需简单地列出作者和印刷商的名字即可。在1788年，米拉波出版了他的论文《论出版自由》，前大臣马勒泽尔布本人编写了《关于出版自由的回忆录》，只是在1809年才出版，但其思想很快就传开了。

在写作《关于出版自由的回忆录》30年后，马勒泽尔布关心自由出版的权利的问题。这本书在1994年由罗杰·夏蒂耶继几个先例之后再次出版，仍然忠于1759年它所表达的思想①。作者主要尽力回忆在他作为书业领导人期间获得的经验，提供了许多例子，阐明他对出版自由的捍卫。

他连续回答了六个问题。他首先指出，自提出"国王本人需要所有臣民的智慧"一说的那一刻起，出版自由是产生真理的唯一方式。要实现这一点，应该信任人民，其教育取得了进展。"人有他自己的思考方式，能够讲清楚自己要支持或反对的人，无论他是

---

① Malescherbes, *Mémoires sur la Librairie. Mémoire sur la liberté de la presse*, présentation par R.Chartier, Paris, Imprimerie nationale, 1994, pp.219—326.

谁。一个没有出版自由的国民会议，只是一种不可靠的代表制。"

在第二个问题中，马勒泽尔布研究了他所处时代的法国经受的实际情况的有害影响，即政权通过对立法、司法和警察的庞大武库来反对坏书，而实际上，这种制度又几乎容忍了所有出版物。结果是导致了写作者被镇压机构恐吓的审慎而胆怯的心理，却将批判的特权留给狂热者、鲁莽者、极端主义者，"所有人们称之为头脑发热、头脑活跃的人，他们写作并且允许自己因着政府和司法的不作为而为所欲为。但是，有大量其他非常能写的人，他们在法律禁止的情况下，从不发表任何东西。这些是温和理性的作者，他们追求名利的欲望尚不足以为此而牺牲自己的平安"。

一个明智的想法引发马勒泽尔布对第三个问题的思考——为什么人们会走到这一步？"理由很简单：这是因为法律没有被执行。当整个民族都追求伪诈时，政府本身意识到需要经常闭目不见；这就是法国在书业贸易中发生的事。"前书业主管提供了许多书籍的例子，它们没有获得许可证，但是想要从传播中收回它们则又是难以想象的，因为它们迎合了一种普遍的渴求。如《路易十四时代》、《论法的精神》，休谟的作品，《百科全书》。这些书掀起了出版的高潮。在1752年，当马勒泽尔布必须执行对狄德罗作品的搜查时，他向狄德罗提议，将其手稿放在他自己书房的隐蔽处！

另外，只要有关于书报审查的法律存在，即使它们没有被实施，它们也有一种威慑影响，为大臣们提供了利用它来强加他们观点的持久冲动。"因此，作为一个特别提议，我确定要求明确许可证进而要求预先审查的法律，它终究会引导我们来到这个既存但未实施的法律状态。在这种情况下，许可证统治一切，而国民没有他们本有权享有的自由。我的结论是，废除这个法律是必要的。"

书报审查制度与一种过时的形势相一致，马勒泽尔布继续说，它被用于法国反对宗教谬误的斗争，在斗争中，思想被神学家垄断；大学负责监督思想。但是，教育在传播，知识变得多样化和专业化。结果，"神学、法学、医学博士和艺术系中的获得大学学位者，他们教授拉丁文、一点儿希腊文和哲学的初步知识。但并没有通过他们的学习而获得将法律赋予所有国民的受教育的权利，人们希望得到各种学科的教育。因此，政府采取了一个明智的决定，从索邦和大学那里收回审查书籍的职能"。

任命专门审查官也不是解决方法。实际上,这些人物本身就是 文人,不是很富裕,他们牺牲金钱来谋求荣誉,"正如光荣养活不了 他们,正是通过宫廷恩典或宫廷委任的职位,他们希望在晚年维持 体面的生活。在这个时代,舒适已成为一种必需品。一个文人因此 非常需要依附权势人物,不会因为对一本书的认可而去惹恼他们"。

面对这些有偏见的审查官,作家们只能希望有机会遇到一位有 利于自己的批评家。他们的处境因他们的敏感而变得更具传奇 性,也更加糟糕。这里,马勒泽尔布说出了某种可资借鉴的真相, 他很了解作者们的虚荣心:"不要忘记,几乎所有作者都特别喜爱 的激情是对荣誉的热爱;他们对自己的作品过度看重。我几乎总 是看到,一个被要求牺牲其作品特性的作者,是一个最容易被伤害 到其脆弱部分的人。我认识好几个作者,他们是非常开明的人,对 所有其他事物都有着很良好的判断,但是在人们触犯到他们特别喜 爱的意见时,他们就会变得失去理性且到一种难以置信的程度。"

然而,在第四和第五个问题中,马勒泽尔布反对英国的废除一 切书报审查制度的解决办法。他写道,这只会导致法官的独裁。 在英国,这种制度是可能的,因为法官没有形成一个团体,他们通 过遵循法律的确切条款来判断。在法国,他们形成了一个独立团 体,他们允许自己解释法律,甚至在哲学和神学中作出决定;他们 更多依据意图而非条文本义作出判断,他们凭手上的权力作出胆 大的结论,并根据意图来审判,甚至在他们并不专长的领域中也是 如此。马勒泽尔布反对法官的过度权力:"一个单独的团体不应该 审查来自所有种类和所有等级的公民思想的出版物。"对作品的控 制没有在大学里废除,然后被政府徒劳地行使,现在传给法官,他 们表达了其阶层的情感,但没有普遍效用。

那么,解决办法是什么?马勒泽尔布在第六个问题中做了回 应。应该维持书报审查制度,由一些有资质的审查官负责,但是可 以给作者以选择权:预先检查他们的手稿,在授予许可或者自由出 版的情况下,避免一切攻击,但在他们的作品受到审判时需要承担 风险。书商有书商的选择,如果他们出版了一本"自由领域"的书, 就得评估最终被取缔的经济后果,在它们与从销售有风险书籍中

274

275

得到的可能的利润之间做权衡。让我们引用马勒泽尔布的结论：

> 因此，我没有取消书报审查制度的意见；我甚至相信，应该更加明确地宣布，经受过这种磨难的作者们不再被法律追究，人们直到现在也没有这样做。
>
> 但是我认为，没有必要让那些有反感的人服从书报审查制度，应该允许他们印刷，自担风险、危害和钱财盈亏；这就是一部分公众、最终也是高等法院所要求的出版自由。
>
> 通过这种方式，明智的或胆怯的作者们，不想发生麻烦，就能安全地写作；而那些不肯忍受书报审查制度桎梏的人，也可以去避开它。人们有选择权。

马勒泽尔布没有什么煽动性。他很明白，公众精神和文化没有从无限制的写作自由中得到好处。这不过是导致陷入另一种过度自由；毫无分别的彻底出版自由，是丛林法则，是强者的权利，是过度的而且经常是错误的胜利。

因此，马勒泽尔布的意见处于高级教士的极端保守和镇压的立场与第三等级的立场之间。第三等级的奏折在城市得到了全体一致的支持，"彻底和无限的"自由，昂日的奏折说道。而某些奏折引入了易受习俗和宗教影响的残余。文化差距的另一种表现是，只有 3% 到 4% 的农村奏折涉及这个问题。总的来说，农村世界赞同书报审查制度的废除，但是有经常被编辑所提示的细微差别，因为人们担心可能矫枉过正。

唯一坚持敌对立场的阶层是教士。如果说，教士的某些奏折胆怯地承认自由化措施有庇护"权威、宗教和习俗"的严重缺陷（埃克斯的教士）的话，那么大多数奏折明确地拒绝一切对书报审查制度的放松。普罗万和蒙特罗的奏折谈及"出版许可证，它每天产生大量引起议论的作品，其中盛行放纵和怀疑主义，反对信仰、廉耻心、理性、王权和宗教等，是肆无忌惮的亵渎"。马尔桑山的奏折希望"镇压这种哲学所带来的不幸的自由"。

这种徒劳的强烈谴责，只会更多地孤立教会。政权已经被一大堆小册子淹没：在 1787 年 1 月 1 日至 1788 年 7 月 5 日之间有 650

种。在这一刻,国王决定召开三级会议;政府的绝境将其推向心照不宣地承认表达自由的地步。怎么可能要求法国人通过上书来提出他们的怨言,通过他们的代表来传达他们的意见,同时又禁止他们表达自己的思想呢? 另外,三级会议召集通知的第八条款很像对公共舆论和人才发起的号召:"陛下邀请他的王国中所有学者和受教育者,尤其是他的美丽之城巴黎的文学院里的饱学之士们,给予掌玺大臣所有关于目前判决中包含的对象的消息和奏折。"

　　甚至连那些并没有被要求提出意见的人们也提供了小册子:从7月到9月,出现了300多份小册子,其中90%是针对政府的。阿瑟·扬对此感到震惊。1789年7月9日,他写道:"我来到王宫,为了看看新闻,获得一份书目。每一刻都会产生一本新的小册子:今天出现了13本,昨天有16本,上一周有92本。我们有时以为伦敦德布雷和斯托克代尔的书店是人满为患的,但是与我们这里的德赛纳和其他一些书店相比,伦敦的书店简直就是荒漠。在这里人们勉强能够挤到柜台。这些作品中有百分之九十五以上支持自由,普遍地,非常强烈地反对贵族和教士。" 277

　　书报审查制度死亡了,在颠覆性的作品压力下窒息。两个月之后,《人权宣言》第十一条正式发布了它的讣告:"自由传达思想和意见是人类最宝贵的权利之一。因此,每个公民都有言论、著述和出版的自由,但在法律所规定的情况下,应对滥用此项自由承担责任。" 278

结　　论

法国书报审查制度的历史远在 1789 年就归于终结。但在出版自由被明确宣布之前,仍需要经历一个世纪的痛苦对抗。然而,通过对旧制度三个世纪的考察,仍能得出某些结论。

第一,那就是(不能当作一个发现)书报审查制度不能阻止思想的变革,也无法阻碍既有系统,无论是宗教系统还是政治系统的争执。然而,我们也不应该过于乐观地认为,思想的单一力量必定不可避免地导向更多的自由与镇压力量的失败。

如果说书报审查制度失败了,那是因为它面临着一种双重的对抗:外部的和内部的。来自外国的书籍和报刊如同势不可挡的浪潮,不可能用当时的力量来阻止,并且主导的政治环境充分接受了新思想。绝对主义更多的是其自身社会-经济矛盾的牺牲品,而非颠覆性宣传的牺牲品。

第二,旧制度的书报审查制度主要应用于精英文化。受到监督的作品是面向贵族和知识分子的。这是有理由的,因为正是贵族和知识分子制造了革命。留给城乡底层大众的作品是被适当监督的,教会抱怨它们包含迷信。但是,它们没有被真正审查,因为它们没有传递对政权有危险的思想。政权向人民提供他们想要的,即让他们安心的东西:所有那些促进稳定性的东西。传说故事不变的结局,同时指出了邪恶力量的威力和善良力量的必然胜利,包括圣徒生活、圣徒传、中世纪的传奇故事。日常生活实用手册教导人们获得成功的技能;历书中的占卜使人安心,使人更坚定,它提醒人们规避未来的陷阱;虔诚手册的讲授能使人获得永恒幸福的行为和话语。当然,底层民众对政治宣传并非麻木不仁,可能会受到可怕的冲击。但这些都是表面现象,旨在重建一种不变的、使人安心的秩序,在一个已被经济、土地、政治危机摧毁的时刻。

在正常时期,留给大众文化的作品是由半知识分子制作的,他们在同样的基础上不知疲倦地吸取知识,不需要实施自行审查。蓝皮丛书卖给民众那些使他们满意的作品,因为他们在那里重新发现了他们所期待的东西。如果说,大众文化和精英文化之间的隔阂变大了,这不是因为国王和宗教权威的联合行动,而是因为精英的思想革新,生产出大量新思想以反对权威。自相矛盾的是,正是表达自由的制度增加了精英与大众文化之间的差距,因为书报审查制度的消失,所有对创新研究的限制也消失了,而创新研究是精英文化的本质标志。大体上说,或许今天在硅谷、美国航空航天局、伯克利、耶鲁和哈佛的科技世界与由大众传媒决定的普通美国人的世界之间的差距,要大于中世纪巴黎大学与农民之间的差距。虽然它们有着同样的思想框架,然而一方面能够生产诺贝尔奖,另一方面能够生产自己的世界,与靠条件反射的消费者团体不再属于同一个世界,不再说同样的语言。

这一渐变情形被18世纪的高级教士敏锐地察觉到了,当时,他指责启蒙哲人要求表达自由,是为了使由理性引导的小集团去主导墨守成规的大众。表达自由在这种情况下导致了智力不平等,这种智力的不平等比出身的不平等要大得多,因为它几乎没有界限。

第三,旧制度的书报审查制度,足够灵活和随和,促进了法国精神的诞生。一方面,通过筛选作品,出于简单的形式动机摒弃作品,支持严密的、有逻辑的、正确的精神。另一方面,通过强迫作者采取最细致的谨慎,支持了精密细致的精神。微妙的讽刺为许多18世纪的作品制定了标准。

但不要误解,我们绝不是在为书报审查制度辩解。这仅仅是要指明,应该像在别处一样,去怀疑那些表面上显而易见的情况。在一种开明的书报审查制度与一种没有控制的自由之间,选择并不那么简单。控制个人的最激进的手段是完整的自由,它使每个人成为其激情和本能的奴隶,自由的独裁并不是一个无效的悖论,它可能具有多种含义。最受条件限制的人也正是那些自认为最自由的人。消费社会和大众文化的主人们完全掌握了这个原则,就像乔治·奥威尔《1984》中的"老大哥"所领导的独裁党派一样,其口

280

号是："自由即奴役，无知即力量。"当代大众文化，按照古老的罗马格言，通过带给大众和中等阶级"面包和娱乐"，并通过鼓励他们满足自己的欲望，延续了自由的神话。这种自由只是做人们被条件限制之事的自由。

281

书报审查制度和文化维持了一种复杂的关系。完全的书报审查制度是绝对的专制，完全的自由是激情的独裁。平等遭遇了同样的限制：当一切都是可敬的，一切就不再是可敬的。专制主义的旧制度文化遭受了一种过度的不平等和权威压制；它的反对派将很快陷入相反的过渡中，在相当长的一段时间里，钟摆将从一个极端摇摆到另一个极端，从革命摆向政变。20世纪即将完成的自由民主的胜利，主要是因为如下事实：它兼备了这两个极端之间不可能的综合，通过赋予自由以实际内容，它允许似乎最能保证这个内容的团体保留实际权力。自由因此得以保证，因为每个人都可以宣布其权利，那么，书报审查制度就会过时。至于我们是不是对自由的真实内涵有所误解，则另当别论。只要民主能够确保最大多数人的面包和娱乐，这个问题几乎没有机会被提出来。

第四，旧制度的书报审查制度，在黎塞留尤其是在柯尔贝尔治下，旨在为了国家的伟大而联合知识与权力。这个宏伟的尝试在18世纪失败了，这引发我们提出这样一个问题：这种柯尔贝尔所渴望的联合能实现吗？

启蒙世纪的经验倾向于证明其不能，因为权力要求行为的价值观和标准的永久性和稳定性，而知识是探索，在所有领域质疑永恒之物。因此，权力和知识总是处于紧张的状态。法律确定了与人类文化和科学阶段相符的社会关系。但文化和科学在不断地演变，与权力的鸿沟逐步形成，而权力框架必然是稳定的。精英文化长期处于与权力的脱节中。从此，或者权力表现出足够的灵活性以周期性地演变，或者正如旧制度下的情况，权力试图通过书报审查制度阻止知识的进步，其结果人们都知道了。当前关于围绕控制生死、从克隆制造到安乐死的伦理问题的争论，也表明了权力与知识之间的这种差距。

282

第五，正如哲人所表明的，书报审查制度并不总是只来自既存的权威。存在一种完全同样可怕并且更加阴险的书报审查制度：

实施思维模式的镇压。文人共和国完全没有民主：由小集团构成，围绕流行作家或成功出名的人而聚集的竞争潮流，永无休止地处于团体的内部战争之中。在 17 世纪下半叶，作家的孤立、原子化是主流，其中竞争引起了或多或少平等的斗争。从欧洲信仰危机开始，形成了一种强大的反对专制主义的作者的再次聚集的趋向，他们很快被称为启蒙哲人。这些哲人在他们与捍卫既存权力的同事之间的关系中同样不宽容，他们毫不犹豫地让书业书报审查官干预以遏制对手。当异议成为一种时尚时，为既有价值观辩护，就会被认定为是不好的。

这种形式的书报审查制度，因为它隐藏在一种自由的外观背后而更加可怕。表达的民主自由的胜利并不能使这一制度消失，而是正好相反。政治和宗教权威的公开审查制度让位于压力集团和经济利益集团的非官方审查。人们不再焚书，人们将书埋藏在漠不关心的公共墓穴中；但是，烧毁保证了一部作品的成功，而沉默则无可挽回地扼杀了它。行刑的代理机构是"媒体"，媒体的选择由它们期待从受众方面的获益所决定。文化的新独裁者，正是实行无情选择的那些人：大众文化的报复，即使之变成一种流行文化，它的选择很简单，因为它代表了最大购买力。

因此，书报审查制度——文化的辩证法继续进行——走向了已知条件的反面。书报审查制度，无论其形式如何，似乎是所有主导文化的构成部分。希望在于将一种因崇尚自由而长期被忽视的价值观融入主流文化当中，而审查制度必不可少的抗衡力量，是尊重。

我们留下了让·德吕莫意味深长的话语作为结束，他很好地体现了这种价值观。他在 1989 年写道：

在以前的基督教（天主教和新教）中，质疑由政治权威认可的宗教真理就是损害国家。幸运的是，在西方，过去两个世纪的世俗化打破了这个制度。但是，在我们的多元社会中，从在这方面付出极大代价而获得的自由中，可以归纳出两个良心义务：当每一个人不寻求以暴力获胜时，所有人都必须对他人观点予以尊重；批评的合法权利不能与对宽容的关切和需要相抵触。

　　而且，媒体负责人也有责任拒绝另一种形式的审查（与其他的审查一样有害），这种形式的审查，就是对那些不合自己喜好和利益的言论和作品，完全沉默。

　　争取表达自由的斗争永远没有完成。而在我们的国家，那些自认为是表达自由的最热情的捍卫者，实际上却在损害这种自由。①

284

---

① Jean Delumeau，"Combats pour la liberté"，*L'Histoire*，1989，n°123，p.7.

附　　录

18 世纪书业主管

1699 年—1714 年:让-保罗·比尼翁教士

1714 年—1717 年:路易·勒·古·德·拉贝尔夏尔,拉罗什波伯爵

1717 年 2 月—1718 年 1 月:让-巴蒂斯特·波兰,阿格索教士

1718 年 1 月—12 月:勒内·路易·德·乌瓦耶,达尔让松侯爵

1718 年 12 月—1720 年 6 月:马克·皮埃尔·德·乌瓦耶,达尔让松伯爵

1720 年 6 月—1722 年 2 月:让-巴蒂斯特·波兰,阿格索教士

1722 年 2 月—1726 年 4 月:皮埃尔·德·维埃纳教士

1727 年—1729 年:路易·德·首弗兰

1729 年—1732 年:雅克·贝纳尔·德·首弗兰

1732 年—1737 年:安托万·路易·鲁耶,茹伊伯爵

1737 年—1742 年:马克·皮埃尔·德·乌瓦耶,达尔让松伯爵

1742 年—1750 年:让-弗朗索瓦·马布尔,福尔侯爵

1750 年—1763 年:纪尧姆·德·拉姆瓦尼翁·德·马勒泽尔布

1763 年—1774 年:安托万·德·萨尔蒂纳

1774 年 7 月—1775 年 5 月:让-夏尔·勒努瓦耶

1775 年 6 月—1776 年 7 月:约瑟夫·弗朗索瓦·阿尔贝尔

1776 年 7 月—1784 年 1 月:勒·加缪·德·讷维尔

1784 年 1 月—1785 年 8 月:洛朗·德·维尔德耶

1785 年 8 月—1788 年 10 月:让-雅克·维多·德·拉·图尔

1788 年 10 月—1789 年 7 月:普瓦特万·德·梅桑

上海三联人文经典书库

已 出 书 目

1.《世界文化史》(上、下)　[美]林恩·桑戴克　著　陈廷璠　译
2.《希腊帝国主义》　[美]威廉·弗格森　著　晏绍祥　译
3.《古代埃及宗教》　[美]亨利·富兰克弗特　著　郭子林　李凤伟　译
4.《进步的观念》　[英]约翰·伯瑞　著　范祥涛　译
5.《文明的冲突:战争与欧洲国家体制的形成》　[美]维克多·李·伯克　著
　　王晋新　译
6.《君士坦丁大帝时代》　[瑞士]雅各布·布克哈特　著　宋立宏　熊　莹
　　卢彦名　译
7.《语言与心智》　[俄]科列索夫　著　杨明天　译
8.《修昔底德:神话与历史之间》　[英]弗朗西斯·康福德　著　孙艳萍　译
9.《舍勒的心灵》　[美]曼弗雷德·弗林斯　著　张志平　张任之　译
10.《诺斯替宗教:异乡神的信息与基督教的开端》　[美]汉斯·约纳斯　著
　　张新樟　译
11.《来临中的上帝:基督教的终末论》　[德]于尔根·莫尔特曼　著　曾念粤　译
12.《基督教神学原理》　[英]约翰·麦奎利　著　何光沪　译
13.《亚洲问题及其对国际政治的影响》　[美]阿尔弗雷德·马汉　著　范祥
　　涛　译
14.《王权与神祇:作为自然与社会结合体的古代近东宗教研究》(上、下)
　　[美]亨利·富兰克弗特　著　郭子林　李　岩　李凤伟　译
15.《大学的兴起》　[美]查尔斯·哈斯金斯　著　梅义征　译
16.《阅读纸草,书写历史》　[美]罗杰·巴格诺尔　著　宋立宏　郑　阳　译

17.《秘史》［东罗马］普罗柯比　著　吴舒屏　吕丽蓉　译

18.《论神性》［古罗马］西塞罗　著　石敏敏　译

19.《护教篇》［古罗马］德尔图良　著　涂世华　译

20.《宇宙与创造主:创造神学引论》［英］大卫·弗格森　著　刘光耀　译

21.《世界主义与民族国家》［德］弗里德里希·梅尼克　著　孟钟捷　译

22.《古代世界的终结》［法］菲迪南·罗特　著　王春侠　曹明玉　译

23.《近代欧洲的生活与劳作(从 15—18 世纪)》［法］G.勒纳尔　G.乌勒西　著　杨　军　译

24.《十二世纪文艺复兴》［美］查尔斯·哈斯金斯　著　张　澜　刘　疆　译

25.《五十年伤痕:美国的冷战历史观与世界》(上、下)　［美］德瑞克·李波厄特　著　郭学堂　潘忠岐　孙小林　译

26.《欧洲文明的曙光》［英］戈登·柴尔德　著　陈　淳　陈洪波　译

27.《考古学导论》［英］戈登·柴尔德　著　安志敏　安家瑗　译

28.《历史发生了什么》［英］戈登·柴尔德　著　李宁利　译

29.《人类创造了自身》［英］戈登·柴尔德　著　安家瑗　余敬东　译

30.《历史的重建:考古材料的阐释》［英］戈登·柴尔德　著　方　辉　方堃　杨　译

31.《中国与大战:寻求新的国家认同与国际化》［美］徐国琦　著　马建标　译

32.《罗马帝国主义》［美］腾尼·弗兰克　著　宫秀华　译

33.《追寻人类的过去》［美］路易斯·宾福德　著　陈胜前　译

34.《古代哲学史》［德］文德尔班　著　詹文杰　译

35.《自由精神哲学》［俄］尼古拉·别尔嘉耶夫　著　石衡潭　译

36.《波斯帝国史》［美］A.T.奥姆斯特德　著　李铁匠等　译

37.《战争的技艺》［意］尼科洛·马基雅维里　著　崔树义　译　冯克利　校

38.《民族主义:走向现代的五条道路》［美］里亚·格林菲尔德　著　王春华等　译　刘北成　校

39.《性格与文化:论东方与西方》［美］欧文·白璧德　著　孙宜学　译

40.《骑士制度》［英］埃德加·普雷斯蒂奇　编　林中泽　等译

41.《光荣属于希腊》［英］J.C.斯托巴特　著　史国荣　译

42.《伟大属于罗马》［英］J. C. 斯托巴特　著　王三义　译

43.《图像学研究》［美］欧文·潘诺夫斯基　著　戚印平　范景中　译

44.《霍布斯与共和主义自由》［英］昆廷·斯金纳　著　管可秾　译

45.《爱之道与爱之力:道德转变的类型、因素与技术》［美］皮蒂里姆·A.索罗金　著　陈雪飞　译

46.《法国革命的思想起源》［法］达尼埃尔·莫尔内　著　黄艳红　译

47.《穆罕默德和查理曼》［比］亨利·皮朗　著　王晋新　译

48.《16世纪的不信教问题:拉伯雷的宗教》［法］吕西安·费弗尔　著　赖国栋　译

49.《大地与人类演进:地理学视野下的史学引论》［法］吕西安·费弗尔　著　高福进　等译

50.《法国文艺复兴时期的生活》［法］吕西安·费弗尔　著　施诚　译

51.《希腊化文明与犹太人》［以］维克多·切利科夫　著　石敏敏　译

52.《古代东方的艺术与建筑》［美］亨利·富兰克弗特　著　郝海迪　袁指挥　译

53.《欧洲的宗教与虔诚:1215—1515》［英］罗伯特·诺布尔·斯旺森　著　龙秀清　张日元　译

54.《中世纪的思维:思想情感发展史》［美］亨利·奥斯本·泰勒　著　赵立行　周光发　译

55.《论成为人:神学人类学专论》［美］雷·S.安德森　著　叶汀　译

56.《自律的发明:近代道德哲学史》［美］J.B.施尼温德　著　张志平　译

57.《城市人:环境及其影响》［美］爱德华·克鲁帕特　著　陆伟芳　译

58.《历史与信仰:个人的探询》［英］科林·布朗　著　查常平　译

59.《以色列的先知及其历史地位》［英］威廉·史密斯　著　孙增霖　译

60.《欧洲民族思想变迁:一部文化史》［荷］叶普·列尔森普　著　周明圣　骆海辉　译

61.《有限性的悲剧:狄尔泰的生命释义学》［荷］约斯·德·穆尔　著　吕和应　译

62.《希腊史》［古希腊］色诺芬　著　徐松岩　译注

63.《罗马经济史》［美］腾尼·弗兰克　著　王桂玲　杨金龙　译

64.《修辞学与文学讲义》［英］亚当·斯密　著　朱卫红　译

65.《从宗教到哲学：西方思想起源研究》 [英]康福德 著 曾 琼 王 涛 译

66.《中世纪的人们》 [英]艾琳·帕瓦 著 苏圣捷 译

67.《世界戏剧史》 [美]G.布罗凯特 J.希尔蒂 著 周靖波 译

68.《20世纪文化百科词典》 [俄]瓦季姆·鲁德涅夫 著 杨明天 陈瑞静 译

69.《英语文学与圣经传统大词典》 [美]戴维·莱尔·杰弗里(谢大卫)主编 刘光耀 章智源等 译

70.《刘松龄——旧耶稣会在京最后一位伟大的天文学家》 [美]斯坦尼斯拉夫·叶茨尼克 著 周萍萍 译

71.《地理学》 [古希腊]斯特拉博 著 李铁匠 译

72.《马丁·路德的时运》 [法]吕西安·费弗尔 著 王永环 肖华峰 译

73.《希腊化文明》 [英]威廉·塔恩 著 陈 恒 倪华强 李 月 译

74.《优西比乌：生平、作品及声誉》 [美]麦克吉佛特 著 林中泽 龚伟英 译

75.《马可·波罗与世界的发现》 [英]约翰·拉纳 著 姬庆红 译

76.《犹太人与现代资本主义》 [德]维尔纳·桑巴特 著 艾仁贵 译

77.《早期基督教与希腊教化》 [德]瓦纳尔·耶格尔 著 吴晓群 译

78.《希腊艺术史》 [美]F.B.塔贝尔 著 殷亚平 译

79.《比较文明研究的理论方法与个案》 [日]伊东俊太郎 梅棹忠夫 江上波夫 著 周颂伦 李小白 吴 玲 译

80.《古典学术史：从公元前6世纪到中古末期》 [英]约翰·埃德温·桑兹 著 赫海迪 译

81.《本笃会规评注》 [奥]米歇尔·普契卡 评注 杜海龙 译

82.《伯里克利：伟人考验下的雅典民主》 [法]樊尚·阿祖莱 著 方颂华 译

83.《旧世界的相遇：近代之前的跨文化联系与交流》 [美]杰里·H.本特利 著 李大伟 陈冠堃 译 施 诚 校

84.《词与物：人文科学的考古学》修订译本 [法]米歇尔·福柯 著 莫伟民 译

85.《古希腊历史学家》 [英]约翰·伯里 著 张继华 译

86.《自我与历史的戏剧》 [美]莱因霍尔德·尼布尔 著 方 永 译

87.《马基雅维里与文艺复兴》 [意]费代里科·沙博 著 陈玉聃 译

88.《追寻事实：历史解释的艺术》 [美]詹姆士 W.戴维森 著 [美]马克 H.利特尔著 刘子奎 译

89.《法西斯主义大众心理学》［奥］威尔海姆·赖希　著　张　峰　译

90.《视觉艺术的历史语法》［奥］阿洛瓦·里格尔　著　刘景联　译

91.《基督教伦理学导论》［德］弗里德里希·施莱尔马赫　著　刘　平　译

92.《九章集》［古罗马］普罗提诺　著　应　明　崔　峰　译

93.《文艺复兴时期的历史意识》［英］彼得·伯克　著　杨贤宗　高细媛　译

94.《启蒙与绝望：一部社会理论史》［英］杰弗里·霍松　著　潘建雷　王旭
　　辉　向　辉　译

95.《曼多马著作集：芬兰学派马丁·路德新诠释》［芬兰］曼多马　著　黄保
　　罗　译

96.《拜占庭的成就：公元 330～1453 年之历史回顾》［英］罗伯特·拜伦　著
　　周书垚　译

97.《自然史》［古罗马］普林尼　著　李铁匠　译

98.《欧洲文艺复兴的人文主义和文化》［美］查尔斯·G.纳尔特　著　黄毅
　　翔　译

99.《阿莱科休斯传》［古罗马］安娜·科穆宁娜　著　李秀玲　译

100.《论人、风俗、舆论和时代的特征》［英］夏夫兹博里　著　董志刚　译

101.《中世纪和文艺复兴研究》［美］T.E.蒙森　著　陈志坚　等译

102.《历史认识的时空》［日］佐藤正幸　著　郭海良　译

103.《英格兰的意大利文艺复兴》［美］刘易斯·爱因斯坦　著　朱晶进　译

104.《俄罗斯诗人布罗茨基》［俄罗斯］弗拉基米尔·格里高利　耶维奇·邦
　　达连科　著　杨明天　李卓君　译

105.《巫术的历史》［英］蒙塔古·萨默斯　著　陆启宏　等译　陆启宏　校

106.《希腊-罗马典制》［匈牙利］埃米尔·赖希　著　曹　明　苏婉儿　译

107.《十九世纪德国史》［英］海因里希·冯·特赖奇克　著　李　娟　译

108.《通史》［古希腊］波利比乌斯　著　杨之涵　译

109.《苏美尔人》［英］伦纳德·伍雷　著　王献华　魏桢力　译

110.《旧约：一部文学史》［瑞士］康拉德·施密特　著　李天伟　姜振帅　译

111.《中世纪的模型：英格兰经济发展的历史与理论》［英］约翰·哈彻　马可·
　　贝利　著　许明杰　黄嘉欣　译

112.《文人恺撒》［英］弗兰克·阿德科克　著　金春岚　译

113.《罗马共和国的战争艺术》 [英]弗兰克·阿德科克 著 金春岚 译

114.《古罗马政治理念和实践》 [英]弗兰克·阿德科克 著 金春岚 译

115.《神话历史:现代史学的生成》 [以色列]约瑟夫·马里 著 赵琪 译

116.《论人的理智能力及其教育》 [法]爱尔维修 著 汪功伟 译

117.《俄罗斯建筑艺术史:古代至19世纪》 [俄罗斯]伊戈尔·埃马努伊洛
维奇·格拉巴里 主编 杨明天 王丽娟 闻思敏 译

118.《论革命:从革命伊始到帝国崩溃》 [法]托克维尔 著 [法]弗朗索瓦
丝·梅洛尼奥 编 曹胜超 崇明 译

119.《作为历史的口头传说》 [比]简·范西纳 著 郑晓霞等 译 张忠祥
等 校译

120.《过去的诞生》 [美]扎卡里·赛尔·席夫曼 著 梅义征 译

121.《历史与历史学家:理查德·威廉·索森选集》 [英]罗伯特·J.巴特莱特
编著 李腾 译

122.《希腊数学史:从泰勒斯到欧几里得》 [英]托马斯·希思 著 秦传安 译

123.《希腊数学史:从阿利斯塔克到丢番图》 [英]托马斯·希思 著 秦传安 译

124.《古希腊寡头政治:特征与组织形式》 [英]伦纳德·惠布利 著 孙晶
晶 李宏伟 翟思诺 译

125.《1914—1918年俄国的粮食市场及其调节》 [苏]尼古拉·德米特里耶维
奇·康德拉季耶夫 著 张广翔 钟建平 译

126.《中世纪的图书馆》 [美]詹姆斯·韦斯特福尔·汤普逊 著 张淑清
郑军 译

127.《耶稣时期的犹太世界》 [法]查尔斯·基尼伯特 编 金春岚 译

128.《古希腊智慧》 [英]理查德·利文斯顿 著 张艳 许敏 译

129.《古人的读与写》 [美]威廉·哈里斯 著 崔国强 译

130.《心智、现代性与疯癫:文化对人类经验的影响》 [美]里亚·格林菲尔德
著 祖国霞 柴晚锁 武田田 李晓燕 汤颖 译 吴泽映 校

131.《情感史导论》 [德]扬·普兰佩尔 著 李娟 译

欢迎广大读者垂询,垂询电话:021-22895559

图书在版编目(CIP)数据

旧制度时期的书报审查制度与文化/(法)乔治·米努瓦著;
于艳茹译.—上海:上海三联书店,2021.12(2025.8重印)
(上海三联人文经典书库)
ISBN 978 - 7 - 5426 - 7620 - 7

Ⅰ.①旧… Ⅱ.①乔… ②于… Ⅲ.①出版物-检查
-制度-法国- 15 - 18 世纪 Ⅳ.①G239.565.9

中国版本图书馆 CIP 数据核字(2021)第 234803 号

著作权合同登记图字:09-2021-0970

旧制度时期的书报审查制度与文化

著 者 / [法]乔治·米努瓦
译 者 / 于艳茹
审 校 / 陶 逸

责任编辑 / 苗苏以
装帧设计 / 徐 徐
监 制 / 姚 军
责任校对 / 王凌霄

出版发行 / 上海三联书店
(200041)中国上海市静安区威海路 755 号 30 楼
邮 箱 / sdxsanlian@sina.com
联系电话 / 编辑部:021 - 22895517
         发行部:021 - 22895559
印 刷 / 上海展强印刷有限公司

版 次 / 2021 年 12 月第 1 版
印 次 / 2025 年 8 月第 2 次印刷
开 本 / 655mm×960mm 1/16
字 数 / 210 千字
印 张 / 14.5
书 号 / ISBN 978 - 7 - 5426 - 7620 - 7/G·1623
定 价 / 88.00 元

敬启读者,如发现本书有印装质量问题,请与印刷厂联系 021 - 66366565